BARRON'S
FOREIGN LANGUAGE GUIDES

ITALIAN
Idioms

THIRD EDITION

Daniela Gobetti
Dottoressa in Lettere
e Filosofia
University of Turin

Frances Adkins Hall
Former Staff Member, Council for American Studies
Rome, Italy

Susan Z. Garau
Former Dottoressa in Lingue Moderne
University of Rome

Robert A. Hall, Jr.
Professor Emeritus of Linguistics and Italian
Cornell University

BARRON'S

All inquiries should be addressed to:
Barron's Educational Series, Inc.
250 Wireless Boulevard
Hauppauge, New York 11788
http://www.barronseduc.com

Library of Congress Control Number 2008926678

ISBN-13: 978-0-7641-3974-1
ISBN-10: 0-7641-3974-6

PRINTED IN CHINA
10 9 8 7 6 5 4 3 2

CONTENTS

PREFACE

This is primarily addressed to English speakers who are interested in Italian idiomatic expressions, but it is also aimed at Italian speakers who wish to find Italian equivalents of English idiomatic expressions.

The book contains about 2500 Italian idioms, arranged under their key words in alphabetical order. Each idiom is accompanied by its translation and by an illustrative sentence in Italian and English, so as to offer an example of the context in which the idiom is properly used.

An idiom is understood to be a phrase that either 1) is meaningless if translated literally, or 2) carries an idiomatic meaning besides the literal one. We have considered both idioms that are more or less identical in Italian and English, such as "from the frying pan into the fire," "dalla padella nella brace," and idioms that are very different in the two languages. In the latter case, at times there exists in English an idiom phrased differently from the Italian one, but equivalent in meaning, as is the case with "farne un affare di stato," "to make a mountain out of a molehill." Some other times no English idiom corresponds to the Italian one. The English sentence will thus offer a non-idiomatic translation of the Italian, as, for example, in "avere la coda di paglia," translated as "to have a guilty conscience." Readers should be aware that we offer no literal translation of words and phrases used as or in idioms, and that they should refer to a standard dictionary in order to check the literal translation. "Tagliato con l'accetta," for example, means literally, "cut with a hatchet," and idiomatically, "uncouth." Readers will find only the latter in this book.

We have used parentheses mostly to indicate alternative words or phrases, so that "affogare (annegare) in un bicchier d'acqua" can also be phrased as "annegare in un bicchier d'acqua"; and "in ogni angolo" corresponds to the English "high and low," or "in every nook and cranny."

The dictionary includes an Italian-English index that lists both key words and idioms, Italian and English pronunciation guides, lists of abbreviations, tables of weights and measures, and an index of common English idioms with the entry word in Italian in parentheses, so that readers who know an idiom in English can check whether there exists a corresponding idiom in Italian.

We hope to have offered readers an up-to-date and flexible tool that they can use both to improve their linguistic skills and to better their knowledge of a lively aspect of Italian culture.

Preface to the Third Edition

In this new edition of *Italian Idioms*, our goal has been to update a book that has enjoyed lasting success. Most of the idioms included in the first and second editions are as popular as ever. Others now sound old-fashioned or strictly literary. We have taken them out, making room for other expressions that could not be included before, or that have been introduced in recent years. We have also taken out proverbs, for two reasons. The first is that there are books devoted only to proverbs, which are therefore a more complete source of information. The second reason is sociological: it seems that we use proverbs less and less, as our society—and we mean American as much as Italian society—doesn't rely anymore on earlier attitudes toward life events, which were guided by common sense and simple moral maxims.

We have tried to illustrate each entry with lively, colloquial examples. Readers are forewarned that in other texts or in conversation they may find a specific entry used with a meaning and context that are not the ones conveyed in this book. It was impossible for us to reflect all the possible nuances each expression can convey. The definitions and the sentences illustrating them are exemplary rather than exhaustive.

We wish to thank Grace Freedson, who first asked us to work on the revisions of *2001, Italian and English Idioms*, and our editor at Barron's, Dimitry Popow, for his patience and his unfailingly courteous editorial support.

Espressioni idomatiche italiane (Italian Idioms)

ABC — *ABC*
non sapere l'ABC — *not to know the first thing about.*
Non sa nemmeno l'ABC del suo nuovo lavoro. *He doesn't know the first thing about his new job.*

acca — *the letter H*
non capirci un'acca — *not to understand a thing.*
Che cosa dici? Non ci capisco un'acca. *What are you saying? I don't understand a thing.*

accadere — *to happen*
Accada quel che accada. *Come what may. (Let the chips fall where they may.)*

accetta — *hatchet*
tagliato con l'accetta — *uncouth.*
È tagliato con l'accetta, ma è un uomo generoso e onesto. *He's uncouth, but he's a generous, honest man.*

accidente — *accident*
mandare degli accidenti a qualcuno — *to curse someone out.*
Quando i documenti che mi avevi promesso non sono arrivati, ti ho mandato tanti di quegli accidenti! *When the papers you had promised did not arrive, I cursed you out.*

un accidente — *not a damned thing.*
Non si vedeva un accidente. *One couldn't see a damned thing.*

accordo — *accord*

    andare d'accordo — *(1) to get along.*

    I bambini vanno d'accordo e giocano bene insieme. *The children get along and play well together.*

    (2) to hit it off.

    Siamo andati subito d'accordo con Matteo. *We hit it off with Matthew right away.*

    essere d'accordo — *to agree with.*

    Sono d'accordo con te. *I agree with you.*

---

acqua — *water*

    Acqua! — *You're cold! (in children's games)*

    Acqua! Acqua! Sei ancora lontano. Fuoco! L'hai trovato, finalmente. *You're cold, you're cold! You're still far away. You're hot! You finally found it.*

    acqua cheta — *a sly one.*

    Sta' in guardia! È un'acqua cheta e potrebbe farti del male. *Watch it! He's a sly one, and could be harmful to you.*

    Acqua in bocca! *Mum's the word!*

    acqua passata — *water under the bridge.*

    Abbiamo litigato, ma è tutta acqua passata. *We quarreled, but now it's all water under the bridge.*

    agitare le acque — *to make waves.*

    Non agitare le acque parlando di quell'affare a tuo padre. *Don't make waves by reminding your father of that deal.*

    all'acqua di rose — *milk and water.*

    Sono radicali all'acqua di rose. *They're milk and water radicals.*

    all'acqua e sapone — *a simple type.*

    Potrebbe permettersi grandi sarti e parrucchieri, ma è un tipo all'acqua e sapone. *She could afford great designers and hairdressers, but she's a simple type.*

    avere l'acqua alla gola — *to be in a fix.*

    Ho l'acqua alla gola perchè devo consegnare il progetto entro sabato. *I'm in a fix because I have to turn the project in by Saturday.*

    della più bell'acqua — *arrant.*

    Suo fratello è un furfante della più bell'acqua. *His brother is an arrant scoundrel.*

fare acqua da tutte le parti — *to be very shaky.*
La sua teoria fa acqua da tutte le parti. *His theory is very shaky.*

gettare acqua sul fuoco — *to pour oil on troubled waters.*
Gli ha parlato con dolcezza e si è calmato: questo sì che si chiama
gettare acqua sul fuoco. *He spoke to him sweetly and he calmed
down: that's what pouring oil on troubled waters means.*

intorbidare le acque — *to stir up trouble.*
Lui racconta sempre un sacco di fandonie, perchè si diverte ad
intorbidare le acque. *He's always telling a lot of lies because he likes
to stir up trouble.*

lavorare sott'acqua — *to do something underhanded.*
Credo che lavori sott'acqua, ma non ne ho la prova. *I think he's doing
something underhanded, but I don't have the proof.*

navigare in cattive acque — *to fall on hard times.*
Da quando il loro padre è stato licenziato, navigano in cattive acque.
Since their father lost his job, they've fallen on hard times.

pestare l'acqua nel mortaio — *to beat the air (to spin one's wheels).*
Credeva di darci una mano, ma in verità pestava l'acqua nel mortaio.
*He thought he was giving a hand, but he was really just beating the
air.*

portare l'acqua al mare — *to carry coals to Newcastle.*
Quando si mise in testa di esportare la sua birra in Germania tutti gli
dissero che era un po' come portare l'acqua al mare. *When he got
the idea of exporting his beer to Germany, everyone told him it was a
little like carrying coals to Newcastle.*

quando si siano calmate le acque — *when the dust clears (settles).*
Quando si siano calmate le acque potremo riparlare del nuovo libro di
testo. *When the dust settles, we'll talk about the new textbook again.*

scoprire l'acqua calda — *to discover the wheel.*
Si capisce che tutti quei negozi chiuderanno se aprono un
supermercato. Hai scoperto l'acqua calda! *Of course all those stores
will close down if they open a supermarket. You've just discovered
the wheel!*

tenere l'acqua in bocca — *to keep it to oneself.*
Te lo dico soltanto se sei capace di tener l'acqua in bocca. *I'll only tell
you if you can keep it to yourself.*

3

tirare l'acqua al proprio mulino — *to bring grist to one's mill.*
Quel tipo cercherà sempre di tirare l'acqua al suo mulino, e approfitterà di te. *That guy will always try to bring grist to his own mill, and he'll take advantage of you.*

acquolina — *drizzle*
far venire l'acquolina in bocca — *to make one's mouth water.*
Solo a sentire la parola "pasticcini" mi viene l'acquolina in bocca. *Just hearing the word "pastry" makes my mouth water.*

acrobazie — *acrobatics*
fare acrobazie per vivere — *to have a devil of a job to make a living.*
Con sei figli da sfamare deve fare acrobazie per vivere. *With six children to feed he has a devil of a job making a living.*

addosso — *on*
dare addosso a qualcuno — *(1) to attack someone.*
Quando ha fatto quella proposta gli hanno dato tutti addosso. *When he made that proposal they all attacked him.*
(2) to blame someone.
Mi date sempre addosso perchè non sono abbastanza indipendente da mia madre. *You blame me all the time because I'm not independent enough of my mother.*

farsela addosso — *to piss in one's pants.*
Quando le pallottole cominciarono a fischiare, se la fece addosso dalla paura. *When the bullets began to fly, he pissed in his pants.*

parlarsi addosso — *to like the sound of one's voice.*
Lei interviene sempre alle conferenze. Si parla veramente addosso. *She offers her comments at every lecture; she likes the sound of her own voice.*

stare addosso — *(1) to breathe down one's neck (to be on one's back).*
Mi stanno addosso a'devo finire il lavoro al più presto. *They're breathing down my neck (on my back), so I have to finish the job as soon as possible.*
(2) to fall all over someone.
Gli stava tutta addosso durante il ballo. *She was falling all over him at the dance.*

tirarsi addosso — *to bring down upon oneself.*
Si sono tirati addosso i suoi improperi perchè hanno concluso l'affare
con il suo concorrente. *They brought his anger down on themselves
because they made the deal with his competitor.*

affare — *business*
affare fatto! — *it's a deal!*
Affare fatto! Abbiamo firmato il contratto e non puoi più tornare
indietro. *It's a deal! We signed the contract and you can't back out.*

bada agli affari tuoi — *mind your own business.*
Smettila di farmi domande sulle tasse che pago o non pago: bada agli
affari tuoi. *Stop asking me questions about what taxes I pay and
don't pay: mind your own business.*

bell'affare — *a fine state of affairs.*
Avevamo già messo le schede in ordine alfabetico e lui le ha
mescolate. Bell'affare! Bisogna ricominciare. *We had already put the
cards in alphabetical order, and he mixed them up. This is a fine state
of affairs! We'll have to start all over again.*

fare affari d'oro — *to strike it rich.*
Ha inventato un aggeggio per accendere il gas e ora fa affari d'oro. *He
invented a gadget for lighting gas stoves and he struck it rich.*

fare un buon affare — *to get a good deal.*
Abbiamo fatto un buon affare comprando quella macchina. *We got a
good deal on that car.*

farne un affare di stato — *to make a mountain out of a molehill.*
I vicini stanno facendo un affare di stato del problema di confine. *Our
neighbors are making a mountain out of a molehill about the
property line.*

giro d'affari — *turnover.*
Mio cugino sta assumendo nuovo personale perchè il suo giro d'affari
è sempre più grosso. *My cousin is hiring more employees because his
turnover is getting bigger and bigger.*

aggiustare — *to mend/to repair.*
aggiustare qualcuno — *to fix somebody.*
Se non mi restituirà il denaro l'aggiusterò io! *If he doesn't give me
back the money I'll fix him!*

aggiustarsi — *to come to an understanding.*
La perdita d'acqua dal nostro bagno ti ha macchiato il soffitto, ma non arrabbiarti così! Vedrai che ci aggiustiamo. *The leak from our bathroom stained your ceiling, but don't get so angry! We'll come to an understanding.*

agio — *ease*
trovarsi a proprio agio — *to feel at ease.*
Non mi trovo mai a mio agio quando sono con loro. *I never feel at ease when I'm with them.*

ago — *needle*
cercare un ago in un pagliaio — *to look for a needle in a haystack.*
Come facciamo a trovare Giorgio a New York se non abbiamo il suo indirizzo? È come cercare un ago in un pagliaio! *How can we find George in New York if we don't have his address? It's like looking for a needle in a haystack!*

essere l'ago (fare da ago) della bilancia — *to play the referee.*
I due soci sarebbero già andati ognuno per la sua strada se Enrico non facesse da ago della bilancia. *The two partners would have gone their individual ways if Henry hadn't acted as the referee between them.*

ala — *wing*
prendere qualcuno sotto le ali — *to take someone under one's wing.*
Ha preso il giovane ragazzo dei vicini sotto le sue ali. *He's taken the neighbor's young boy under his wing.*

tarpare le ali — *to clip someone's wings.*
Poteva diventare qualcuno, ma le difficoltà economiche gli hanno tarpato le ali. *He could have become someone, but economic difficulties clipped his wings.*

allocco — *owl*
fare la figura d'un allocco — *to look like a fool.*
Vestito così fai la figura d'un allocco. *You look like a fool dressed like that.*

alloro — *laurel*
  addormentarsi sugli allori — *to rest on one's laurels.*
  Ha avuto successo col suo primo romanzo, poi si è addormentato sugli
    allori. *He had success with his first novel, but now he's resting on his
    laurels.*

altare — *altar*
  innalzare agli altari — *to lionize.*
  È stato innalzato agli altari per le sue scoperte nel campo della medi-
    cina. *He has been lionized for his discoveries in medicine.*

altarini — *little altars*
  scoprire gli altarini — *to let the cat out of the bag (to give the show
    away).*
  Hai scoperto gli altarini quando hai ammesso di essere andato a
    pranzo con l'amministratore generale. *You let the cat out of the bag
    when you admitted you had lunch with the C.E.O.*

altezza — *height*
  essere all'altezza — *to be (live, measure) up to.*
  Speriamo che si riveli all'altezza del suo compito. *Let's hope that he'll
    be up to his task.*

alto — *high, tall*
  alto come un soldo di cacio — *knee-high to a grasshopper.*
  Lo conosco da quando era alto come un soldo di cacio. *I've known
    him since he was knee-high to a grasshopper.*
  fare alto e basso — *to run the show.*
  Fa alto e basso come gli pare, ma prima o poi troverà qualcuno più
    potente di lui. *He runs the show, but sooner or later he'll find
    someone more powerful than he.*
  gli alti e i bassi — *the ups and downs.*
  Pensavo di avere provato tutti gli alti e i bassi della vita. *I thought I
    had experienced all the ups and downs of life.*
  guardare dall'alto in basso — *to look down one's nose.*
  Mi è sembrato che la sua amica ci guardasse dall'alto in basso. *It
    seemed to me that his friend was looking down her nose at us.*

mirare in alto — *to reach for the sky.*
Lei ha mirato in alto e alla fine ce l'ha fatta. *She reached for the sky and in the end she succeeded.*

---

altro — *other*

altro che — *(1) you can say that again.*
"Sei soddisfatto di come ti sono andate le cose?" "Altro che!" *"Are you satisfied with the way things have gone?" "You can say that again!"*
(2) nothing but.
Non fai altro che bere. *You do nothing but drink.*

ben altro — *much more.*
Ci vuole ben altro per convincerlo. *It will take much more than that to persuade him.*

essere un altro — *to be another person.*
Da quando è tornato è un altro. *Since he came back he's another person.*

più che altro — *above all.*
L'ho detto più che altro per spiegarlo a loro. *I said it above all to explain it to them.*

poter fare questo e altro! – *to have the power to do much more.*
Suo zio ci ha dato una mano con quel prestito, ma con tutti i soldi che ha, può fare questo ed altro! *Our uncle gave us a hand by lending us that money, but given how rich he is, he could have done even more.*

se non altro — *at least.*
Abbiamo guadagnato poco, ma se non altro non ci abbiamo rimesso. *We didn't earn much, but at least we didn't lose anything.*

senz'altro — *certainly.*
Lo farò senz'altro. *I'll certainly do it.*

tra l'altro — *by the way.*
Tra l'altro, non mi sono ricordato di dirti che lui ha telefonato. *By the way, I forgot to tell you he called.*

tutt'altro — *quite the contrary.*
Lo trovo tutt'altro che gentile. *I find him quite the contrary of courteous.*

---

amaro — *bitter*
  masticare amaro — *to feel bitter.*
  Credeva di essere eletto, ma ora che sa di aver perso, mastica amaro.
    *He thought he had been elected, but now that he knows he's lost, he
    feels bitter.*

amen — *amen*
  in un amen — *in the twinkling of an eye.*
  Credevo di averlo messo con le spalle al muro con quel compito, ma
    l'ha finito in un amen. *I thought I'd put him on the spot with that test,
    but he finished it in the twinkling of an eye.*

America — *America*
  scoprire l'America — *to discover the wheel.*
  Vedi scoprire l'acqua calda.

amico — *friend*
  amico del cuore — *bosom (best) friend.*
  Anna è la mia amica del cuore. *Ann is my bosom (best) friend.*

  amici per la pelle — *great buddies.*
  Abbiamo fatto il servizio militare insieme e siamo diventati amici per
    la pelle. *We were in the service together and have become great
    buddies.*

amo — *hook*
  abboccare all'amo — *to take the bait.*
  Gli abbiamo raccontato una storia assurda, ma ha abboccato all'amo.
    We told him a silly story, but he took the bait.

  prendere all'amo — *to snare.*
  Con le sue arti da seduttrice l'ha preso all'amo. *She snared him with
    her charms.*

amore — *love*
  andare d'amore e d'accordo — *to get along.*
  Vedi andare d'accordo.

  per amore o per forza — *by hook or by crook.*
  Ci metterò una vita, ma glielo farò fare per amore o per forza. *It will
    take me forever, but I'll make him do it by hook or by crook.*

àncora — *anchor*
  àncora di salvezza — *last hope.*
  Finalmente Giovanni ha trovato un lavoro: è stato la loro àncora di
  salvezza. *Finally John found a job; it was their last hope.*

andare — *to go*
  andare (contrario: non andare) – *funzionare (opposite: non*
  funzionare).
  (1) Una volta i treni andavano a vapore. *Trains used to be powered by*
  steam. (2) Questa traduzione non va. *This translation doesn't work.*

  andare a qualcuno (contrario: non andare) — *to like (to feel like)*
  (opposite: not to like, not to feel like).
  Ti va di uscire stasera? *Do you feel like going out tonight?*

  andare da sè — *to go without saying.*
  Va da sè che se mi darete una mano avrete anche voi il vostro
  vantaggio. *It goes without saying that if you give me a hand you'll*
  have something to gain from it.

  andare fatto — *to have to be done.*
  Quel lavoro non mi piace, ma va fatto. *I don't like that work, but it has*
  to be done.

  andare giù pesante — *to come down hard on.*
  L'insegnante è andata giù troppo pesante con gli allievi e adesso è nei
  guai. *The teacher came down too hard on her pupils and now she's in*
  trouble.

  andarne — *to be at stake.*
  Ne va del nostro onore. *Our honor is at stake.*

  a lungo andare (con l'andare del tempo) — *in the long run.*
  A lungo andare, sarai contento di aver studiato legge. *In the long run,*
  you'll be happy you went to law school.

  a tutto andare — *(1) like mad.*
  Correva per la strada a tutto andare. *He was running like mad down*
  the street.
  (2) for all one is worth (flat out).
  Hanno lavorato a tutto andare. *They worked for all they were worth.*

  fare andare — *to use up.*
  In tre giorni hanno fatto andare tutte le provviste. *In three days they*
  used up all the provisions.

ma andiamo (va là) — *come off it.*
Ma andiamo (ma va là), non raccontare storie! *Come off it, don't feed me a line!*

O la va o la spacca. — *To have nothing to lose.*
La scala è in fiamme, proviamo a saltare dalla finestra. O la va o la spacca. *The staircase in on fire. Let's jump from the window. We have nothing to lose.*

stare sul chi va là — *to be on the lookout.*
Quando fai affari con lui devi stare sempre sul chi va là. *When you do business with him you must always be on the lookout.*

andatura — *pace*

fare l'andatura — *to set the pace.*
Correva davanti a tutti; era lui che faceva l'andatura. *He was running ahead of everyone; he was setting the pace.*

angolo — *corner*

dietro l'angolo — *around the corner.*
La gente si domanda che cosa ci sia dietro l'angolo. *People are wondering what's around the corner.*

i quattro angoli della terra — *the four corners of the earth.*
Ha viaggiato ai quattro angoli della terra. *He's traveled to the four corners of the earth.*

in ogni angolo — *high and low (in every nook and cranny).*
Dove l'hai messo? L'ho cercato in ogni angolo! *Where did you put it? I looked for it in every nook and cranny.*

smussare gli angoli — *to take off the edge.*
Nella prima stesura il discorso era troppo duro, poi ha smussato gli angoli. *The first draft of the speech was too harsh, so he took off the edge.*

anima — *spirit*

reggere l'anima coi denti — *to be on one's last legs.*
È stata un'esperienza durissima; alla fine, reggeva l'anima coi denti. *It was a very hard experience; in the end, he was on his last legs.*

rendere l'anima a Dio — *to give up the ghost.*
Ha sofferto molto prima di rendere l'anima a Dio. *He suffered greatly before giving up the ghost.*

rodere l'anima — *to prey on one's mind.*
Quel problema mi rode l'anima da giorni. *That problem's been preying on my mind for days.*

rompere l'anima a qualcuno — *to drive someone mad.*
Ha rotto l'anima a sua madre finchè non gli ha dato il permesso di uscire. *He drove his mother mad until she finally gave him permission to go out.*

animo — *courage, mind*

Animo! — *Cheer up!*
Animo! Tra poco avrai finito! *Cheer up! You will be finished soon!*

farsi animo — *to take heart.*
Fatti animo: sono qui per aiutarti. *Take heart; I'm here to help you.*

perdersi d'animo — *to lose heart.*
Non perdiamoci d'animo alla prima difficoltà. *Let's not lose heart when the first difficulties arise.*

stato d'animo — *mood.*
Non siamo nello stato d'animo per fare quella gita. *We aren't in the mood to go on that excursion.*

anno — *year*

gli anni verdi — *heyday.*
Nei suoi anni verdi è stato un grandissimo giocatore di tennis. *In his heyday he was a great tennis player.*

anni suonati — *well over x years.*
Ha ottant'anni suonati. *He's well over eighty.*

essere in là con gli anni — *to be well along in years.*
Il nonno sta ancora bene, ma ormai è molto in là con gli anni. *Grandpa is still well, but he's well along in years now.*

portare bene (male) gli anni — *to carry one's years well (or badly).*
Dici che ha quarant'anni?! Non ci credo. Li porta davvero male! *You're saying she's forty?! I can't believe it. She looks much older.*

anticamera — *anteroom*

passare per l'anticamera del cervello — *to cross one's mind.*
Non mi è passato nemmeno per l'anticamera del cervello. *It didn't even cross my mind.*

antifona — *antiphon*

capire l'antifona — *to take the hint (to get the message).*
Gliel'ho detto in dieci modi diversi, ma non ha capito l'antifona. *I told him the same thing in ten different ways, but he never took the hint.*

sempre la stessa antifona — *it's always the same story.*
È sempre la stessa antifona; se non vince lui rimane di cattivo umore per una settimana. *It's always the same story; when he loses he is in a bad mood for a whole week.*

antipasto — *appetizer*

essere solo all'antipasto — *to be only the beginning.*
L'avvocato ci ha detto che dobbiamo pagare 100.000 euro di danni. E siamo solo all'antipasto! *Our lawyer told us that we must pay 100,000 euros in damages. And it's only the beginning!*

anzi — *rather*

anzi che no — *rather.*
"Ti è piaciuto l'ultimo film di Woody Allen?" "L'ho trovato noiosino anzi che no." *"Did you like the latest Woody Allen movie?" "I found it rather boring."*

apparenza — *appearance*

L'apparenza inganna. *Beauty is only skin-deep.*

apposta — *on purpose*

neanche / nemmeno a farlo apposta... — *perhaps it's just a coincidence, but...* Neanche a farlo apposta, quando lei ha divorziato Luigi era lì pronto a consolarla. *Maybe it was just a coincidence, but when she was divorced Luigi was right there, ready to console her.*

arabo — *Arabic*

essere arabo — *to be Greek.*
Non ricominciamo con l'elettronica! Sai che per me è arabo. *Let's not start in on electronics again! You know it's Greek to me.*

arca — *ark*

un'arca di scienza — *a walking encyclopedia.*
Mio zio è un'arca di scienza. *My uncle is a walking encyclopedia.*

argento — *silver*

avere l'argento vivo addosso — *to be like a cat on hot bricks.*
Siediti un po' e rilassati; oggi sembra che tu abbia l'argento vivo addosso. *Sit down a minute and relax; you're like a cat on hot bricks today.*

---

aria — *air*

andare all'aria — *to come to nothing.*
Il suo matrimonio è andato all'aria. *His marriage has come to nothing.*

aria fritta — *hot air.*
Non credere a quello che dice. Vende solo aria fritta. *Don't believe what he says. It's all hot air.*

buttare all'aria qualcosa — *to turn something inside out.*
Ha buttato all'aria tutti i cassetti, ma non ha trovato il documento che cercava. *She turned all the drawers inside out, but she didn't find the document she was looking for.*

buttar tutto all'aria — *to mess up everything.*
I ragazzi hanno buttato all'aria tutta la casa. *The children messed up everything in the house.*

cambiare aria — *to change environment.*
La polizia ha avuto una soffiata. Sarà meglio cambiare aria. *The police had a tip. We'd better make ourselves scarce around here.*

campare d'aria — *to live on air.*
Non so come faccia a non lavorare. Campa d'aria? *I don't know how he manages not to work. Does he live on air?*

campato (per) in aria — *hot air.*
Fa sempre discorsi campati (per) in aria. *He is full of hot air.*

colpo d'aria — *chill.*
Si è preso un colpo d'aria andando a fare la gita con la pioggia. *He got a chill by going hiking in the rain.*

darsi delle arie — *to put on airs.*
Se sapesse cosa pensano di lui smetterebbe di darsi tante arie. *If he knew what people think of him he wouldn't put on so many airs.*

mandare all'aria — *to upset the applecart.*
Avevamo quasi raggiunto un accordo quando una sua dichiarazione ha mandato tutto all'aria. *We had almost reached an agreement when he made a statement that upset the applecart.*

nell'aria — *brewing.*
Sento che c'è qualcosa nell'aria oggi. *I feel something brewing today.*

per aria — *(1) in a mess.*
Mio figlio ha di nuovo lasciato la sua stanza tutta per aria. *My son left his room in a mess again.*
(2) up in the air.
I miei programmi estivi sono andati tutti per aria da quando mi sono ammalato. *My summer plans are all up in the air since I've been sick.*

saltare in aria — *to blow up.*
Hanno minacciato di far saltare in aria la banca. *They threatened to blow up the bank.*

senza averne l'aria — *without letting it be known.*
Senza averne l'aria, ha comprato mille azioni un giorno, mille un altro, e adesso controlla lei la ditta! *Without letting it be known, she bought one thousand shares one day, one thousand another day; now she has control of the firm.*

arma — *weapon*
alle prime armi — *a novice.*
È ancora alle prime armi, ma si vede che ha la stoffa per diventare un campione. *He's still a novice, but you can tell he has the class to become a champion.*

armi e bagagli — *lock, stock, and barrel.*
Ha fatto armi e bagagli e se n'è andato. *He packed up and moved lock, stock, and barrel.*

combattimento ad arma bianca — *hand-to-hand fighting.*
Finite le munizioni si passò al combattimento all'arma bianca. *When they ran out of ammunition, they went to hand-to-hand fighting.*

passare per le armi — *to execute.*
Nei tempi antichi si usava passare i prigionieri per le armi. *In olden times they used to execute prisoners.*

un'arma a doppio taglio — *a double-edged sword.*
Nascondere le prove può rivelarsi un'arma a doppio taglio. *Hiding the evidence may prove to be a double-edged sword.*

arnese — *tool*
essere male in arnese — *(1) to be shabbily (or poorly) dressed.*
Càmbiati quei pantaloni, sei proprio male in arnese! *Change those pants. You really look shabby!*

(2) to be in a bad way (in financial straits).
Gli abbiamo dovuto imprestare dei soldi perchè è male in arnese. *We had to lend him some money, because he's in a bad way.*

---

arrangiare — *to repair*

arrangiarsi — *to make do.*
Mio marito ha perso il posto, adesso dobbiamo arrangiarci col mio stipendio. *My husband lost his job. Now we'll have to make do with my salary.*

---

arrivare — *to arrive*

arrivarci (contrario: non arrivarci) — *to get it (opposite: not to get it).*
Mi dispiace, ma non ci arrivo, puoi ripetere? *I'm sorry but I don't get it; can you repeat what you said?*

Dove vuoi arrivare? *What are you getting at?*

---

arte — *art*

a regola d'arte — *in a masterly fashion.*
Quel falegname è caro, ma lavora a regola d'arte. *That carpenter is expensive, but does his job perfectly.*

non avere nè arte nè parte — *(to be) a good-for-nothing.*
Sarà difficile per lui che non ha nè arte nè parte trovare lavoro. *It'll be difficult for that good-for-nothing to find a job.*

---

ascendente — *ascendancy*

avere un ascendente su — *to have pull.*
Ha un ascendente sul capo. *He has pull with the boss.*

---

asciutto — *dry*

rimanere all'asciutto — *to be left high and dry.*
Sua sorella ha ereditato la casa, suo fratello, la ditta, e lei è rimasta all'asciutto. *Her sister inherited the family house, her brother, the firm, and she's been left high and dry.*

---

asino — *donkey*

fare come l'asino di Buridano — *to be unable to make up one's mind.*
Fra queste due cose non so quale scegliere; farò la fine dell'asino di Buridano. *I don't know which of these two things to choose; I'll end up being unable to make up my mind.*

legar l'asino dove vuole il padrone — *to be a yes man.*
Lega sempre l'asino dove vuole il padrone perchè ha paura di essere
  licenziato. *He's a yes man because he's afraid of losing his job.*

quando voleranno gli asini — *when hell freezes over.*
Ho paura che mi restituerà quei soldi quando voleranno gli asini. *I'm
  afraid he'll pay back that debt when hell freezes over.*

(qui) casca l'asino — *(there's) the rub.*
Riuscirai a mettere in pratica quello che hai imparato? Perchè qui
  casca l'asino. *Will you succeed in putting what you learned into
  practice? There's the rub!*

---

aspettare — *to wait*
aspettarselo — *to think (it), (to expect).* Me l'aspettavo! *That's what I
  thought (expected)!*

---

assenza — *absence*
brillare per la propria assenza — *to be conspicuous by one's absence.*
La festa è stata data in suo onore e lui ha brillato per la sua assenza.
  *The party was given in his honor and he was conspicuous by his
  absence.*

---

asso — *ace*
lasciare (piantare) in asso — *to leave in the lurch.*
Il mio socio è partito e mi ha lasciato (piantato) in asso. *My partner
  has gone and left me in the lurch.*

un asso nella manica — *an ace up one's sleeve (in the hole).*
È presto per dichiararlo sconfitto: lui ha sempre un asso nella manica.
  *It's too early to declare him defeated; he always has an ace in the
  hole.*

---

attento   *attentive*
stare attento — *to pay attention.*
Sta' attento a quel che dico. *Pay attention to what I say.*

Sta' attento! *Watch out!*

---

attenzione — *attention*
prestare attenzione — *to pay attention.*
Prestate attenzione a quel che dico. *Pay attention to what I say.*

---

attivo — *active*
  in attivo — *in the black.*
  Grazie a quell'affare, i conti sono tornati in attivo. *Thanks to that deal,*
  we're in the black again.

atto — *act*
  all'atto pratico — *for all intents and purposes.*
  All'atto pratico è il suo braccio destro che prende tutte le decisioni.
  For all intents and purposes all decisions are made by his right-hand
  man.

  dare atto di — *to give credit for.*
  Gli diede atto delle sue buone intenzioni. *He gave him credit for his*
  good intentions.

  essere in atto — *to be taking place.*
  Sono in atto indagini sul suo conto. *He is under investigation.*

  fare atto di fare qualcosa — *to pretend to do something.*
  Fece atto di andarsene, ma poi rimase. *He pretended to go, but then he*
  stayed.

  fare atto di presenza — *to put in an appearance.*
  Il sindaco ha fatto atto di presenza al concerto. *The mayor put in an*
  appearance at the concert.

  prendere atto di — *to take note of.*
  Ho preso atto della sua disponibilità ad aiutarmi e la ringrazio. *I've*
  taken note of your willingness to help me and I would like to thank
  you.

attorno — *around*
  guardarsi attorno — *to check the lay of the land.*
  Bisogna guardarsi bene attorno prima di entrare in società con degli
  sconosciuti. *You should check the lay of the land before entering into*
  a partnership with people you know nothing about.

avanti — *forward*
  farsi avanti — *to be a bit daring.*
  Fatti avanti e chiedigli un colloquio. *Be a bit daring and ask him for an*
  interview.

mandare avanti la famiglia — *to provide for one's family.*
Lavora anche di notte per mandare avanti la famiglia. *He works nights, too, to provide for his family.*

tirare avanti — *to get by.*
Tiriamo avanti con lo stipendio di mio marito. *We get by with my husband's salary.*

---

avanzo — *remnant*
avanzo di galera — *ex-con.*
S'era circondato di una banda di avanzi di galera. *He surrounded himself with a band of ex-cons.*

---

avere — *to have*
avercela con — *to have it in for.*
Non capisco proprio perchè ce l'hai con me. *I really don't understand why you have it in for me.*

avere a che fare con — *to deal with.*
È inutile che io le parli: vuole avere a che fare solo con te. *It's no use my talking to her; she only wants to deal with you.*

aversela a male — *to feel bad.*
Non avertela a male se non ti invito a quella cena. Ho già troppi invitati. *Don't feel bad if I don't invite you to that dinner. I have too many guests already.*

---

avviato — *going*
essere bene avviato — *to be on its way.*
I suoi affari sono molto ben avviati. *His business is on its way.*

---

avviso — *notice*
mettere qualcuno sull'avviso — *to alert someone.*
L'hanno messo sull'avviso che non deve fidarsi del suo nuovo socio. *They alerted him that he shouldn't trust his new partner.*

stare sull'avviso — *to be on one's guard.*
Sta sempre sull'avviso; è difficile prenderlo alla sprovvista. *He's always on his guard; it's difficult to surprise him.*

---

badare — *to watch over*
   tenere a bada qualcuno — *to keep (hold) someone at bay.*
   È riuscito a tenerli tutti a bada. *He succeeded in keeping them all at bay.*

bacio — *kiss*
   al bacio — *perfect.*
   "Ti piace com'è venuta la torta nuziale?" "Oh, sì, è proprio al bacio!"
   "How do you like your wedding cake?" "Oh, it's absolutely perfect!"

baffo — *moustache*
   coi baffi — *excellent.*
   È stata una cena coi baffi, da non dimenticare! *It was an excellent
   dinner, unforgettable.*

   Io me ne faccio un baffo! *I don't give a damn!*

   leccarsi i baffi — *to lick one's chops.*
   Quando abbiamo sentito i profumi meravigliosi che venivano dalla
   cucina ci siamo leccati i baffi. *When we smelled the wonderful smells
   coming from the kitchen we licked our chops.*

   ridere sotto i baffi — *to laugh up one's sleeve (to chuckle in one's
   beard).*
   Il campione se la rideva sotto i baffi sentendo le spacconate dello
   sfidante e sapendo che avrebbe stravinto. *The champion laughed up
   his sleeve at his challenger's bragging, knowing that he would win
   hands down.*

bagnare — *to wet*
   bagnare (un avvenimento) — *to celebrate (an event).*
   Ha invitato tutti gli amici a bagnare la laurea insieme a lui. *He invited
   all his friends to celebrate his graduation with him.*

bagnato — *wet*
  Piove sul bagnato. *(1) (indicating good luck) Nothing succeeds like success.*
  (2) (indicating bad luck) When it rains, it pours.
  Essere bagnato come un pulcino. *To be like a drowned rat.*

bagno — *bath*
  fare il bagno — *to go bathing/to go for a swim.*
  Cosa stai a fare seduto sotto l'ombrellone? Andiamo a fare il bagno! *What are you doing seated under that beach umbrella? Let's go for a swim!*
  farsi il bagno — *to take a bath.*
  Secondo me si fa il bagno una volta la settimana. *In my opinion, he takes a bath once a week.*

baleno — *flash*
  in un baleno — *(1) in a flash (immediately).*
  Ha capito in un baleno. *He understood in a flash (immediately).*
  (2) like wildfire.
  La storia si è diffusa in un baleno. *The story spread like wildfire.*

balla — *bundle, bale*
  un sacco di balle — *a lot of tall tales.*
  L'altra sera mi ha raccontato un sacco di balle; non è mai stato nè in Africa nè in Australia. *The other evening he told me a lot of tall tales; he's never been to Africa or Australia.*

ballo — *dance*
  entrare in ballo — *to enter into.*
  Qui entrano in ballo interessi diversi. *Various interests enter into this.*
  essere in ballo — *to be at stake.*
  In questa iniziativa c'è in ballo il futuro della mia impresa. *In this undertaking the future of my company is at stake.*
  tirare in ballo — *to bring up something.*
  Non tirare in ballo di nuovo quella questione. *Don't bring up that matter again.*

bambagia — *cotton-wool*
  tenere nella bambagia — *to coddle.*
  È un bambino delicatissimo; l'hanno sempre tenuto nella bambagia,
  ma è sempre malato. *He's a very delicate child; they've always
  coddled him, but he's always sick.*

---

banco — *bench*
  banco di prova — *the acid test.*
  Quella strada sarà un banco di prova ideale per le sospensioni. *That
  road will be the real acid test for the suspensions.*

  sotto banco — *on the sly.*
  È finito in prigione per aver accettato una percentuale sotto banco. *He
  ended up in jail for having taken a cut on the sly.*

  tener banco — *to occupy center stage.*
  Sono stufa delle loro feste; è sempre lui che tiene banco. *I'm fed up
  with their parties; he always occupies center stage.*

---

bandiera — *flag*
  portare alta la bandiera — *to do honor to.*
  Meno male che lui è riuscito a portare alta la bandiera della nostra
  squadra. *Thank goodness he managed to do honor to our team.*

  voltare bandiera — *to change opinions.*
  Tu volti bandiera un po' troppo spesso! *You change opinions a bit too
  often!*

---

bandolo — *end of a ball of yarn*
  trovare il bandolo della matassa — *to find the key to the problem.*
  Ragioniamo un po' e forse troveremo il bandolo della matassa. *Let's
  think it over and maybe we'll find the key to the problem.*

---

baracca — *hut*
  mandare avanti la baracca — *to make both ends meet.*
  Stentiamo a mandare avanti la baracca. *We're struggling to make both
  ends meet.*

  piantare baracca e burattini — *to drop everything.*
  Sapessi quanta voglia ne ho di piantare baracca e burattini e di
  andarmene in vacanza! *If you only knew how much I want to drop
  everything and go off on vacation!*

---

barba — *beard*

 aspettare di avere la barba bianca — *to wait forever.*
 Sbrigati, non voglio aspettare di avere la barba bianca per uscire.
  Hurry up, I don't want to wait forever to go out.

 Che barba! — *What a bore!*

 far venire la barba — *to bore to death.*
 La sua conversazione mi fa venire la barba. *His conversation bores me
  to death.*

 fare la barba a qualcuno — *to get the better of someone.*
 Gli ho fatto la barba così bene che quando se n'è accorto non si è
  neppure offeso. *I got the better of him by so much that when he
  realized it he didn't even get offended.*

 farla in barba a — *to fool.*
 È riuscito a farla in barba a tutti e ad entrare nello stadio senza pagare
  il biglietto. *He managed to fool everyone and get into the stadium
  without buying a ticket.*

 servire qualcuno di barba e capelli — *to fix someone.*
 Ti hanno proprio servito di barba e capelli; ormai c'è poco da fare.
  They really fixed you; now there's not much to be done about it.

barca — *boat*

 nella stessa barca — *in the same boat.*
 Ho cercato di convincere gli altri soci che siamo tutti nella stessa barca
  e che bisogna prendere una decisione comune. *I tried to convince
  our other associates that we're all in the same boat and that we'll have
  to make a decision together.*

 una barca di — *a lot of.*
 Quel vecchietto ha una barca di soldi. *That old man has a lot of
  money.*

barricata — *barricade*

 essere (passare) dall'altra parte della barricata — *to have the shoe on
  the other foot.*
 Quando mi sono ammalata, essere un medico non mi ha aiutata molto:
  ero dall'altra parte della barricata! *When I got sick, being a doctor
  didn't help much. I had the shoe on the other foot.*

23

basso — *low*
  cadere in basso — *to sink low.*
  Sei andato a chiedere soldi a quel mascalzone che ha rovinato la tua famiglia?! Sei caduto proprio in basso. *You went begging for money from that scoundrel who ruined your family?! You've really sunk low!*

  volare basso — *to fly low.*
  Sai, non siamo tutti ambiziosi: lui vive di traduzioni, nella casa dei suoi in campagna...È uno che vola basso. *Well, we aren't all ambitious; he lives by doing translations, in his parents' country house. He flies low.*

bastian — *nickname for Sebastian*
  essere un bastian contrario — *to be opposed to something just for the sake of it.*
  Ti dirà di no semplicemente perchè è un bastian contrario. *He'll be opposed to it just for the sake of it.*

bastone — *stick*
  mettere i bastoni fra le ruote — *to throw a wrench in the works.*
  Sta' attento; è geloso del tuo progetto e farà di tutto per metterti i bastoni tra le ruote. *Be careful; he's jealous of your plans and will do anything to throw a wrench in the works.*

  usare il bastone e la carota — *to use stick and carrot.*
  Hai provato a offrirgli una promozione invece di criticarlo sempre? A volte una carota è meglio del bastone. *Did you try giving him a promotion instead of criticizing him all the time? Sometimes a carrot is better than the stick.*

batosta — *blow*
  prendere una batosta — *to take a beating.*
  La nostra squadra ha preso una batosta senza precedenti. *Our team took an unprecedented beating.*

battente — *door*
  chiudere i battenti — *to close down.*
  La ditta chiuse i battenti dopo essere stata in perdita troppo a lungo. *The company closed down after having been in the red for too long a time.*

24

battere — *to beat, to hit*
  battere e ribattere — *to repeat over and over.*
  Batti e ribatti, finalmente ha capito. *When it had been said over and over again, he finally understood.*

  battersela — *to beat it.*
  Meglio battersela. C'è il preside in perlustrazione! *Let's beat it! The principal is on the prowl.*

batteria — *battery*
  scoprire le proprie batterie — *to come out in the open.*
  Ho l'impressione che tu abbia fatto male a scoprire le tue batterie così presto. *I have the impression that you've made a mistake by coming out in the open so soon.*

battistrada — *pacesetter*
  fare da battistrada — *to pave the way.*
  Lascia che Vincenzo faccia da battistrada: è uno con i soldi, che può correre qualche rischio in più. *Let Vincenzo pave the way. He's got money; he can afford risking a bit more.*

battuta — *remark, beating, beat, cue*
  avere la battuta pronta — *never to be at a loss for an answer.*
  Non si riesce mai a metterlo in difficoltà; ha sempre la battuta pronta. *One can never put him in a difficult spot; he's never at a loss for an answer.*

  perdere una battuta — *to miss a word.*
  Il discorso del presidente era molto lungo, ma lei non ha perso una battuta. *The president's speech was very long, but she didn't miss a word.*

  una battuta d'arresto — *a standstill.*
  I loro affari hanno subìto una battuta d'arresto. *Their business has come to a standstill.*

baule — *trunk*
  viaggiare come un baule — *to travel without learning anything.*
  Ragazzi, mi raccomando, non viaggiate come bauli. *Boys, watch out that you don't travel without learning anything.*

bava — *slobber*

avere la bava alla bocca — *to be foaming at the mouth.*
Quando ha saputo di essere stato truffato gli è venuta la bava alla
    bocca. *When he learned he had been cheated he began foaming at the
    mouth.*

bavero — *lapel*

prendere qualcuno per il bavero — *to swindle someone.*
Attento a non farti prendere per il bavero al bazaar. *Watch out that
    you don't get swindled at the bazaar.*

beato — *lucky*

beato qualcuno — *to be lucky.*
Beato te che vai in Sardegna per l'estate. *You're lucky to be going to
    Sardinia for the summer.*

beccare — *to peck*

beccarsi qualcosa — *(1) to fall ill with.*
Mi sono beccato il raffreddore. *I caught a cold.*
(2) to walk off with.
Si è beccato il primo premio. *He walked off with the first prize.*

becco — *beak*

avere il becco lungo — *to be a chatterbox.*
Se non vuoi che lo sappia tutta la città, non dirgli niente: è uno con il
    becco lungo. *If you don't want the entire town to hear about it, don't
    tell him anything: he's a chatterbox.*

chiudere il becco — *to shut up.*
Chiudi il becco e lasciaci lavorare. *Shut up and let us work.*

mettere il becco — *to poke one's nose into.*
Mette sempre il becco negli affari degli altri. *She always pokes her
    nose into other people's affairs.*

Non ha il becco di un quattrino. *He's penniless. (He doesn't have a red
    cent.)*

tenere il becco chiuso — *to keep one's mouth shut.*
Ti ho detto dove tiene i soldi, ma tu tieni il becco chiuso. *I told you
    where she keeps the money, but you keep your mouth shut.*

bellezza — *beauty*

in bellezza — *with a flourish.*
Ha chiuso la partita a scacchi in bellezza con una mossa da campione. *He ended the chess game with a flourish, with a move worthy of a champion.*

la bellezza di — *the beauty of ..., all of...*
C'è voluta la bellezza di dieci anni a finire la casa. *It took us all of ten years to finish the house.*

bello — *beautiful*

alla bell'e meglio — *any old way (any old how).*
Ho rimesso a posto la barca alla bell'e meglio; tornati a riva dovremo farla riparare. *I fixed the boat any old way; once back on shore we'll have to have it repaired.*

avere un bel (più infinito) — *to be no use.*
Hai un bel dire, nessuno ti ascolta. *It's no use talking, no one will listen to you.*

bell'e buono — *out-and-out.*
Questo è un ricatto bell'e buono. *This is out-and-out blackmail.*

bell'e fatto — *ready-made.*
Di solito compro i vestiti bell'e fatti. *I usually buy ready-made clothes.*

bello — *really.*
La nuova casa è bella grande. *The new house is really big.*

del bello e del buono — *heaven and earth.*
C'è voluto del bello e del buono per convincerlo. *It took heaven and earth to convince him.*

farla bella (grossa) — *to put one's foot in it.*
L'hai fatta bella (grossa)! *You've put your foot in it!*

farsi bello di qualcosa — *to take the credit for.*
Luigi si fa bello delle imprese altrui. *Louis takes the credit for other people's work.*

in bella — *final draft.*
Ha messo il suo saggio in bella copia. *She wrote the final draft of her paper.*

Questa è bella! *That's a good one!*

raccontarne delle belle — *to tell amazing stories.*
Ne hanno raccontate delle belle sul mio conto. *They've told amazing stories about me.*

scamparla bella — *to have a close shave.*
L'abbiamo scampata bella; pochi metri in più e saremmo finiti sul burrone. *We had a close shave; a few meters more and we would have ended up in the ravine.*

sul più bello — *just at the right time (right at the crucial moment).*
Sei capitato sul più bello; senti questa! *You've come just at the right time (right at the crucial moment); listen to this!*

venire il bello — *for the fat to be in the fire.*
Ora viene il bello! *Now the fat is in the fire!*

---

benda — *bandage*
cadere la benda dagli occhi — *to have the scales fall from one's eyes.*
Quando li vide baciarsi, finalmente le cadde la benda dagli occhi. *When she saw the two of them kiss, finally the scales fell from her eyes.*

---

bene — *well*
ben (più aggettivo) — *quite, very.*
Prendo il latte ben caldo. *I drink my milk quite hot.*

ben bene — *thoroughly.*
L'ho sgridato ben bene. *I scolded him thoroughly.*

bene o male — *somehow or other.*
Bene o male, siamo riusciti a finire il lavoro in tempo. *Somehow or other we were able to finish the work on time.*

di bene in meglio — *(1) better and better.*
Gli affari vanno di bene in meglio. *Business is getting better and better.*
(2) worse and worse.
Andiamo di bene in meglio; è già tardi e ci è finita la benzina. *Things are getting worse; it's already late and we've run out of gas.*

far bene — *(1) to mean well.*
Credevo di far bene ad aiutarlo. *I meant well by helping him.*
(2) to do the right thing.
Faresti bene a prendere l'ombrello. *You'd better take your umbrella.*

nascere bene — *to be born into money.*
Hai ragione, Elena è molto viziata, ma sai, è una che nasce bene. *You're right, Elena is spoiled, but, you know how it is, she was born into money.*

passarsela bene — *to be well off.*
Ha passato un periodo difficile, ma adesso se la passa bene. *He went through some hard times, but now he's well off.*

per bene — *(1) properly.*
Fa' i compiti per bene. *Do your homework properly.*
(2) decent.
Il medico mi ha aiutato molto. È proprio una persona per bene. *My physician helped me a lot. He is really a decent person.*

presentarsi bene — *to make a good impression.*
È una che si presenta bene; ha buone possibilità di essere assunta. *She's a person who makes a good impression; she has a good chance of being hired.*

star bene — *(1) to be becoming (to suit).*
Quel vestito ti sta molto bene. *That dress is quite becoming on you.*
(2) to be nice (proper).
Non dire queste cose, non sta bene. *Don't say such things, it's not nice.*
(3) to serve one right.
Ti sta proprio bene; così imparerai a dare fastidio ai cani. *It really serves you right; now you'll learn not to bother dogs.*

venir bene — *to turn out well.*
Questo dolce è venuto bene. *This cake turned out well.*

voler bene — *to love.*
Chi non vuol bene ai propri figli? *Who doesn't love his own children?*

benedire — *to bless*

andare a farsi benedire — *to go to hell (pieces).*
Anche questo trasformatore è andato a farsi benedire. *This transformer has gone to hell (pieces) too.*

mandare qualcuno a farsi benedire — *to send someone packing.*
È venuto di nuovo a chiedere dei soldi, ma l'hanno mandato a farsi benedire. *He came asking for money again, but they sent him packing.*

beneficio — *benefit*

con beneficio d'inventario — *conditionally (for what it's worth).*
Prenderei quello che ha detto con beneficio d'inventario. *I would take what he said only for what it's worth.*

29

bere — *to drink*

berci su — *to forget it.*
Beviamoci su! *Let's forget it!*

darla a bere a qualcuno — *to put something over on someone.*
Questa storia non me la dai a bere. *Don't try to put that story over on me.*

non la bere — *not to buy it.*
È una storia interessante, ma non la bevo. *It's an interesting story, but I don't buy it.*

(o) bere o affogare — *to sink or swim.*
Qui si tratta di bere o affogare; se non vendiamo la casa finiremo falliti. *Here it's a matter of sink or swim; if we don't sell the house we'll go bankrupt.*

---

berlina — *pillory*

mettere qualcuno alla berlina — *to expose someone to ridicule.*
Se racconti quello che hai saputo di lui lo metterai alla berlina. *If you spread around what you found out about him you'll expose him to ridicule.*

---

bestia — *beast*

andare in bestia — *to lose one's temper.*
Va in bestia per un nonnulla. *He loses his temper over nothing.*

brutta bestia — *a tough one.*
Questo rebus è una brutta bestia; non riesco proprio a risolverlo. *This puzzle is a tough one; I really can't solve it.*

da bestia — *slovenly.*
Questo lavoro è fatto da bestia. *This is slovenly work.*

faticare come una bestia — *to work like a dog.*
Quell'uomo ha faticato come una bestia tutta la vita. *That man worked like a dog all his life.*

una bestia nera — *bugbear.*
La chimica è la mia bestia nera. *Chemistry is my bugbear.*

una bestia rara — *an extraordinary person.*
È proprio una bestia rara: non dimentica mai un favore ricevuto. *He's really an extraordinary person; he never forgets a favor he's received.*

bianco — *white*

    andare in bianco — *to get nowhere.*

È andato in bianco con quella ragazza. *He got nowhere with that girl.*

    essere bianco come un panno lavato — *to be as pale as death.*

Che cosa ti è successo? Sei bianca come un panno lavato. *What happened to you? You're as pale as death!*

    far vedere bianco per nero — *to mislead (deceive).*

È facile far vedere bianco per nero alla gente quando la si tiene all'oscuro delle cose. *It's easy to mislead (deceive) people when you keep them in the dark about things.*

    in bianco — *(1) sleepless.*

Ho fatto la notte in bianco per studiare. *I spent a sleepless night studying.*

(2) unseasoned or without tomato sauce.

Preferisco gli spaghetti in bianco. *I prefer spaghetti without sauce.*

(3) a blank check.

Affidare i soldi a lui è come firmare un assegno in bianco. *Entrusting him with your money is the same thing as signing a blank check.*

    prendere bianco per nero — *to misunderstand completely.*

Hai preso bianco per nero; non volevo assolutamente dire questo. *You've misunderstood completely; that's not what I meant.*

---

bicchiere — *glass*

    affogare (annegare) in un bicchier d'acqua — *to balk at the slightest difficulty.*

Non possiamo affidargli nessuna responsabilità perchè è uno che affoga in un bicchier d'acqua. *We can't entrust him with any responsibility because he balks at the slightest difficulty.*

    essere facile come bere un bicchier d'acqua — *to be as easy as falling off a log.*

Non preoccuparti, vedrai, sarà facile come bere un bicchier d'acqua. *Don't worry; you'll see that it'll be as easy as falling off a log.*

---

bidone — *bin*

    far (dare) il bidone — *to stand someone up.*

Ieri sera il suo ragazzo le ha fatto il bidone. *Her boyfriend stood her up last night.*

---

bilancia — *scales*
  far pendere la bilancia — *to tip the scales.*
  La sua conoscenza dell'italiano ha fatto pendere la bilancia a suo
    favore. *Her knowledge of Italian tipped the scales in her favor.*

bilancio — *budget*
  arrotondare il bilancio — *to feather one's nest.*
  Mentre lavorava all'università arrotondava il bilancio facendo il
    consulente. *While he worked at the university he feathered his nest by
    doing consulting work.*
  fare il bilancio — *to evaluate.*
  È giunto il momento di fare il bilancio della situazione. *The moment
    has come to evaluate the situation.*

bile — *bile*
  crepare dalla bile — *to be consumed with anger and envy.*
  Pietro crepa dalla bile perchè arriva sempre secondo dopo Andrea.
    *Peter is consumed with anger and envy because he always comes in
    second to Andrew.*

binario — *track*
  sul binario morto — *up a blind alley.*
  Siamo ad un binario morto; non ci rimane che riesaminare il problema
    per cercare altre soluzioni. *We're up a blind alley; there's nothing we
    can do but reexamine the problem and look for other solutions.*

birra — *beer*
  a tutta birra — *as fast as one can.*
  È scappato a tutta birra. *He ran away as fast as he could.*
  dare la birra — *to leave in the dust.*
  Abbiamo fatto una gara di corsa e gli ho dato la birra. *We raced and I
    left him in the dust.*
  farci la birra — *to become useless.*
  Questa farina è andata a male; puoi anche farci la birra. *This sack of
    flour has gone bad; you may as well dump it.*

bivio — *crossroads*
  trovarsi davanti ad un bivio — *to be on the horns of a dilemma.*
  Sono davanti a un bivio: o vado all'università o incomincio a lavorare.
    I'm on the horns of a dilemma; either I go to college or I get a job.

bizza — *naughtiness*
 fare le bizze — *to misbehave.*
 Il mio computer si è messo a fare le bizze. Speriamo che non sia rotto.
 My computer started to behave strangely; let's hope it isn't broken.

bocca — *mouth*
 cavare di bocca — *to make someone say something.*
 Non volevo dirlo, ma me l'hai cavato di bocca. *I didn't want to say it*
 but you made me.

 chiudere (tappare) la bocca a qualcuno — *to silence someone.*
 Ho cercato di protestare, ma le ragioni che mi ha esposto mi hanno
 chiuso la bocca. *I tried to protest, but the reasons he gave me silenced*
 me.

 essere di bocca buona — *to be too easy to please.*
 Ti sei messo con Samanta? Ma è insopportabile! Sei proprio uno di
 bocca buona. *You're dating Samanta? She's unbearable! You're*
 really easy to please.

 fare la bocca a qualcosa — *to grow to like something.*
 Quando ci avrai fatto la bocca, vedrai che quel vino ti piacerà. *When*
 you've gotten used to that wine, you'll like it.

 mettere bocca — *to have one's (unwelcome) say.*
 Anche tu vuoi mettere bocca adesso? Credete di saperne tutti più di
 me? *You want to have your say as well? Do you all think you know*
 more than I do?

 non aprir bocca — *not to say a word.*
 È tutto il giorno che non apre bocca. *He hasn't said a word all day.*

 non ricordarsi dalla bocca al naso — *to have a bad memory.*
 Non so che mi succede di questi tempi; non mi ricordo dalla bocca al
 naso. *I don't know what's happening to me these days; I have a bad*
 memory.

 parlare a mezza bocca — *to hint at something.*
 Se hai qualcosa da dire, dillo, invece di parlare a mezza bocca. *If*
 you've got something to say, say it, instead of hinting at it.

 restare a bocca aperta — *to be dumbfounded.*
 Quando mi ha dato la notizia sono restata a bocca aperta. *When he*
 told me the news I was dumbfounded.

rimanere a bocca asciutta — *to be left with nothing.*
Era sicuro di vincere almeno un premio, e invece è rimasto a bocca asciutta. *He was sure he'd win at least one prize, but he was left with nothing.*

rimanere con la bocca amara — *to be disappointed.*
Sono rimasto con la bocca amara quando ho sentito che non saresti più venuta. *I was disappointed when I learned you weren't coming.*

sfuggire (di bocca) — *to blurt out.*
Senza pensarci, la notizia mi è sfuggita (di bocca). *Without thinking, I blurted out the news.*

sulla bocca di tutti — *the talk of the town.*
La sua impresa brillante è sulla bocca di tutti. *His brilliant feat is the talk of the town.*

tappare la bocca — *to gag someone, to shut someone up.*
Quella giornalista stava diventando pericolosa: le hanno tappato la bocca. *That journalist was becoming dangerous, so they shut her up.*

---

boccata — *mouthful*
boccata d'aria — *a breath of air.*
Vado fuori a prendere una boccata d'aria. *I'm going out to get a breath of air.*

---

boccia — *billiard bowl*
ragionare a bocce ferme — *to call time out to talk about something.*
Se continuiamo a litigare non combineremo mai niente: bisogna ragionare a bocce ferme. *If we go on arguing we'll get nowhere. Let's call time out so we can talk about it.*

---

bocciare — *to hit (bowling)*
essere bocciato — *to flunk.*
Ho paura che sarò bocciato se non supero questo esame. *I'm afraid I'll flunk if I don't pass this test.*

---

boccone — *mouthful*
avere il boccone in gola — *to have hardly finished eating.*
Avevo ancora il boccone in gola, ma sono dovuto tornare al lavoro. *I had hardly finished eating, but I had to go back to work.*

per un boccone (pezzo) di pane — *for a song.*
Ho comprato questa scrivania per un boccone di pane. *I bought this desk for a song.*

un boccone amaro — *a bitter pill.*
Non vincere la borsa di studio è stato per me un boccone amaro. *Not getting the fellowship was a bitter pill for me.*

boia — *executioner*
fare un [aggettivo] boia — *to be as . . . as hell.*
Fa un freddo boia. *It's as cold as hell.*

bolletta — *bill*
in bolletta — *broke.*
Abbiamo speso tutti i nostri risparmi e adesso siamo in bolletta. *We spent all our savings; now we're broke.*

bollire — *to boil*
quel che bolle in pentola — *what's brewing.*
C'è qualcosa che bolle in pentola, perché hanno indetto una riunione di tutti i pezzi grossi. *There's something brewing, because they called a meeting of all the big shots.*

bomba — *bomb*
scoppiare la bomba — *for the fat to be in the fire.*
È scoppiata la bomba! *The fat is in the fire!*

tornare a bomba — *to get back to the point.*
Torniamo a bomba. Cosa stavi dicendo? *Let's get back to the point. What were you saying?*

bontà — *goodness*
bontà sua — *what an effort.*
Mi ha risposto dopo sei mesi, bontà sua! *It took him six months to answer my letter; what an effort!*

bordo — *ship's side*
d'alto bordo — *highly-placed.*
Sono molto snob: frequentano solo gente d'alto bordo. *They are very snobbish; they only associate with highly-placed people.*

botta — *blow*

a botta calda — *on the spot.*
A botta calda, non saprei cosa dire. *If I had to answer on the spot, I wouldn't know what to say.*

a botta e risposta — *quick repartee.*
Hanno fatto a botta e risposta tutta la serata. *They engaged in quick repartee all evening.*

dare (menare) botte da orbi — *to deal out a shower of blows.*
È cominciata come una manifestazione pacifica, ma è degenerata e si sono dati botte da orbi. *It started out as a peaceful demonstration, but it degenerated and showers of blows were dealt out.*

botte — *barrel*

in una botte di ferro — *to be safe on all sides.*
Non c'è nulla che mi possa accadere qui; sono in una botte di ferro. *Nothing can happen to me here; I'm safe on all sides.*

Voler la botte piena e la moglie ubriaca. *To want to have one's cake and eat it too.*

bottega — *store*

chiudere bottega — *to give up (to close down).*
In situazioni impossibili come questa, mi viene voglia di chiudere bottega. *In situations as bad as this one, I feel like giving up (closing down).*

botto — *blow*

di botto — *suddenly.*
Scoppiò a piangere di botto. *He suddenly burst into tears.*

bottone — *button*

attaccare un bottone — *to buttonhole.*
Mi dispiace essere in ritardo: ho incontrato Pasquale che mi ha attaccato un bottone. *I'm sorry to be late; I met Pasquale and he buttonholed me.*

braca — *leg (of a pair of trousers)*

calare le brache — *to chicken out.*
Non appena lui ha minacciato di dire tutto a tuo padre, tu hai calato le brache. *As soon as he threatened to tell everything to your father, you chickened out.*

braccio — *arm*

braccio di ferro — *tug-of-war.*
Il costante braccio di ferro tra i due fratelli ha danneggiato l'azienda.
The ongoing tug-of-war between the two brothers has damaged the business.

discorso a braccio — *ad lib speech.*
La leader del partito ha fatto un discorso a braccio che è stato molto apprezzato. *The party's leader gave an ad lib speech, which was warmly received.*

essere il braccio destro — *to be someone's right-hand man.*
Senza il suo braccio destro lui non è nessuno. *He's nothing without his right-hand man.*

incrociare le braccia — *to go on strike.*
I metalmeccanici hanno incrociato le braccia. *The metal workers have gone on strike.*

sentirsi/far cascare le braccia — *to feel disheartened, to make someone's arms fall off.*
Mio figlio si è messo di nuovo nei guai con la polizia. Mi fa proprio cascare le braccia! *My son has gotten himself in trouble with the police again. He makes me cry!*

tendere le braccia a qualcuno — *to ask for help, to help someone.*
Lui ci ha sempre teso le braccia nel momento del bisogno. *He always gave us a helping hand in times of need.*

---

branco — *herd*

stare nel branco — *to follow the crowd.*
Non è certo un leader; è uno che starà sempre nel branco per sicurezza. *He's certainly not a leader; he'll always follow the crowd for safety.*

---

breccia — *breach*

fare breccia — *to win someone over.*
Il suo racconto ha fatto breccia in tutti noi. *His story won us all over.*

rimanere sulla breccia — *to keep at it.*
Solo una grande artista come lei rimane sulla breccia per tanti anni. *Only a great artist like her keeps at it for so many years.*

---

breve — *short*
  per farla breve — *to make a long story short.*
  Per farla breve, sono andato a vedere quel film, ma non mi è piaciuto. *To make a long story short, I went to see that movie but I didn't like it.*

briciola — *bit, crumb*
  non una briciola di — *not a grain of.*
  Non c'è una briciola di verità in quello che dici. *There's not a grain of truth in what you're saying.*

  ridurre in briciole — *to cream.*
  Dici di essere bravo a tennis, ma lui ti ha ridotto in briciole. *You say you're good at playing tennis, but he creamed you.*

briga — *trouble*
  attaccare briga (lite) — *to pick a quarrel.*
  Quel ragazzo attacca briga (lite) con tutti. *That boy picks a quarrel with everybody.*

  prendersi la briga di — *to take (go to) the trouble to.*
  Si è presa la briga di avvertire tutti che la riunione era stata rinviata. *She took the trouble to inform everyone that the meeting had been put off.*

briglia — *bridle*
  a briglia sciolta — *at full speed.*
  Correva a briglia sciolta. *He was going at full speed.*

  lasciare la briglia sul collo a qualcuno — *to give someone free rein.*
  Hanno educato i loro figli lasciando loro la briglia sul collo. *They brought up their children giving them free rein.*

brivido — *shiver*
  far venire i brividi — *to give the creeps.*
  Quel film del terrore mi ha fatto venire i brividi. *That horror movie gave me the creeps.*

brodo — *broth*
  andare in brodo di giuggiole — *to be overjoyed.*
  Ogni volta che riceve una lettera dalla sua ragazza, Marco va in brodo di giuggiole. *Every time he gets a letter from his girlfriend, Mark is overjoyed.*

il **brodo di coltura** — *breeding ground.*
La povertà è spesso il brodo di coltura ideale per il crimine. *Poverty is often the ideal breeding ground for crime.*

lasciar cuocere qualcuno nel suo brodo — *to let someone stew in his own juice.*
Se non vuole unirsi a noi, lasciamolo cuocere nel suo brodo. *If he doesn't want to join us, let him stew in his own juice.*

Tutto fa brodo. *It's all grist to one's mill.*

bruciapelo — *at close range*

a bruciapelo — *point-blank.*
Me l'ha chiesto a bruciapelo e non ero preparato a rispondere. *He asked me point-blank (suddenly), and I wasn't prepared to answer.*

brutto — *ugly*

con le brutte — *by the use of threats (or force).*
Se non acconsenti subito, ti convincerò con le brutte. *If you don't agree at once, I'll make you see reason in a way you won't like.*

Essere brutto come la peste (il peccato, da far paura) — *To be as ugly as sin.*

la brutta (copia) — *rough copy.*
Non badare a tutte queste correzioni, è solo la brutta. *Never mind all these changes; it's only a rough copy.*

passarsela brutta — *to be through the mill.*
Ha tutta l'aria di essersela passata brutta. *He looks as though he's been through the mill.*

vederne di brutte — *to see hard times.*
Ne abbiamo viste di brutte in tutti questi anni! *We've seen hard times over all these years!*

vedersela brutta — *to look death in the face.*
Se l'è vista brutta, ma grazie all'intervento ora guarirà. *He looked death in the face, but thanks to the operation, he'll be all right now.*

buco — *hole*

essere un buco di provincia — *to be a one-horse town.*
Questa cittadina è un buco di provincia. *This is just a one-horse town.*

39

fare un buco nell'acqua — *to waste energy in vain*.
Non illuderti, farai un buco nell'acqua. *You'll see, you'll have done everything in vain.*

starsene nel proprio buco — *to be a recluse*.
Non vale la pena telefonarle: le piace starsene nel proprio buco. *It's not worthwhile calling her up; she likes being a recluse.*

tappare un buco — *to pay off a debt*.
Ho finalmente tappato tutti i buchi con i creditori. *I finally paid off all my debts.*

---

budella — *guts*
cavar le budella a qualcuno — *to kill someone*.
Zorro cava le budella solo ai cattivi. *Zorro only kills bad guys.*

sentirsi rimescolare le budella — *to be outraged*.
Quando mi hai raccontato quello che ti ha fatto, mi sono sentita rimescolare le budella. *When you told me what she did to you, I felt outraged.*

---

buffone — *clown*
fare il buffone — *to clown around*.
Non fare il buffone: vieni subito qui e mettiti a fare i compiti. *Stop clowning around; come here immediately and start doing your homework.*

---

buio — *dark*
al buio (all'oscuro) — *in the dark*.
Non ne so niente; sono completamente al buio (all'oscuro) della vicenda. *I don't know anything about it; I'm completely in the dark about that matter.*

buio fitto (pesto) — *pitch dark*.
Quando siamo tornati a casa era buio pesto. *It was pitch dark when we got home.*

---

buono — *good*
alla buona — *simply (informally, without ceremony)*.
A casa nostra si mangia alla buona. *At our house we eat simply (informally, without ceremony).*

Buon pro vi faccia! *Much good may it do you!*

buono come il pane — *as good as gold.*

con le buone o con le cattive — *by hook or by crook.*
Con le buone o con le cattive, convincerò mio figlio a venire a casa. *By hook or by crook, I'll get my son to come home.*

essere in buona — *to be in a good mood.*
Parlale del tuo progetto stasera, visto che è in buona. *Talk to her about your project tonight, since she's in a good mood.*

prendere il buono con il cattivo — *to take the rough with the smooth.*
Devi imparare a prendere il buono con il cattivo; non tutto può sempre andare come vuoi tu. *You have to learn to take the rough with the smooth; you can't always have things your own way.*

tenere buono qualcuno — *to stall someone.*
L'ha tenuto buono promettendogli che verrà promosso la prossima volta. *He stalled him by promising he would get promoted next time.*

tenersi buono qualcuno — *to keep on friendly terms with someone.*
Tientelo buono: conosce molta gente importante. *Keep on friendly terms with him; he knows lots of important people.*

un buono a niente (nulla) — *a good-for-nothing.*
Suo cugino perde sempre il lavoro: è proprio un buono a niente. *Her cousin is always losing his job; he's really a good-for-nothing.*

un poco di buono — *to be no good.*
Quel ragazzo è un poco di buono. *That boy is no good.*

vivere alla buona — *to rough it.*
È bello vivere alla buona per un po' in campeggio, ma ogni tanto un letto vero e una doccia calda ci vogliono. *It's great to rough it camping, but every so often you need a real bed and a hot shower.*

---

burro — *butter*
diventare un burro — *to turn quite sweet.*
Quando gli ho promesso di portarlo al circo è diventato tutto un burro. *When I promised to take him to the circus he turned quite sweet.*

---

bussola — *compass*

    perdere la bussola — *to lose one's bearings.*

    Con tutte le sue chiacchiere mi fa perdere la bussola. *With all her chattering she makes me lose my bearings.*

buttare — *to throw, to toss*

    buttar giù, buttarsi giù — *to depress, to get depressed.*

    Non le hanno dato il lavoro neanche questa volta. La notizia l'ha proprio buttata giù. *She didn't get the job this time either. The news has really depressed her.*

buzzo — *paunch*

    di buzzo buono — *in earnest (to set one's mind to).*

    Voglio proprio mettermi a studiare di buzzo buono. *I really want to start (set my mind to) studying in earnest.*

caccia — *hunt*

    a caccia di — *in search of.*

    Era a caccia di facili guadagni. *He was in search of easy money.*

    dare la caccia — *to hunt for.*

    Ti ho dato la caccia per tutta la città. *I hunted for you all over town.*

cacio — *cheese*

    come il cacio sui maccheroni — *just what the doctor ordered.*

    Questo assegno arriva proprio come il cacio sui maccheroni. *This check is just what the doctor ordered.*

caffettiera — *coffeepot*

    una vecchia caffettiera — *an old rattletrap.*

    Sono affezionato alla mia macchina, anche se è una vecchia caffettiera. *I'm fond of my old car, even if it's an old rattletrap.*

cagnesco — *(only in the expression)*
   guardare qualcuno in cagnesco — *to look daggers at someone.*
   È tutta la mattina che mi guarda in cagnesco: ma che cosa gli ho fatto?
   *He's been looking daggers at me the whole morning; what have I
   done to him?*

calcagno — *heel*
   avere qualcuno alle calcagna — *to have someone at one's heels.*
   Ha tutto l'esercito nemico alle calcagna. *The entire enemy army is at
   his heels.*

   stare alle calcagna — *to dog one's steps.*
   Non starmi sempre alle calcagna! *Don't dog my steps all the time!*

calcio — *kick*
   dare un calcio alla fortuna — *to miss one's chance.*
   Non ha voluto amministrare i beni di suo zio e così ha dato un calcio
   alla fortuna. *He didn't want to manage his uncle's estate and thereby
   he missed his chance.*

caldo — *hot*
   a caldo — *in the heat of the moment.*
   Il ministro non ha voluto commentare la notizia a caldo. *The minister
   didn't want to comment on the news in the heat of the moment.*

   non fare nè caldo nè freddo — *to leave one indifferent.*
   Non mi fa nè caldo nè freddo. *I couldn't care less.*

   prendersela calda — *to take to heart.*
   Non prendertela calda, stavo solo scherzando. *Don't take it to heart; I
   was only joking.*

calende — *calends*
   rimandare alle calende greche — *to put off indefinitely.*
   Sembra che il governo voglia rimandare la riforma alle calende
   greche. *It seems the government wants to put off the reform
   indefinitely.*

calibro — *caliber*
   essere dello stesso calibro — *to be at the same level.*
   Non sono dello stesso calibro, ma lavorano benissimo insieme. *They're
   not at the same level, but they work really well together.*

i grossi calibri — *the big shots.*
I grossi calibri hanno deciso tutto e noialtri dobbiamo fare quello che
dicono. *The big shots decided everything, and the rest of us have to
do as they say.*

callo — *corn*
farci il callo — *to be hardened to.*
Ci ho fatto il callo. *I'm hardened to it.*

pestare i calli a qualcuno — *to tread on someone's toes.*
Sta' attento a non pestare i calli a un tipo pericoloso come quello. *Be
careful not to tread on the toes of a dangerous person like that.*

calma — *tranquility*
Calma e sangue freddo! *Keep cool, calm, and collected!*

prendersela con calma — *to take it easy.*
Prenditela con calma, non c'è nessuna fretta. *Take it easy; there's no
hurry.*

calzetta — *ankle sock*
una mezza calzetta — *second-rate person.*
Ugo è una mezza calzetta, anche si comporta come se fosse chissà chi.
*Ugo is a second-rate person, even if he pretends to be God knows
what.*

cambiare — *to change*
tanto per cambiare — *just for a change.*
Andiamo in autobus oggi, tanto per cambiare. *Let's go by bus today,
just for a change.*

camicia — *shirt*
Essere nato con la camicia. *To be born with a silver spoon in one's
mouth.*

rimetterci la camicia — *to lose one's shirt.*
Ha fatto un investimento sbagliato e ora rischia di rimetterci la
camicia. *He made a wrong investment and now risks losing his shirt.*

sudare sette camicie — *to sweat blood.*
Ha sudato sette camicie per evitare la bancarotta. *He sweat blood to
avoid bankruptcy.*

campana — *bell*

sentire l'altra campana — *to hear the other side of the question.*
Vorrei sentire l'altra campana prima di decidere. *I'd like to hear the other side of the question before making my decision.*

stare in campana — *to watch out.*
Sta' in campana, questo è un posto pericoloso di notte. *Watch out, this is a dangerous place at night.*

tenere qualcuno sotto una campana di vetro — *to pamper someone.*
Lei non sa far niente perchè i suoi l'hanno sempre tenuta sotto una campana di vetro. *She's incapable of doing anything because her parents have pampered her all her life.*

campanile — *bell tower*

il proprio campanile — *one's own town.*
Non vede più in là del suo campanile. *He won't look any further than his own town.*

campare — *to live*

tirare a campare — *to scrape by.*
Erano molto ricchi, ma ormai tirano a campare. *They used to be very rich, but now they only scrape by.*

campo — *field*

mettere in campo — *to put forward.*
Mìse in campo delle valide ragioni. *He put forward some good reasons.*

candela — *candle*

a candela — *perpendicularly.*
Ha tirato la palla a candela e gli è tornata in testa. *He threw the ball up perpendicularly and it came down on his head.*

accendere una candela a qualcuno — *to be infinitely grateful to someone.*
Dovresti accendergli una candela, perché senza il suo aiuto saresti finito in carcere. *You should be infinitely grateful to him, because without his help you would've ended up in jail.*

alla candela — *dying.*
La giornata è alla candela e guardiamo gli ultimi raggi del sole. *The day is dying and we're watching the sun's last rays.*

struggersi come una candela — *to pine away.*
Non ti struggere come una candela; tornerà presto. *Don't pine away;
he'll be back soon.*

---

cane — *dog*

da cane (da cani) — *(1) very poorly, very badly.*
Non andare in quel ristorante: ci ho mangiato da cani. *Don't go to that
restaurant; I ate very badly there.*
(2) a devil of a job.
Abbiamo ridipinto tutta la casa, ma è stato un lavoro da cani. *We
painted the whole house, but it was a devil of a job.*

Fa un freddo cane. *The weather is as cold as ice.*

menare il can per l'aia — *to beat about the bush.*
Smettila di menare il can per l'aia e dimmi che cosa è successo. *Stop
beating about the bush and tell me what happened.*

morire come un cane — *to die a dog's death.*
Non era simpatico, ma non meritava di morire come un cane. *He
wasn't very nice, but he didn't deserve to die a dog's death.*

sembrare un cane bastonato — *to be a beaten dog.*
Te l'avevo detto che lui era troppo forte per te; adesso sembri proprio
un cane bastonato. *I warned you he was too strong for you; now
you're really a beaten dog.*

solo come un cane — *completely alone.*
Se ne sono andati tutti al cinema e mi hanno lasciato solo come un
cane. *They all went to the movies and left me all alone.*

un cane — *a soul.*
Ho bussato a tutte le porte ma non ho trovato un cane. *I knocked on
every door, but I didn't find a soul.*

---

cantare — *to sing*

cantarla chiara — *to speak one's mind.*
Gliela canto chiara e così non ci saranno equivoci. *I'll speak my mind
to him so there won't be any misunderstandings.*

---

cantiere — *yard*

avere qualcosa in cantiere — *to have something in preparation.*
Abbiamo un nuovo articolo in cantiere, ma dobbiamo ancora leggere
parecchio prima di trarre le conclusioni. *We have a new article in*

preparation, but we still have to read a lot before we can come to any conclusions.

---

cantilena — *sing-song*

essere sempre la stessa cantilena — *to be the same old story.*
È sempre la stessa cantilena: "Mi sono dimenticato." *It's always the same old story: "I forgot."*

---

canto — *corner*

dal canto mio — *as for me (as far as I'm concerned).*
Dal canto mio, glielo lascerei presentare così. *As for me (As far as I'm concerned) I'd let him present it as is.*

d'altro canto — *on the other hand.*
D'altro canto, sarebbe più giusto che lo facesse come l'hanno fatto tutti gli altri. *On the other hand, it would be fairer if he did it the same way the others did.*

---

capello — *one hair*

averne fin sopra i capelli — *to be fed up with.*
Ne ho fin sopra i capelli di te e dei tuoi amici. *I'm fed up with you and your friends.*

far venire i capelli bianchi — *to give someone gray hair.*
A furia di combinare guai ha fatto venire i capelli bianchi a sua madre. *He was so much trouble that he gave his mother gray hair.*

non torcere un capello — *not to touch a hair.*
I rapitori non gli hanno torto un capello. *The kidnappers didn't touch a hair on his head.*

prendersi per i capelli — *to come to blows.*
La loro discussione era diventata troppo animata e rischiavano di prendersi per i capelli. *Their conversation was getting too heated, and they risked coming to blows.*

rizzarsi i capelli — *to have one's hair stand on end.*
Mi si sono rizzati i capelli a sentire il suo racconto. *My hair stood on end when I heard his story.*

spaccare un capello in quattro — *to split hairs.*
Perchè spaccare un capello in quattro per una questione così marginale? *Why split hairs over such a marginal problem?*

tirare per i capelli — *to drag (to force)*.
Lo ha tirato per i capelli in questo affare. *He dragged him into this business.*

tirato per i capelli — *far-fetched*.
I suoi metodi non sono molto ortodossi, ma la soluzione non è per niente tirata per i capelli. *His methods aren't very orthodox, but his solution is not at all far-fetched.*

capitare bene/male — *to happen, to arrive*
Siamo proprio capitati bene! *This is a fine kettle of fish!*

capire — *to understand*
si capisce — *of course*.
Si capisce che puoi stare da noi; che domanda! *Of course you can stay with us; what a question!*

capo — *head*
alzare il capo — *to rebel*.
Questa situazione non può reggere; i giovani stanno già alzando il capo. *This situation can't continue; the young people are already rebelling.*

andare a capo — *to begin a new paragraph*.
Qui hai cambiato l'argomento del tuo saggio e saresti dovuto andare a capo. *At this point you changed the subject of your essay; you should have begun a new paragraph.*

capitare tra capo e collo — *to be saddled with*.
Come se non avessi già abbastanza da fare, mi è capitata anche questa tra capo e collo. *As if I didn't already have enough to do, I got saddled with this too.*

chinare/piegare il capo — *to eat humble pie*.
Ludovico ha dovuto piegare il capo: il suo sottoposto adesso è il suo boss. *Ludovico had to eat humble pie. His underling is now his boss.*

da capo — *from the beginning (from scratch)*.
Ora dobbiamo ricominciare da capo. *We have to start over again from the beginning (from scratch).*

da capo a piedi — *from head to toe (foot)*.
Ho lasciato il bambino solo un momento in cucina, e l'ho ritrovato infarinato da capo a piedi. *I left the baby alone for a minute in the kitchen and found him covered with flour from head to toe.*

in capo al mondo — *the end of nowhere.*
Mi dispiace che si siano trasferiti in capo al mondo; è così lontano che
ora non li vedremo più spesso come prima. *I'm sorry they moved
out to the end of nowhere; it's so far that now we won't see them as
often as before.*

nè capo nè coda — *neither rhyme nor reason.*
Secondo me il suo discorso non ha nè capo nè coda. *In my opinion, his
speech had neither rhyme nor reason.*

rompersi il capo — *to rack one's brains.*
Mi sto rompendo il capo da stamattina, ma non riesco a ricordarmelo.
*I've been racking my brains since this morning, but I just can't
remember it.*

venire a capo di qualcosa — *to get to the bottom of something.*
Non smetterò di farti domande finchè non verrò a capo della situazione. *I'm not going to stop asking you questions until I get to the
bottom of this.*

---

capofitto — *headlong*
buttarsi a capofitto in — *to throw oneself wholeheartedly into.*
Vedi che non è pigro: si è buttato a capofitto nel lavoro. *You see he
isn't lazy; he's thrown himself wholeheartedly into his job.*

---

capolino — *little head*
far capolino — *to peep.*
Faceva ancora freddo, ma il sole faceva già capolino. *It was still cold,
but the sun was already peeping out.*

---

cappa — *cloak, hood*
(essere) sotto una cappa di piombo — *(to feel) oppressed.*
Devo uscire a divertirmi un po'. Mi sento come sotto una cappa di
piombo. *I have to get out and have some fun. I feel oppressed.*

---

cappello — *hat*
far tanto di cappello a qualcuno — *to take one's hat off to.*
Ti faccio tanto di cappello: hai giocato bene e hai meritato di vincere. *I
take off my hat to you; you played well and deserved to win.*

prendere cappello — *to take offense.*
Non prendere cappello, stavamo solo scherzando. *Don't take offense;
we were only joking.*

cappotto — *overcoat*
  fare cappotto a qualcuno — *to wipe the floor with someone.*
  Pensavamo di perdere, ma ci hanno fatto proprio cappotto. *We thought we'd lose, but they really wiped the floor with us.*

capra — *goat*
  salvar capra e cavoli — *to have one's cake and eat it too.*
  Lui crede di riuscire a salvare capra e cavoli grazie al lavoro nero, ma fallirà in ogni caso. *He thinks he can have his cake and eat it too by exploiting the workers in his sweatshops, but he'll go bankrupt anyway.*

carbone — *coal*
  essere sui carboni ardenti — *to be on tenterhooks.*
  Siamo stati sui carboni ardenti mentre la commissione discuteva il problema. *We were on tenterhooks while the committee debated the issue.*

carcassa — *carcass*
  la mia vecchia carcassa — *my old bones.*
  La mia vecchia carcassa non è più quella di una volta. *My old bones aren't what they used to be.*

carica — *charge*
  tornare alla carica — *to keep insisting.*
  Nonostante il mio rifiuto è tornato alla carica. *Despite my refusal he kept insisting.*

carità — *charity*
  carità pelosa — *self-interested charity.*
  Danno i soldi alle organizzazioni di beneficenza che poi devono comprare i loro prodotti. Che carità pelosa! *They give money to charitable organizations, which then have to buy their products. It's just self-interested charity!*
  Per carità! *Not on your life! (God forbid!)*

carne — *meat, flesh*
  essere bene in carne — *to be plump.*
  No, non è grassa; è bene in carne. *No, she isn't fat; she's plump.*

essere fatto di carne ed ossa — *to be human.*
È fatto di carne ed ossa, e non ha resistere. *He's human, and couldn't resist.*

in carne ed ossa — *in the flesh (as big as life, in person).*
Ho visto la squadra di tennis in carne ed ossa all'aeroporto. *I saw the tennis team in the flesh (as big as life, in person) at the airport.*

nè carne nè pesce — *neither fish nor fowl.*
Questo tema non è nè carne nè pesce: giri intorno al problema senza prendere mai posizione. *This paper is neither fish nor fowl; you talk around the problem without ever taking a position.*

troppa carne al fuoco — *(1) too many irons in the fire.*
Ha troppa carne al fuoco; non può prendere le vacanze adesso. *He has too many irons in the fire; he can't take a vacation now.*
(2) to bite off more than one can chew.
Ha messo troppa carne al fuoco e adesso teme di non finire il lavoro in tempo. *He bit off more than he could chew, and now he's afraid he won't be able to finish the job in time.*

---

carota — *carrot*
piantar carote — *to tell lies.*
È ovvio dalla sua espressione che sta piantando carote. *It's obvious from his expression that he's telling lies.*

---

carreggiata — *carriageway*
rimettersi in carreggiata — *to come back to the right path.*
Essere stato arrestato proprio al primo furto è stata la sua salvezza; si è rimesso subito in carreggiata. *Having gotten arrested at his very first theft was what saved him; he came right back to the right path.*

uscire di carreggiata — *to go too far.*
Hanno detto delle cose assurde di lei: sono proprio usciti di carreggiata. *They said absurd things about her; they went way too far.*

---

carretta — *cart*
tirare la carretta — *to plod along, to be the breadwinner.*
Ha tirato la carretta tutta la vita e quando stava per andare in pensione è morto. *He plodded along as the only breadwinner for the whole family, and when he was about to retire he died.*

---

carriera — *full gallop*
  andare di gran carriera — *to run at full speed.*
  Dove vai così di gran carriera? *Where are you going with such haste?*

carro — *cart*
  Non mettere il carro davanti ai buoi. *Don't put the cart before the horse.*

carta — *card, paper*
  a carte scoperte — *aboveboard.*
  Fidati di lei, è una persona che gioca sempre a carte scoperte. *Trust her, she always does things aboveboard.*

  avere le carte in regola — *to have one's papers in order.*
  Ha tutte le carte in regola e non mi sorprenderebbe se scegliessero proprio lui. *He has all his papers in order; I wouldn't be surprised if they chose him.*

  cambiare le carte in tavola — *to shift one's ground.*
  Non ti puoi fidare di lui perchè ti cambia sempre le carte in tavola. *You can't trust him because he's always shifting his ground.*

  dare carta bianca a qualcuno — *to give someone a free hand.*
  Mi hanno dato carta bianca per sviluppare i programmi. *They've given me a free hand in developing the programs.*

  fare carte false — *to go to any lengths.*
  Farebbe carte false pur di diventare suo amico. *He'd go to any lengths to become his friend.*

  imbrogliare le carte — *to mess up the paperwork, to cook the books.*
  Hanno imbrogliato le carte a tal punto che ci sono voluti sei mesi prima che i revisori dei conti capissero che cos'era successo. Ma alla fine li hanno arrestati. *They cooked the books so well that it took six months before the auditors understood what was going on. But in the end they arrested them.*

  mandare a carte quarantotto — *to send to the devil.*
  Non è venuto e così ha mandato tutti i miei programmi a carta quarantotto. *He didn't come and that sent all my plans to the devil.*

  mettere le carte in tavola — *to put (lay) the cards on the table.*
  Ha fatto tutto di nascosto senza informarci, ma lo obbligheremo a mettere le carte in tavola. *He did everything on the sly, but we'll make him put his cards on the table.*

mettere qualcosa sulla carta — *to put something in writing.*
Non mi sono mai fidata di loro: gli ho sempre fatto mettere tutti i nostri accordi sulla carta. *I never trusted them; I always made them put all our agreements in writing.*

puntare tutto su una carta sola — *to put all one's eggs in one basket.*
Ha investito tutta l'eredità in azioni, ma non è prudente puntare tutto su una carta sola. *He invested the entire inheritance in stocks, but it isn't prudent to put all your eggs in one basket.*

scoprire le carte — *to tip one's hand.*
Finalmente ha scoperto le carte: venderà la società ai nostri concorrenti, come avevamo pensato. *Finally he tipped his hand; he'll sell the company to our competitors, as we guessed.*

---

cartellone — *billboard*
tenere il cartellone — *to have one's name on the marquee for a long time.*
Il musical *A Chorus Line* ha tenuto il cartellone per quasi trent'anni. *The musical* A Chorus Line *has had its name on the marquee for almost thirty years.*

---

cartuccia — *cartridge*
sparare l'ultima cartuccia — *to play one's last card.*
Offrendoci del denaro per lavorare con noi, ha sparato la sua ultima cartuccia, ma non accetteremo la sua proposta lo stesso. *Offering us money to work with him, he played his last card, but we won't accept his proposal anyway.*

una mezza cartuccia — *(1) a shrimp.*
Quella mezza cartuccia non ce la farà mai a sollevare il baule; è troppo pesante. *That shrimp will never manage to lift the trunk; it's too heavy.*
(2) a man of no account.
Ti aspettavi che lui la cantasse chiara al suo socio? Ma lo sai che è una mezza cartuccia. *You expected him to give his partner his due? You know he's a man of no account!*

---

casa — *house*
abitare a casa del diavolo — *to live in the boondocks.*
Giovanna e Paolo abitano a casa del diavolo. *Joanne and Paul live in the boondocks.*

di casa — *one of the family.*
Maria Grazia è di casa. *Maria Grazia is one of the family.*

metter su casa — *(1) to set up house.*
Si sono fidanzati e stanno mettendo su casa. *They're engaged and are setting up house.*
(2) to settle down.
Pare che lei sia quella giusta per fargli metter su casa. *It seems she's the right one to make him settle down.*

non sapere neanche dove stia di casa — *not to know the slightest thing about something.*
La voglia di lavorare? Non sa neanche dove stia di casa e non fa niente tutto il giorno. *Willingness to work? He doesn't know the slightest thing about it, and he doesn't do a thing all day long.*

tutto casa e famiglia — *a stay-at-home type.*
Suo marito è tutto casa e famiglia e non esce mai la sera. *Her husband is a stay-at-home type, and never goes out evenings.*

casaccio — *misfortune*
a casaccio — *any which way.*
Fa le cose come le salta in testa, a casaccio. *She does things any which way.*

cascare — *to fall*
cascar bene/male — *in luck/out of luck.*
Sono rimasto senza pastiglie per bruciore di stomaco, ma la farmacia è chiusa. Casco proprio male! *I've run out of my acid reflux medication, but the pharmacy is closed. I'm really out of luck.*
Ci sei cascato! *You've been had!*

casino — *whorehouse*
fare casino — *to make a mess.*
Non fate tanto casino, poi sono io che devo pulire! *Don't make such a mess. I'm the one who has to clean up afterwards!*

piantare un casino — *to make a fuss.*
Hanno dovuto piantare un casino per farsi dare la stanza che avevano prenotato. *They had to make a fuss to get the room they had reserved.*

caso — *chance*

caso mai — *if by chance.*

Ti telefonerò; caso mai dovessi uscire lascia detto dove vai. *I'll call you; if by chance you should go out, leave a message where you're going.*

darsi il caso che — *for it to happen that.*

Adesso accetti la mia proposta, ma si dà il caso che mi sia già rivolta ad un altro. *You're accepting my proposal now, but it so happens that I've already turned to someone else.*

essere il caso — *to be appropriate.*

Sarebbe il caso che passassimo da loro a fare le condoglianze. *It would be appropriate for us to stop over and offer them our condolences.*

fare al caso — *to be just what one needs.*

La tua penna fa proprio al caso mio: me la regali? *Your pen is just what I needed; can I have it?*

fare caso — *to notice.*

Facci caso: tutte le volte che parli del tuo stipendio le brillano gli occhi. Forse è invidiosa. *Notice it; every time you talk about your salary her eyes glisten. Maybe she's envious.*

guarda caso — *oddly enough.*

Siamo uscite per commissioni e guarda caso l'abbiamo incontrato tre volte; forse ci seguirà. *We went out to do errands, and oddly enough we ran into him three times; maybe he was following us.*

non essere il caso di — *to be not even worth mentioning.*

Non è neppure il caso di parlarne; le dò un passaggio volentieri. *Don't even mention it; I'll be glad to give her a ride.*

---

cassa — *cash register*

battere cassa — *to pester people by asking for money.*

Tu sei bravo a battere cassa. Perché non ti trovi un lavoro? *You're good at pestering people for money. Why don't you get a job?*

---

cassetta — *box*

lavorare per la cassetta — *to work just for the money.*

Non farà mai un film impegnato perchè non farebbe soldi e lui lavora solo per la cassetta. *He'll never do a serious intellectual film because it wouldn't earn anything, and he works just for the money.*

castagna — *chestnut*

prendere qualcuno in castagna — *to catch someone in the act.*

Ha preso suo figlio in castagna mentre mangiava la torta che aveva preparato per la festa. *She caught her son in the act of eating the cake she had made for the party.*

togliere le castagne dal fuoco — *to pull someone's chestnuts out of the fire.*

Lo pagano bene perchè cava le castagne dal fuoco al principale. *They pay him well because he pulls the boss's chestnuts out of the fire.*

---

castello — *castle*

fare castelli in aria — *to build castles in the air.*

Ha vinto un bel po' di soldi alla lotteria e ora fa castelli in aria dal mattino alla sera. *He won a lot of money in the lottery and now he's building castles in the air all day long.*

---

catafascio — *topsy-turvy*

mandare a catafascio — *to send to pieces.*

Avevamo progettato la gita in barca due mesi fa, ma la sua malattia ha mandato tutto a catafascio. *We had planned the boat trip two months ago, but his illness has sent everything to pieces.*

---

catinella — *basin*

piovere a catinelle — *to rain cats and dogs.*

Il tempo è bruttissimo e piove a catinelle. *The weather is terrible and it's raining cats and dogs.*

---

cattedra — *desk*

in cattedra — *on one's high horse.*

Invece di parlare con semplicità, sale in cattedra e pontifica. *Instead of talking simply, he gets on his high horse and pontificates.*

---

causa — *cause, lawsuit*

dare causa vinta a qualcuno — *to throw in the sponge (to grant someone the point).*

Ne avevo abbastanza di discutere e gli ho dato causa vinta. *I'd had enough of the argument and I threw in the sponge (granted him the point).*

---

cavalleria — *cavalry*
passare in cavalleria — *to be long gone.*
Il mio bel vestito di seta à passato in cavalleria, perchè era tutto
   strappato. *My pretty silk dress is long gone because it was all torn.*

cavallina — *young mare*
correre la cavallina — *to sow one's wild oats.*
È giovane ma non giovanissimo, eppure corre ancora la cavallina e
   non perde un'occasione per divertirsi. *He's young, but not that
   young, but he still sows his wild oats and doesn't pass up any chance
   for having fun.*

cavallo — *horse*
a cavallo di due secoli — *at the turn of the century.*
La rivoluzione industriale incominciò a far sentire i suoi effetti a cavallo del XIX secolo. *The effects of the Industrial Revolution began
   to be felt at the turn of the nineteenth century.*

cavallo di battaglia — *battlehorse.*
"E lucean le stelle" è il cavallo di battaglia di Pavarotti. *"E lucean le
   stelle" is Pavarotti's battlehorse.*

cavallo di razza — *a purebred horse, an oustanding person.*
Quel politico è un cavallo di razza, indistruttibile e imbattibile. *That
   politician is a purebred, indestructible and unbeatable.*

da cavallo — *worthy of a horse.*
Ha un febbrone da cavallo, ma sopravviverà. *He's running a
   temperature that would kill a horse, but he'll survive.*

il cavallo di S. Francesco — *shank's mare.*
Il traffico in centro è tale che non si può andare nè in autobus nè in
   macchina; preferisco il cavallo di S. Francesco. È più veloce. *The
   traffic downtown is so heavy that you can go neither by bus nor car; I
   prefer shank's mare. It's faster.*

puntare sul cavallo perdente — *to back the wrong horse.*
Hai fiducia in lui, ma punti sul cavallo perdente, perchè non è in grado
   di fare ciò che gli hai chiesto. *You trust him, but you're backing the
   wrong horse, because he won't be able to do what you asked.*

Siamo a cavallo! *It's in the bag!*

cavare — *to extract*

cavarsela — *(1) to get off (to come away with).*

L'incidente è stato orribile, ma ce la siamo cavata con un po' di
spavento. *The accident was horrible, but we got off with a scare.*
(2) to manage.

Sai guidare la macchina? Me la cavo. *Can you drive the car? I manage.*

cavolo — *cabbage*

Che cavolo fai? *What the hell are you doing?*

Col cavolo! *By no means!*

come i cavoli a merenda — *to have nothing to do with.*

Quella cornice sta col quadro come i cavoli a merenda, perchè non
s'accorda nè con lo stile nè col colore del dipinto. *That frame has
nothing to do with the painting, because it goes neither with the style
nor with the colors.*

cencio — *rag*

ridursi a un cencio — *to become the shadow of one's former self.*

Ha lavorato tanto che si è ridotta a un cencio. *She's worked so much
that she's become the shadow of her former self.*

centro — *center*

far centro — *to hit the bull's eye.*

Gli ho parlato dei miei programmi e ho fatto centro: mi darà
l'aumento di stipendio. *I told him about my plans and he liked them;
he'll give me a raise.*

cera — *wax*

avere una brutta cera — *to look bad (sick).*

Hai una brutta cera oggi. Ti senti bene? *You look bad (sick) today. Do
you feel all right?*

fare buona cera (buon viso) a qualcuno — *to give someone a hearty
welcome.*

Non lo posso soffrire, ma gli ho fatto buona cera (buon viso) perchè
non posso fare a meno di lui. *I can't stand him, but I gave him a
hearty welcome because I need him.*

cero — *candle*

accendere un cero alla Madonna — *to thank one's lucky stars.*
Siete riusciti ad evitare la bancarotta: dovreste accendere un cero alla
Madonna. *You managed to avoid bankruptcy; you should thank
your lucky stars.*

cervello — *brain*

avere il cervello a posto — *to have one's head screwed on the right way.*
Non ha mica il cervello a posto! Ha speso l'intero stipendio al casinò.
*He doesn't have his head screwed on right! He spent his whole salary
at the casino.*

avere il cervello da gallina — *to be harebrained.*
Non ce la farà mai a dirigere l'azienda: ha un cervello da gallina. *He'll
never be able to manage the company; he's harebrained.*

dare di volta il cervello a qualcuno — *to go crazy.*
Vuole andare a fare il mercenario in Africa. Gli ha dato di volta il
cervello! *He wants to go to Africa as a mercenary. He's gone crazy!*

farsi saltare le cervella — *to blow one's brains out.*
Nessuno ci credeva quando lui minacciava di uccidersi e invece si è
fatto saltare le cervella. *No one believed him when he threatened to
kill himself. He did it; he blew his brains out.*

lambiccarsi il cervello — *to beat one's brains out (to rack one's brain).*
Mi sto lambiccando il cervello per trovare il modo di farlo. *I'm beating
my brains out to find a way to do it.*

mettere il cervello a partito — *to settle down.*
Hai 20 anni; è ora che tu metta la testa a partito e ti decida a lavorare
sul serio. *You're 20; it's about time you settled down and decided to
work seriously.*

non avere un briciolo di cervello — *not to have a grain of sense.*
Ha speso dieci milioni per un orologio. Non ha un briciolo di cervello.
*She spent ten million lire for a watch. She doesn't have a grain of
sense.*

chiaro — *clear*

chiaro e tondo — *straight out.*
Me lo ha detto chiaro e tondo che non gli sono simpatico. *He told me
straight out that he doesn't like me.*

con questi chiari di luna — *in these difficult times.*
Faresti meglio a non spendere troppi soldi con questi chiari di luna. *You'd better not spend too much money in these difficult times.*

parlar chiaro — *to be frank.*
Smettila di fare tanti discorsi: parla chiaro e ci metteremo d'accordo più in fretta. *Stop lecturing; be frank and we'll come to an agreement sooner.*

vederci chiaro — *for something to be clear.*
Vorrei saperne di più sugli affari che combina; non ci vedo chiaro. *I'd like to know more about what he's up to; it isn't clear to me.*

china — *slope*
  essere su una brutta china — *to go down the wrong path.*
  È su una brutta china. Scommette somme enormi alle corse. *He's going down the wrong path. He bets huge sums of money at the racetrack.*

  risalire la china — *to get back on top.*
  Ha commesso tanti errori, ma adesso sta risalendo la china. *He made a lot of mistakes, but now he's finally getting back on top.*

chiodo — *nail*
  attaccare al chiodo — *to give up.*
  Ha attaccato la racchetta al chiodo. *He gave up tennis.*

  avere un chiodo fisso — *to have a bug in one's brain.*
  Andare in Antartide è un suo chiodo fisso da molto tempo. *He's had a bug in his brain about a trip to Antarctica for a long time.*

  battere sullo stesso chiodo — *to harp on.*
  È tutto il giorno che batti sullo stesso chiodo. *You've been harping on it all day.*

cicca — *cigarette butt*
  non valere una cicca — *not to be worth a damn.*
  Ho pagato un sacco per quel cappotto e non vale una cicca; si stropiccia tutto. *I paid a lot for that coat and it's not worth a damn; it gets all wrinkled.*

cieco — *blind*
  Essere cieco come una talpa. *To be as blind as a bat.*

cielo — *sky, heaven*
  al settimo cielo — *in seventh heaven.*
  Non potrei essere più felice di così; sono al settimo cielo. *I couldn't be
    happier than this; I'm in seventh heaven.*

  muovere cielo e terra — *to leave no stone unturned.*
  Ha mosso cielo e terra per farsi presentare a lei. *He left no stone
    unturned to get introduced to her.*

  non stare nè in cielo nè in terra — *to be utter nonsense.*
  La tua spiegazione non ha senso; non sta nè in cielo nè in terra. *Your
    explanation is utter nonsense.*

  portare ai sette cieli — *to praise to the skies.*
  È innamorato di lei; la porta ai sette cieli e non riesce più a vedere i
    suoi difetti. *He's in love with her; he praises her to the skies and can't
    see her defects any more.*

  toccare il cielo con un dito — *to be in Heaven.*
  Ha vinto il primo premio; ora sì che tocca il cielo con un dito. *He won
    the first prize; now he's in Heaven.*

cifra — *amount*
  sborsare una cifra da capogiro — *to shell out an exorbitant sum.*
  Per questo tavolo antico ho sborsato una cifra da capogiro. *I shelled
    out an exorbitant sum for this antique table.*

ciglio — *eyelid*
  non battere ciglio — *not to bat an eye(lid).*
  Ha un ottimo controllo di sè e anche se lo provocano non batte ciglio.
    *He has very good self-control; even when provoked he doesn't bat an
    eye.*

cilecca — *banter*
  far cilecca — *to fail.*
  Vedi fare fiasco.

ciliegia — *cherry*
  Una ciliegia tira l'altra. *One thing leads to another.*

cima — *top*
  da cima a fondo — *(1) from top to bottom.*

La casa è stata inondata dall'acqua e ho dovuto farla ripulire da cima a fondo. *The house was flooded with water, and I had to have it cleaned from top to bottom.*
(2) from cover to cover.
Ho letto il libro da cima a fondo; lo so a memoria. *I read the book from cover to cover; I know it by heart.*
(3) inside out.
Conosco questo edificio da cima a fondo; ci lavoro da vent'anni. *I know this building inside out; I've worked here for twenty years.*

---

cinghia — *belt*
tirare (stringere) (contrario: allentare) la cinghia — *to tighten (opposite: to loosen) one's belt.*
Abbiamo dovuto tirare la cinghia per molto tempo, ma adesso siamo benestanti. *We had to tighten our belts for a long time, but now we're well off.*

---

circolazione — *circulation*
togliere dalla circolazione — *to take out of circulation.*
La mafia ha tolto dalla cricolazione quel giornalista, perché era diventato troppo pericoloso per loro. *The mafia got rid of that journalist because he was becoming too dangerous for them.*

---

civetta — *screechowl*
fare la civetta — *to flirt.*
Ha fatto la civetta con lui tutta la sera. *She flirted with him all evening!*

---

classe — *class*
un/una fuori classe/fuoriclasse — *someone in a league of one's own.*
Lei non è solo brava come atleta. È una fuori classe. *She isn't just a good athlete, she's in a league of her own.*

---

coda — *tail*
avere la coda di paglia — *to have a guilty conscience.*
Ci ha ingannati e sa che ce ne siamo accorti; per questo non si fa più vedere, perchè ha la coda di paglia. *He fooled us and he knows that we know it; that's why he doesn't show his face around here, because he has a guilty conscience.*

con la coda dell'occhio — *out of the corner of one's eye.*
Non potevo guardarlo in faccia perchè stavo scrivendo, ma potevo vederlo con la coda dell'occhio. *I couldn't look at him directly because I was writing, but I could see him out of the corner of my eye.*

con la coda fra le gambe — *with one's tail between one's legs.*
Credeva di farla da padrone, ma abbiamo reagito e se n'è dovuto andare con la coda fra le gambe. *He thought he was the boss, but we reacted and he had to go off with his tail between his legs.*

fare la coda — *to queue up (to stand in line).*
Il negozio aveva dei saldi favolosi, ma bisognava fare la coda per ore. *The store had fabulous sales, but you had to queue up for hours.*

---

collo — *neck*
allungare il collo — *to crane one's neck.*
La folla circondava l'oratore; allungavo il collo ma non riuscivo a vederlo. *The crowd surrounded the orator; I craned my neck but couldn't manage to see him.*

fino al collo — *up to one's ears (neck, chin).*
È nei guai fino al collo. *He's in trouble up to his ears (neck, chin).*

prendere qualcuno per il collo — *to squeeze someone.*
Ha dovuto accettare un prestito ad un interesse altissimo perchè aveva bisogno urgente di soldi: l'hanno preso per il collo. *He had to accept a loan at very high interest because he desperately needed money. They squeezed him.*

---

colmo — *height*
essere il colmo — *to be the limit (the last straw).*
Gli ho sempre imprestato del denaro e non me lo ha mai reso. Ora dice che gliene devo io. È il colmo! *I've always lent him money and he never returned it; now he says I owe him. It's the limit!*

---

colore — *color*
cambiare colore — *to turn pale.*
Quando l'ha visto al parco con lei, ha cambiato colore. *When she saw him with her at the park, she turned pale.*

combinarne di tutti i colori — *to be up to all kinds of mischief.*

L'ho lasciato andare in gita coi compagni, ma ne ha combinate di tutti
i colori. *I let him go on the trip with his friends, but he was up to all
kinds of mischief the whole time.*

dirne di tutti i colori — *to cover with insults.*

Credevo che mi ringraziasse e invece me ne ha dette di tutti i colori. *I
thought he'd thank me, instead he covered me with insults.*

vederne di tutti i colori — *to have seen all kinds, shapes, and sizes.*

Nulla può sorprenderlo, perchè nella sua vita ne ha viste di tutti i colori. *Nothing can surprise him, because in his lifetime he has seen all
kinds, shapes, and sizes.*

---

colpo — *blow*

a colpo d'occhio — *at a glance.*

Si vede a colpo d'occhio che tu sei più alto; è inutile misurare. *One can
see at a glance that you're taller; there's no use measuring.*

andare a colpo sicuro — *to make a safe bet.*

Vuoi andare a colpo sicuro? Compra le azioni di quella società
farmaceutica: stanno per annunciare una grande scoperta nella
terapia contro il cancro. *Do you want to make a safe bet? Buy shares
of that pharmaceutical company. They're about to announce a great
discovery in anti-cancer therapy.*

avere un colpo di fortuna — *to have a stroke of luck.*

C'è crisi di alloggi, ma ha avuto un colpo di fortuna e ne ha trovato
uno a poco prezzo. *There's a housing shortage, but he had a stroke of
luck, and found an apartment at a low price.*

dare (infliggere) colpi bassi — *to hit (strike) below the belt (to deal a
low blow).*

Un uomo onesto non dà colpi bassi. *An honest man doesn't hit below
the belt.*

Dare un colpo al cerchio e uno alla botte. *To run with the hare and
hunt with the hound.*

dare un colpo di coda — *to pull oneself together.*

La squadra ha dato un colpo di coda ed è riuscita a vincere la partita.
*The team pulled itself together at the last minute and managed to win
the game.*

dare un colpo di spugna — *to forget (and get a new start).*

Senti, dài un colpo di spugna a quella brutta storia e pensa al futuro.
Listen, forget what happened and think of your future.

dare un colpo di telefono — *to give a ring.*
Se non posso venire ti dò un colpo di telefono. *If I can't come I'll give you a ring.*

di colpo — *all of a sudden.*
Si è fermato di colpo e l'ho tamponato. *He stopped all of a sudden and I ran into him.*

fallire il colpo — *to blow a heist.*
Meno male che hanno fallito il colpo alla banca! *It was that close! But they didn't succeed in carrying out the heist.*

far colpo su qualcuno — *to make a strong impression on someone.*
Ha fatto colpo sui suoi futuri datori di lavoro; otterrà il posto senz'-altro. *He made a strong impression on his future employers; no doubt he'll get the job.*

far prendere un colpo — *to scare the daylights out of.*
Credevo che non ci fosse nessuno in casa, quando sei comparso all'improvviso; mi hai fatto prendere un colpo. *I thought there wasn't anyone at home; when you appeared suddenly, you scared the daylights out of me.*

morire sul colpo — *to be killed instantly.*
Il tetto è crollato e lui è morto sul colpo. *The roof collapsed and he was killed instantly.*

perdere colpi — *to skip beats.*
Pietro è stato un grande imprenditore, un grande sportivo, infaticabile come volontario nella lotta contro la fame nel mondo, ma adesso incomincia a perdere colpi. *Pietro has been a great businessman and sportsman, and tireless as a volunteer in the fight against world hunger, but he's starting to slow down.*

senza colpo ferire — *without striking a blow.*
Lei è molto astuta e ottiene tutto quello che vuole senza colpo ferire. *She's quite cunning; she gets everything she wants without striking a blow.*

un colpo da maestro/mancino — *a masterful stroke.*
Ha aspettato fino all'ultimo, poi ha rivelato che il suo concorrente stava facendo dell'insider trading e lo ha fatto fuori. Un colpo da maestro! *He waited until the last minute. Then he got rid of his rival by revealing that he was engaging in insider trading: a masterful stroke!*

65

un colpo di fulmine — *love at first sight.*

Gli ci è voluto un minuto a innamorarsi di lei: quello che si chiama un colpo di fulmine. *It took him literally one minute to fall in love with her: what you call love at first sight.*

un colpo di mano — *a coup.*

Un gruppo di investitori privati ha fatto un colpo di mano, riuscendo ad acquisire il controllo della ditta. *A group of private investors made a coup, thus succeeding in taking over the firm.*

un colpo di testa — *a rash act.*

Suo padre ha minacciato di buttarlo fuori di casa se la sposava, ma lui ha fatto un colpo di testa e l'ha sposata lo stesso. *His father threatened to throw him out if he married her, but he did a rash act and married her just the same.*

un colpo gobbo — *a lucky shot.*

Trovare un impiego tranquillo e sicuro con uno stipendio da direttore generale: questo sì che è un colpo gobbo. *Finding a quiet and secure job with a manager's salary; that would be a lucky shot.*

---

coltello — *knife*

aver il coltello per il manico — *to have the upper hand.*

È inutile opporsi, tanto il coltello per il manico ce l'ha lui. *It's useless to resist; anyway, he has the upper hand.*

da tagliarsi col coltello — *so thick you could cut it with a knife.*

C'era tanto fumo che lo si poteva tagliare col coltello. *The smoke was so thick you could cut it with a knife.*

rigirare il coltello nella piaga — *to rub salt into the wound.*

Lo so che ho sbagliato con mio figlio, ma perchè tu rigiri sempre il coltello nella piaga? *I know I made mistakes with my son, but why do you always rub salt into the wound?*

---

combattimento — *battle*

fuori combattimento — *done in.*

Ho lavorato troppo oggi; sono fuori combattimento. *I worked too hard today; I'm done in.*

---

come — *how*

come mai — *how come.*

Non hai fatto le vacanze quest'anno. Come mai? *You didn't go on vacation this year. How come?*

commedia — *comedy*
fare la commedia — *to put it on.*
Stai facendo la commedia per convincermi, ma non ti credo. *You're putting it on to convince me, but I don't believe you.*

comodo — *comfortable*
fare i propri comodi — *to do as one pleases.*
È un ospite insopportabile. Fa i suoi comodi dal mattino alla sera. *He's an unbearable guest. He does as he pleases all day long.*
prendersela comoda — *to take one's sweet time.*
Te la sei presa comoda! Hai un'ora di ritardo. *You took your sweet time! You're an hour late.*

compagnia — *company*
e compagnia bella — *and co.*
Alla manifestazione ho visto Marco e campagnia bella. *I saw Mark and co. at the demonstration.*

complesso — *combination*
nel complesso — *on the whole (all in all).*
La casa non è l'ideale, ma nel complesso mi piace. *The house isn't perfect, but on the whole (all in all) I like it.*

completo — *full*
al gran completo — *in full force.*
Tutta la parentela era presente al suo matrimonio al gran completo. *All her relatives were present in full force at her wedding.*

complimento — *compliment*
andare a caccia di complimenti — *to fish for compliments.*
Fa sempre notare il suo buon gusto: va a caccia di complimenti. *She's always drawing attention to her good taste. She fishes for compliments.*
fare complimenti — *to stand on ceremony.*
Se il dolce non ti piace, lascialo; non fare complimenti. *If you don't like the cake, leave it; don't stand on ceremony.*

comune — *common*
    fuori dal comune — *outstanding.*
    I suoi commenti sulla situazione politica sono sempre originali; è una persona fuori dal comune. *Her comments on the political situation are always original; she's really outstanding.*

confidenza — *confidence, trust*
    essere in confidenza con — *to be on familiar terms with.*
    È in confidenza con il miglior amico di suo padre, anche se è una persona che incute un po' di timore. *He's on familiar terms with his father's best friend, although he seems to be quite a severe man.*

connotato — *personal characteristic*
    cambiare i connotati a qualcuno — *to beat someone to a pulp.*
    Ha minacciato di cambiargli i connotati. *He threatened to beat him to a pulp.*

consegna — *delivery*
    passare le consegne — *to hand over.*
    Mio padre è andato in pensione dalla ditta e mi ha passato le consegne. *My father retired and handed the firm over to me.*

consiglio — *advice*
    venire a più miti consigli — *to see the light.*
    Gli ho spiegato la situazione con calma e finalmente è venuto a più miti consigli. *I calmly explained the situation to him and finally he saw the light.*

contagocce — *medicine dropper*
    dare qualcosa col contagocce — *to give something in dribs and drabs.*
    Dài, che cosa è successo? Mi stai dando le notizie col contagocce. *Come on, tell me what happened! You're giving me the news in dribs and drabs.*

contare — *to count*
    contarci — *to count on.*
    Vengo sicuramente da te; contaci! *I'll certainly come; you can count on it!*

contento — *glad, happy*
 contento (felice) come una Pasqua — *happy as a lark.*
 In vacanza con noi era contento come una Pasqua. *While vacationing with us, he was happy as a lark.*

---

conto — *account, bill*
 a conti fatti — *when all is said and done.*
 Non ci ho guadagnato molto a lasciare la città per la campagna, però a conti fatti sono contento; almeno non c'è smog. *I didn't gain much by leaving the city for the country, but when all is said and done, I'm happy; at least there's no smog.*

 ad ogni buon conto — *in any case.*
 D'accordo, la relazione la farai tu; ad ogni buon conto la firmeremo tutti e due. *OK, you'll write the paper; in any case, we'll both sign it.*

 essere un altro conto — *to be another matter.*
 Avevo rifiutato il lavoro perchè mi sembrava troppo difficile, ma ora che ti sei spiegato meglio è un altro conto. *I turned down the job because it seemed too hard, but now that you've explained yourself more clearly, it's another matter.*

 far tornare i conti — *to balance the account.*
 Vuoi far tornare i conti a tutti i costi, ma è evidente che ti sei sbagliato. *You want to balance the account at all costs, but it's clear that you've made a mistake.*

 fare conto di — *to suppose.*
 Facciamo conto di aver già finito il lavoro. *Let's suppose that we've already finished the job.*

 fare i conti in tasca — *to pry into someone's financial situation.*
 I tuoi cugini ci fanno sempre i conti in tasca perchè sono invidiosi che tu guadagni così bene. *Your cousins are always prying into our financial situation because they're jealous of your financial success.*

 in fin dei conti — *after all.*
 In fin dei conti, potrebbe anche dimostrare un po' di riconoscenza per tutti i favori che gli abbiamo fatto! *After all, he could show us some gratitude for all the favors we did him.*

 non rendere conto a nessuno — *to account to no one.*
 Sono libero e guadagno quanto basta. Sono contento di non dover render conto a nessuno di ciò che faccio o non faccio. *I'm free and I earn enough to get by. I'm happy not to have to account to anyone for what I do or don't do.*

per conto di — *on behalf of (for)*.

Vendiamo macchine da scrivere per conto della Olivetti. *We sell typewriters on behalf of (for) Olivetti.*

per conto proprio — *on one's own*.

Preferisco andare in vacanza per conto mio. È troppo faticoso mettersi d'accordo con loro. *I prefer to go on vacation on my own. It's too hard to reach an agreement with them.*

regolare i conti con qualcuno — *to settle with someone*.

Vuoi fare a modo tuo? Fallo, ma poi regoleremo i conti. *You want to do it your way? Go ahead, but then we'll settle with you.*

rendere conto di — *to account for*.

Per fortuna non sempre siamo chiamati a rendere conto delle nostre azioni. *Luckily we aren't always asked to account for our actions.*

rendersi conto di qualcosa — *to realize something*.

Mi spiace di aver detto che eri arrivato; non mi sono reso conto che volevi rimanere in incognito. *I'm sorry I said you had arrived; I didn't realize you wanted to be incognito.*

sapere il conto proprio — *to be very competent*.

Sa il conto suo, ma si fa pagare molto. *She's very competent, but her fees are very high.*

tenere conto di — *to take into account*.

Bisogna tener conto del fatto che non abbiamo tempo per studiare, se lavoriamo a tempo pieno. *We have to take into account that we don't have time to study if we work full time.*

tenere qualcosa da conto — *to take great care of something*.

È un mobile antico, tienilo da conto. *It's an antique, take great care of it.*

tenere qualcuno in conto — *to treat someone with respect*.

Lo tengono in gran conto perchè è furbo, ma in realtà non vale niente. *They treat him with a lot of respect because he's sly, but he really isn't worth anything.*

tornare i conti — *for there to be something wrong*.

I conti non tornano; dici di aver fatto questo e quest'altro, ma in realtà non hai fatto niente. *There's something wrong; you say you've done this and that, but you really haven't done anything.*

un vecchio conto da regolare (un conto in sospeso) — *to have a bone to pick with someone (a score to settle).*
Se ho finito con lui? No! Abbiamo ancora un conto da regolare (un conto in sospeso): deve riconoscere il suo torto. *Have I finished with him? No, we still have an old score to settle; he has to admit he was wrong.*

controcorrente — *against the current*
andare controcorrente — *to swim against the tide.*
Non è una sovversiva! Semplicemente, le piace andare controcorrente e dire sempre la sua. *She's not a subversive! She simply likes to swim against the tide, and say what she thinks.*

contropiede — *counterattack*
prendere in contropiede — *to catch someone unawares.*
Ha ottenuto quello che voleva da me perchè mi ha preso in contropiede. *He got what he wanted from me because he caught me unawares.*

coppia — *couple*
fare coppia fissa — *to be an item.*
Fanno coppia fissa da molti anni, ma non si decidono mai a sposarsi. *They've been an item for many years, but they can't make up their minds and get married.*

coraggio — *courage*
farsi coraggio — *to take heart.*
Fatti coraggio. Tra un mese tornerà il tuo amico e non penserai più a questi giorni solitari. *Take heart. Your friend will be back in a month and you won't think about these lonely days any longer.*

prendere il coraggio a due mani — *to screw up one's courage.*
Lo so che è difficile parlargli, ma conviene prendere il coraggio a due mani e farlo. *I know it's difficult to talk to him; but it's worth screwing up one's courage to do it.*

corda — *rope*
avere la corda al collo — *to be like a rat in a hole.*
Ho tanti debiti che mi sembra già di avere la corda al collo. *I have so many debts that I feel like a rat in a hole.*

71

dare corda — *to give (free) rein to.*

Pietro gli ha dato corda e lui ha raccontato tutto quello che sapeva di lei. *Peter gave him free rein and he told everything he knew about her.*

giù di corda — *(1) in bad shape.*

È giù di corda dopo l'influenza, ma si metterà in sesto presto. *He's in bad shape after the flu, but he'll be back in shape soon.*

(2) downhearted.

Da quando l'hanno bocciato all'esame, Enzo è molto giù di corda. *Since they flunked him at the test, Enzo has been very downhearted.*

mettere l'avversario alle corde — *to send someone to the ropes, to corner someone.*

L'ho messo alle corde, sai, facendogli capire che so alcune cose spiacevoli su di lui! *I cornered him, you know, by letting on that I know a few unpalatable things about him.*

mostrare la corda — *to wear thin.*

Ha sostenuto quella tesi per molto tempo, ma adesso mostra la corda. *He's been making that argument for a long time, and now it's wearing thin.*

tagliare la corda — *(1) to cut out.*

Andrò al dibattito, ma se mi annoio taglio la corda e torno a casa. *I'll go to the discussion, but if I get bored, I'll cut out and go home.*

(2) to take off.

I ragazzi fumavano nascosti dietro il fienile, ma hanno tagliato la corda quando mi hanno sentito arrivare. *The boys were smoking behind the barn, but they took off when they heard me coming.*

tenere sulla corda — *to keep on tenterhooks.*

Non siamo riusciti a sapere niente; ci ha tenuti sulla corda per ore, ma poi non ci ha rilasciato nessuna dichiarazione. *We weren't able to learn anything; he kept us on tenterhooks for hours, and then didn't make any statement.*

tirare troppo la corda — *to go too far.*

Puoi insistere, ma non tirare troppo la corda, perchè altrimenti ti manderò al diavolo. *You can keep insisting, but don't go too far, because otherwise I'll send you to the devil.*

toccare la corda giusta — *to play it right.*
È un tipo difficile, ma ti verrà incontro se saprai toccare la corda
   giusta. *He's difficult to get along with, but he'll meet you halfway if
   you play it right.*

---

cordone — *cord*
   stringere/allargare i cordoni della borsa — *to tighten/to loosen the
   purse strings.*
Stiamo spendendo troppo; dovremo stringere i cordoni della borsa.
   We're spending too much; we'll have to tighten our purse strings.

---

corno — *horn*
   fare le corna — *to touch wood.*
Fa' le corna! Porta fortuna. *Touch wood! It brings good luck.*

   mettere le corna — *to be unfaithful.*
Ha messo le corna a sua moglie dal giorno in cui l'ha sposata. *He's
   been unfaithful to his wife since the day he got married.*

   rompersi le corna — *to come up against a brick wall.*
Fare una traduzione del genere è al di sopra delle sue forze; ci si
   romperà le corna e non gliene daranno più. *Doing a translation like
   that is more than he can do; he'll come up against a brick wall and
   they won't give him any more.*

   stare sulle corna a qualcuno — *to be disliked intensely.*
Non capisco cosa tu ci trovi in lui: mi è sempre stato sulle corna. *I
   don't understand what you see in him; I've always disliked him
   intensely.*

---

coro — *chorus*
   far coro a qualcuno — *to support someone.*
Tutti fecero coro alle sue richieste. *They all gave their unanimous
   support to his demands.*

---

corpo — *body*
   a corpo morto — *as a dead weight.*
Per dimenticarla si è gettato a corpo morto nel lavoro. *He threw
   himself wholeheartedly into his work in an attempt to forget her.*

   corpo a corpo — *hand-to-hand.*
I soldati lottarono corpo a corpo per il controllo della collina. *The
   soldiers fought hand-to-hand for the hill.*

dare corpo alle ombre — *to imagine something.*

Devi fare degli altri esami e per quello pensi di avere il cancro? Dai sempre corpo alle ombre. *You have to have more tests done, and you're afraid you might have cancer? You're always imagining things!*

in corpo — *inside one's body (inside oneself).*

Non ne potevo più delle storie che raccontava sul mio conto e gli ho detto tutto quello che avevo in corpo. *I couldn't take the rumors he was spreading about me, and I told him everything that was on my mind.*

passare sul corpo di — *over someone's dead body.*

Da qui non passerai mai; prima devi passare sul mio corpo! *You'll never get past here; it'll be over my dead body!*

prender corpo — *to take shape.*

Il progetto stava prendendo corpo. *The plan was taking shape.*

corrente — *current*

al corrente — *(1) in the know (informed).*

Tienimi al corrente della situazione; voglio seguirne gli sviluppi da vicino. *Keep me in the know about (informed of) the situation; I want to follow its development as closely as possible.*

(2) up to date.

Non si tiene al corrente nel suo campo e infatti non è molto considerato dai colleghi. *He doesn't keep up to date in his field and, in fact, he isn't very highly considered by his colleagues.*

correre — *to run*

correrci — *to be a difference.*

Anche tu sei un ragazzo in gamba, ma ce ne corre tra te e lui! *You too are a smart boy, but there's a big difference between you and him.*

lasciar correre — *to let things go.*

Sei sempre lì che lo sgridi; lascia correre ogni tanto. *You're always scolding him; let things go every now and then.*

corsa — *dash*

di gran corsa — *in a hurry.*

L'ho visto passare di gran corsa mentre andava all'appuntamento con l'avvocato. *I saw him go by in a hurry on his way to his meeting with the lawyer.*

corso — *course*
  in corso — *under way.*
  I lavori per la metropolitana sono in corso da anni, ma vanno così a rilento che sembrano non finire mai. *Work on the subway has been under way for years, but it's going so slowly it seems it'll never be finished.*

corte — *court*
  fare la corte a qualcuno — *to court someone.*
  Fa la corte a me? Ma se mi tratta sempre malissimo! *He's courting me?! But he treats me so badly all the time!*

corto — *short*
  farla corta — *to make it short.*
  Vedi farla breve.

cosa — *thing*
  come si mettono le cose — *how things shape up.*
  Non so se potrò venire; vedremo come si mettono le cose. *I don't know whether I'll be able to come; we'll see how things shape up.*

  come stanno le cose — *the lay of the land.*
  Prima di esprimere un'opinione, vorrei vedere come stanno le cose. *Before expressing an opinion, I'd like to get the lay of the land.*

  Cosa fatta, capo ha. *What's done is done.*

  Da cosa nasce cosa. *One thing leads to another.*

  Tante cose! *All the best!*

  una cosa da poco — *a trifle, a minor thing.*
  "Allora, cosa ti ha detto il medico? È una cosa grave?" "No, no, è una cosa da poco." *"So, what did the doctor tell you? Is it serious?" "No, no, it's a minor ailment."*

costare — *to cost*
  costi quel che costi — *come hell or high water.*
  Lo so che è pericoloso, ma voglio farlo, costi quel che costi. *I know it's dangerous, but I want to do it, come hell or high water.*

costo — *cost*
  a nessun costo — *by no means.*
  Non lo farò a nessun costo, è troppo difficile. *I won't do it by any means; it's too difficult.*

costola — *rib*
  avere qualcuno alle costole — *to be dogged by someone.*
  Ovunque vada, lui mi sta sempre alle costole. *Wherever I go he's always dogging me.*

cotto — *cooked*
  farne di cotte e di crude — *to sow one's wild oats.*
  Quando era giovane ne ha fatte di cotte e di crude. *When he was young he sowed his wild oats.*

  prendersi una cotta per qualcuno — *to fall head over heels in love with somebody.*
  Non avrei mai pensato di vedere mio fratello prendersi una cotta per una ragazza come lei! *I never thought I'd see my brother fall head over heels in love with a girl like her!*

crema — *cream*
  la crema della società — *the upper crust (the crème de la crème).*
  Sono molto snob: frequentano solo la crema della società. *They're very snobbish; they only hang around with the upper crust.*

crepapelle — *(only in the expression)*
  [ridere, mangiare, bere] a crepapelle — *[to laugh, eat, drink] excessively.*
  Ridevano a crepapelle mentre lui, tutto nudo, cercava i vestiti che loro avevano nascosto. *They were splitting their sides with laughter while he, in the buff, was looking for the clothes they had hidden.*

cresta — *crest*
  essere sulla cresta dell'onda — *to ride the waves.*
  Ho avuto una promozione, la ragazza di cui sono innamorato ha accettato di sposarmi e le mie azioni di borsa sono salite! Sono sulla cresta dell'onda. *I've had a promotion, the girl I'm in love with has agreed to marry me, and my stock shares are going up! I'm riding the waves.*

far abbassare la cresta a qualcuno — *to take someone down a peg.*
Ha tutta l'aria di sentirsi superiore a tutti, ma gli faremo abbassare la
  cresta. *He certainly acts as if he's superior to everyone, but we'll take
  him down a peg.*

---

crisma — *holy oil*
  con tutti i sacri crismi — *with all the rites and rituals (according to the
  rules).*
  È un impiegato che lavora con tutti i sacri crismi, ma ci mette una vita
  a finire una pratica. *That clerk does a perfect job, but it takes him
  forever to process a file.*

---

croce — *cross*
  essere una croce per qualcuno — *to be a sore trial for someone.*
  Quel ragazzo è la mia croce; ne combina sempre una. *That boy is a
  sore trial for me; he's always up to something.*

  fare la croce su — *to give up on.*
  Non ci vedevamo da dieci anni; ormai ci avevo fatto la croce su. *We
  hadn't seen each other for ten years; I had given up on him.*

  mettere qualcuno in croce — *to give someone a hard time.*
  All'inizio i ragazzi hanno messo in croce la supplente, ma adesso le si
  stanno affezionando. *At first the kids gave the substitute teacher a
  hard time, but now they're growing attached to her.*

---

cucchiaio — *spoon*
  da raccogliere col cucchiaio — *to be a wreck.*
  Non dormo da una settimana. Sono da raccogliere col cucchiaio. *I
  haven't slept in a week. I'm a wreck.*

---

cuoio — *leather*
  tirare le cuoia — *to kick the bucket.*
  È così vecchio che potrebbe tirare le cuoia da un momento all'altro.
  He's so old he could kick the bucket any time.

---

cuore — *heart*
  allargarsi il cuore — *for one's heart to lighten.*
  Gli si allargò il cuore quando vide suo figlio; non era successo niente di
  grave. *His heart lightened when he saw his son; nothing serious had
  happened.*

col cuore in mano — *in all sincerity.*

Sono venuto da te col cuore in mano per chiederti scusa per quello
che ho fatto. *I've come in all sincerity to say I'm sorry for what I did.*

fare male al cuore — *to sadden someone.*

Mi fa male al cuore vederti in questo stato. *It saddens me to see you in
this state.*

mettersi il cuore in pace — *to set one's mind at rest.*

Prima di mettermi il cuore in pace devo sapere chi ha cominciato a
diffondere queste notizie. *Before setting my mind at rest, I have to
know who started spreading this news.*

mettersi una mano sul cuore — *to listen to one's heart.*

Si metta una mano sul cuore, Eccellenza, e aiuti quel poveretto. *Listen
to your heart, Your Excellency, and help that poor man.*

prendersi a cuore — *to take to heart.*

Si sono presi a cuore il destino dei profughi. *They took to heart the
problem of the refugees.*

sentirsi stringere il cuore — *to feel one's heart break.*

Suo figlio è tanto carino, ma è autistico. Mi si stringe il cuore solo a
pensarci. *His son is so nice, but he's autistic. Just thinking of him
breaks my heart.*

stare a cuore — *to be of great concern.*

La sua salute mi sta molto a cuore. *His health is of great concern to me.*

daffare — *task*

darsi un gran daffare — *to put on a big show.*

Si dà un gran daffare in ufficio per farsi notare, ma senza successo. *He
puts on a big show at work to make himself noticed, but without
success.*

dannato — *damned*

   lavorare come un dannato — *to slave away.*

   Perchè devo lavorare come un dannato per capire la matematica quando tu invece riesci a risolvere tutti gli esercizi subito? *Why do I have to slave away to understand math when you can work the exercises right away?*

danno — *damage*

   Oltre al danno, anche le beffe. *To add insult to injury.*

dare — *to give*

   dare contro a qualcuno — *to contradict someone.*

   Non gli sono simpatico; è sempre pronto a darmi contro. *He doesn't like me; he's always ready to contradict me.*

   dare del — *as good as to call.*

   Mi ha dato del bugiardo! Non mando giù anche questa. *She practically called me a liar! I cannot swallow this one, too.*

   dare su — *to face.*

   Il soggiorno del loro appartamento dà su un bel giardino. *Their apartment's living room faces a beautiful garden.*

   darsi da fare — *to get busy.*

   Cerchiamo di darci da fare, perchè se no non riusciremo mai a finire questo lavoro. *Let's get busy, otherwise we'll never finish this work.*

   darsi per vinto — *to give up.*

   Ho fatto tutto quello che ho potuto per dissuaderlo, ma ho dovuto darmi per vinta. *I did all I could to convince him not to do it, but I had to give up.*

   può darsi — *maybe.*

   Può darsi che venga domani; non lo so ancora. *Maybe I'll come tomorrow; I don't know yet.*

data — *date*

   di lunga data — *of long standing.*

   Siamo amici di lunga data, e penso di poter parlare anche a nome suo. *We're friends of long standing, and I think I can speak for him.*

davanti — *in front*
  davanti dietro — *backwards.*
  È un tipo distratto: si mette sempre i maglioni davanti dietro. *He's absent-minded; he always wears his sweaters backwards.*

debito — *debt*
  affogare nei debiti — *to be up to one's ears in debt.*
  Stanno affogando nei debiti. *They're up to their ears in debt.*

denaro — *money*
  avere il denaro contato — *to have no extra money.*
  Mi piacerebbe comprare quel quadro, ma ho il denaro contato e non me lo posso permettere. *I'd like to buy that painting, but I have no extra money and I can't afford it.*

  denaro liquido/sonante — *ready cash.*
  Hanno dovuto vendere dei terreni perchè non avevano abbastanza denaro liquido per coprire il debito. *They had to sell some land because they didn't have enough ready cash to cover the debt.*

  fare denaro a palate — *to make money hand over fist.*
  Non farò denaro a palate, ma almeno con questo lavoro potrò vivere bene. *I won't make money hand over fist, but at least I'll live well with this job.*

dente — *tooth*
  a denti stretti — *with clenched teeth.*
  Quando lei gli ha detto che avrebbe sposato un operaio, i suoi hanno dato la loro approvazione a denti stretti. *When she told them she would marry a factory worker, her parents gave their approval with clenched teeth.*

  al dente — *slightly undercooked.*
  Ci piacciono gli spaghetti al dente. *We like our spaghetti slightly undercooked.*

  armato fino ai denti — *armed to the teeth.*
  I terroristi erano armati fino ai denti, ma la polizia è riuscita a prenderli lo stesso. *The terrorists were armed to the teeth, but the police managed to capture them just the same.*

avere il dente avvelenato contro qualcuno — *to bear a grudge against someone.*

Non gli ho mai fatto niente: non capisco proprio perchè ha il dente avvelenato contro di me. *I never did anything to him and I just don't understand why he bears a grudge against me.*

battere i denti — *for one's teeth to clatter.*

Batteva i denti dalla paura. *He was so afraid his teeth were clattering.*

cavare il dente — *to get it over with.*

Ho ancora da finire i compiti; fammi cavare il dente, e poi usciamo un po'. *I still have to finish my homework; let me get it over with and then we'll go out for a while.*

fuori dai denti — *in someone's face.*

Gliel'ho detto fuori dai denti che non voglio lavorare mai più con lei. *I told her to her face that I never want to work with her again.*

masticare tra i denti — *to mumble.*

Ma che cosa mastichi tra i denti? Se hai qualcosa da dire, dillo apertamente. *What are you mumbling? If you've got something to say, just say it.*

mettere qualcosa sotto i denti — *to eat something.*

Ho un buco nello stomaco; devo mettere qualcosa sotto i denti. *I'm really hungry; I must eat something.*

mostrare i denti — *to show one's teeth.*

Mostragli i denti e scapperà come una lepre. *Show him your teeth and he'll run off like a frightened rabbit.*

stringere i denti — *to clench (grit) one's teeth.*

È difficile, lo so, ma stringi i denti e ce la farai. *It's hard, I know, but clench your teeth, and you'll be able to do it.*

tirato con i denti — *far-fetched.*

Tu vuoi avere ragione a tutti i costi, ma quel ragionamento è proprio tirato con i denti. *You always want to be right, but that reasoning is really far-fetched.*

dentro — *inside*

darci dentro — *to pitch in.*

Diamoci dentro e finiamo una buona volta. *Let's pitch in and finish once and for all.*

nuotarci dentro — *to be swimming in large clothing.*
Quel vestito è talmente grande che ci nuoto dentro. *That dress is so big I'd swim in it.*

deriva — *drift*
andare alla deriva — *to go adrift.*
Da quando è morto suo padre lei ha incominciato ad andare alla deriva. *Since her father died, she began to go adrift.*

desiderare — *to wish*
farsi desiderare — *(1) to keep someone waiting.*
Ci dà gli appuntamenti per un'ora precisa, ma poi si fa sempre desiderare. *He schedules our appointments for a specific time, but he keeps us waiting every time.*
(2) to play hard to get.
Non prendertela troppo; lo sai che la sua tattica è di farsi desiderare. *Don't let it bother you too much; you know her tactic is to play hard to get.*

destra — *right*
a destra e a sinistra — *all over.*
Dov'eri? T'ho cercato a destra e a sinistra per un'ora. *Where were you? I looked all over for you for an hour.*

detto — *said*
a detta di tutti — *by all accounts.*
A detta di tutti sei il migliore della squadra. *By all accounts you're the best player on the team.*
come non detto — *I take it all back.*
Non sei stato tu a farmi quello scherzo? Scusa, come non detto. *Didn't you play that trick on me? Sorry, I take it all back.*
detto fatto — *no sooner said than done.*
Temevo di non finire il lavoro in tempo, ma è venuta Grazia e, detto fatto, abbiamo finito. *I was afraid I wouldn't finish the assignment in time, but Grazia came over, and — no sooner said than done — we finished.*
presto detto — *easier said than done.*
Tu dici che questo esercizio è facile, ma è presto detto! Perchè non ci provi tu? *You say this exercise is easy, but it's easier said than done! Why don't you try it?*

diavolo — *devil*

al diavolo — *the hell with (to hell with).*
Al diavolo tu e i tuoi esperimenti di biologia! Adesso abbiamo la
  cantina piena di rane. *The hell with you and your biological
  experiments! Now the basement is full of frogs.*

avere il diavolo in corpo — *to be as restless as one possessed.*
Quel ragazzino non sta mai fermo: ha il diavolo in corpo. *That kid is
  never quiet; he's as restless as one possessed.*

avere un diavolo per capello — *to be absolutely furious.*
La segretaria ha un diavolo per capello oggi, perchè le hanno affibbia-
  to il doppio di lavoro. *The secretary is absolutely furious today
  because they dumped twice as much work on her.*

Che cosa diavolo fai? *What the hell are you doing?*

dove diavolo — *where the devil.*
Dove diavolo sei stato? Ti ho cercato dappertutto. *Where the devil
  were you? I looked everywhere for you.*

essere come il diavolo e l'acqua santa — *to be like cat and dog.*
Quei due bambini sono come il diavolo e l'acqua santa; non vanno
  d'accordo. *Those two children are like cat and dog; they can't get
  along.*

fare il diavolo a quattro — *to make a racket.*
I bambini fanno il diavolo a quattro oggi; vorrei farli uscire, ma piove.
  *The children are making a racket today; I'd like to have them go
  outside, but it's raining.*

fare un patto col diavolo — *to make a pact with the devil.*
Riesce sempre in tutto; deve aver fatto un patto col diavolo. *He always
  succeeds in everything; he must have made a pact with the devil.*

Il diavolo ci ha messo la coda. *The devil has had a hand in this.*

Il diavolo non è poi così brutto come lo si dipinge. *The devil isn't as
  black as he's painted.*

mandare qualcuno al diavolo — *to send someone packing.*
Ha protestato di nuovo perché il gallo lo sveglia al mattino. Questa
  volta l'ho mandato al diavolo. *He complained again because the
  rooster wakes him up in the morning. This time I sent him packing.*

Ne sa sempre una più del diavolo. *He's up to more tricks than Old
  Nick.*

un buon diavolo — *a good fellow.*

Brontola sempre, ma in fondo è un buon diavolo. *He's always growling, but deep down he's a good fellow.*

dietro — *behind*

correre dietro — *to run after someone.*

Corre dietro a tutte le ragazze che vede. *He runs after all the girls he sees.*

fare dietro front — *to do an about face.*

Inizialmente ha insistito per farlo tutto da solo, ma quando ha capito quanto c'era da fare, ha fatto dietro front e ha chiesto aiuto. *At first he insisted on doing it all himself, but when he realized how much there was to do, he did an about face and asked for help.*

star dietro a qualcuno — *(1) to satisfy someone.*

È impossibile stare dietro a tutte le sue esigenze; non ci provo neanche. *It would be impossible to satisfy him, so I don't even try.*

(2) to be after someone.

Devo sempre stargli dietro perchè faccia i compiti. *I always have to be after him to make him do his homework.*

dietrologia — *hidden meaning*

fare della dietrologia — *to see conspiracies everywhere.*

È molto semplice: hanno deciso di allearsi perché sperano di vincere le elezioni. Non c'è bisogno di fare della dietrologia. *It's all very simple. They decided to form an alliance in the hope of winning the elections. Don't start with your conspiracy theories.*

difetto — *defect; shortcoming*

in difetto — *to be at fault.*

Come fa a sapere che non hai più soldi se non glielo dici? Sei tu in difetto. *How could he know that you have no money left if you don't tell him? You're the one who's at fault.*

per difetto — *rounded down.*

Abbiamo arrotondato la cifra per difetto. *We rounded down the amount.*

Dio — *God*

Dio ce la mandi buona! *Let's hope for the best!*

Dio ce ne scampi e liberi! *God help us!*

Dio li fa e poi li accoppia! *Those two were made for each other (ironic).*

Viene giù come Dio la manda. *It's pouring; the skies have opened up.*

dipinto — *painted*
neanche dipinto — *not for a million bucks.*

Non vado a fare rafting su quel fiume. Neanche dipinto! *I'm not going white water rafting down that river. Not even for a million bucks!*

dire — *to say, to tell*
a dir poco — *to say the least (to put it mildly).*

Il suo comportamento è inqualificabile, a dir poco. *His behavior is disgraceful, to say the least (to put it mildly).*

avere a che dire con qualcuno — *to have words with someone.*

Ho avuto a che dire con lui per una questione di principio. *I had words with him over a question of principles.*

Come sarebbe a dire? — *You owe me an explanation!*

Hai venduto l'anello di tua nonna per comprarti quella moto? Come sarebbe a dire? *You sold your grandmother's ring to buy that motorbike? You owe me an explanation!*

come si suol dire — *as the saying goes.*

Il diavolo fa le pentole ma non i coperchi, come si suol dire. *As the saying goes, the devil teaches us how to do wrong, but not how to cover it up.*

dire la propria — *(1) to shoot off one's mouth.*

Non so come faccia la gente a dire la sua anche quando non capisce l'argomento di cui si parla. *I don't know why people shoot off their mouths even when they don't understand the subject that's being discussed.*

(2) to speak one's mind.

Non essere così timido; dì la tua se vuoi difenderti. *Don't be timid; speak your mind if you want to defend yourself.*

è una cosa da non dire — *unspeakable.*

L'armatore si rifiuta di pagare i danni causati dalla petroliera che è affondata. È una cosa da non dire! *The shipowner refuses to pay damages caused by the wrecked oil tanker. Unspeakable!*

non c'è che dire — *there's no denying it.*

Non c'è che dire, quel cappello ti sta proprio bene. *There's no denying it, that hat really suits you.*

tanto per dire — *it's just talk.*

Così, tanto per dire, ma se vendessimo la casa al mare? *It's just talk, but what about selling our beach house?*

Tutto dire! — *Does one need to comment?*

Pretende che la moglie paghi il conto quando va a farsi il week-end con l'amante. È tutto dire! *He expects his wife to foot the bill when he goes away for the weekend with his lover. Do I need to comment?*

Volevo ben dire — *I was sure of that.*

Vedi che alla fine non è stato lui a rubare i soldi della ditta? Volevo ben dire! *See, in the end it wasn't he who stole the firm's money. I was sure of that.*

---

disco — *record*

cambiare disco — *to stop talking about it.*

Cambia disco, tanto in vacanza da sola con il tuo ragazzo non ti lascio andare. *Stop talking about it, because I'm not letting you go on vacation alone with your boyfriend.*

---

discussione — *discussion*

mettere in discussione — *to call into question.*

Mettono in discussione tutte le mie iniziative; come faccio a combinare qualcosa? *They call all my initiatives into question; how can I get anything done?*

---

disfare — *to undo*

disfarsi di qualcuno — *to get rid of someone.*

Non sono riuscito a disfarmi di quel seccatore. *I haven't managed to get rid of that bore.*

---

disparte — *apart*

starsene in disparte — *to keep aloof.*

Non capisco quale sia il suo problema o perchè se ne stia sempre in disparte. *I don't understand his problem or why he always keeps aloof.*

---

disturbo — *inconvenience*

togliere il disturbo — *to leave.*

È quasi ora di cena, togliamo il disturbo. *It's nearly dinner time, so we'll be leaving.*

---

dito — *finger*

alzare (muovere) un dito — *to lift a finger.*
Cosa si aspetta da noi? Non ha mai alzato un dito per aiutarci quando ne avevamo bisogno. *What does he expect from us? He never lifted a finger to help us when we needed it.*

contarsi sulle dita — *to count on one's fingers.*
Gli amici, quelli veri? Li puoi contare sulle dita. *The real friends? You can count them on the tips of your fingers.*

Dategli un dito e si prenderà un braccio. *Give him an inch and he'll take a mile.*

essere segnato a dito — *to have a bad reputation.*
Per le malefatte che ha commesso è segnato a dito da tutto il paese. *For the evil deeds he's done he has a bad reputation with the whole town.*

leccarsi le dita — *to smack one's lips.*
C'è da leccarsi le dita oggi; abbiamo fatto una torta di crema, cioccolata e panna. *You can smack your lips today; we've made a cake of vanilla, chocolate, and whipped cream.*

legarselo al dito — *never to forget (something negative).*
È una che fa osservazioni a tutti, ma quando le fanno a lei, se lo lega al dito. *She criticizes everyone, but when someone criticizes her, she never forgets it.*

mettere il dito nella piaga — *to touch on a sore point.*
Se gli parli della sua carriera, metti il dito nella piaga. Non riesce ad andare avanti. *If you talk to him about his career, you'll touch on a sore point. He can't manage to get ahead.*

mordersi le dita — *to be sorry.*
Non intendevo assolutamente insultarlo; mi mordo le dita per aver aperto bocca. *I certainly didn't intend to insult him; I'm sorry I opened my mouth.*

non muovere un dito a favore di qualcuno — *not to lift a finger to help someone.*
Quando ho avuto bisogno di lui non ha mosso un dito a mio favore. *When I needed him he didn't lift a finger to help me.*

scivolare tra le dita — *to slip through one's fingers.*
Non capisco perchè non ha mai soldi: è come se il denaro gli scivolasse tra le dita. *I don't understand why he never has any money; it's as if money slips through his fingers.*

87

sulla punta delle dita — *at one's fingertips; on one's fingers.*

So che andrà bene all'esame, perchè ha la materia sulla punta delle dita. *I'm sure he'll do well on his test because he has the material at his fingertips.*

Gli amici veri si contano sulle punta delle dita. *True friends can be counted on one's fingers.*

un dito — *a drop.*

"Vuoi ancora un po' di vino?" "Sì, grazie, solo un dito." *"Would you like some more wine?" "Yes, please, just a drop."*

do ut des — *to give in order to get back.*

do ut des — *quid pro quo.*

Dare bustarelle per ottenere dei permessi edilizi che violano le norme è una forma di do ut des. *Giving bribes in exchange for illegal building permits is a kind of quid pro quo.*

doccia — *shower*

una doccia fredda — *a slap in the face.*

Eravamo felici e spensierati; quando è entrato a darci la brutta notizia, è stata una doccia fredda. *We were happy and carefree; when he came in to tell us the bad news, it was a slap in the face.*

dose — *dose*

rincarare la dose — *to lay it on thick.*

Non rincarare la dose; si è sbagliato ma non l'ha fatto apposta. *Don't lay it on too thick; he made a mistake but didn't do it intentionally.*

dosso — *back*

togliersi un peso di dosso — *to take a weight off one's mind.*

Devo togliermi un peso di dosso e dirgli quello che penso di lui. *I must take a weight off my mind and tell him what I think of him.*

dove — *where*

per ogni dove — *high and low.*

L'ho cercato per ogni dove ed era dietro l'angolo. *I looked high and low for him and he was around the corner.*

dovere — *must, duty*

a dovere — *properly.*
Si è preparato a dovere e ha superato la prova senza difficoltà. *He prepared properly and passed the test easily.*

chi di dovere — *the person responsible.*
Non è di mia competenza, me lo farò presente a chi di dovere. *It's not my job, but I'll refer it to the person responsible for it.*

come si deve — *decent.*
È un uomo come si deve e penso che ci si possa fidare. *He's a decent man and I think we can trust him.*

dritto — *straight*

Non ne va una dritta. *Nothing goes right.*

rigar dritto — *to toe the line.*
Ce n'è voluto prima di far rigar dritto quei ragazzi! Adesso, sono docili come agnelli. *It took a long time to get those children to toe the line! Now they're as meek as lambs.*

tirare dritto per la propria strada — *to keep at something.*
Non prestare ascolto ai cattivi consiglieri e tira dritto per la tua strada. *Don't listen to bad advisors and keep at what you're doing.*

due — *two*

contare come il due di briscola (picche) — *to count for nothing.*
Non so perchè chiedete il mio parere; tanto, qui dentro conto come il due di briscola. *I don't know why you ask my opinion; I count for nothing here.*

Non c'è due senza tre. *It never rains but it pours.*

piegarsi in due — *to double up (from laughter).*
Mi sono piegato in due dalle risate quando ho sentito quella barzelletta. *I doubled up from laughter when I heard that joke.*

dunque — *therefore*

venire al dunque — *to come to the point.*
Sì, ho capito quello che stai dicendo; ora vieni al dunque, decidiamo sul da farsi. *Yes, I understand what you're saying; now come to the point, let's decide what to do.*

duomo — *cathedral*

il Duomo di Milano — *(the Cathedral of Milan) a never-ending task.*
Questo lavoro è come il Duomo di Milano: non finisce mai! *This is a never-ending task!*

duro — *hard*

duro di comprendonio — *slow on the draw.*
Non provare a spiegarglielo: è duro di comprendonio. *Don't try to explain that to him; he's slow on the draw.*

Essere duro come una roccia. *To be as hard as nails.*

tener duro — *(1) to stick to one's guns.*
Se pensi di aver ragione, tieni duro. *If you think you're right, stick to your guns.*
(2) to hang in there.
Tieni duro e vedrai che supererai questo momento difficile. *Hang in there and you'll overcome this difficult moment.*

eccesso — *excess*

per eccesso — *rounded up.*
In quel negozio arrotondano sempre per eccesso. *In that store, they always round figures up.*

eco — *echo*

fare eco — *to approve what someone says.*
L'assemblea fece eco alle sue affermazioni. *The assembly approved his statements.*

sollevare molta eco — *to cause a stir.*
Il suo discorso ha sollevato molta eco. *His speech caused a stir.*

economia — *economy*
  economia sommersa — *underground economy.*
  È difficile calcolare il PIL italiano a causa dell'economia sommersa.
    *It's difficult to calculate the Italian GDP because of the underground
    economy.*
  fare economia — *to save.*
  Hanno fatto economia tutta la vita: come vuoi che approvino le tue
    vacanze ai Caraibi? *They saved money all their lives; how can you
    expect them to approve of your Caribbean vacation?*

effetto — *effect*
  a tutti gli effetti — *in every respect.*
  Ora che hai pagato l'iscrizione, sei un membro del circolo a tutti gli
    effetti. *Now that you've paid the membership fee, you're a club
    member in every respect.*
  fare effetto — *to give the creeps.*
  A me fa effetto la vista del sangue. *The sight of blood gives me the
    creeps.*
  in effetti — *as a matter of fact.*
  In effetti, quello che stai dicendo è vero, l'ho notato anch'io. *As a
    matter of fact, what you're saying is true; I've verified it too.*

elefante — *elephant*
  È come un elefante in un negozio di procellane. *He's like a bull in a
    china shop.*

elemento — *element, member*
  un elemento da sbarco — *a character.*
  Passa la vita a fare scherzi agli altri: è un bell'elemento da sbarco! *He
    spends his whole life playing tricks on others; what a character!*

eletto — *elected*
  i pochi eletti — *the lucky few.*
  Non si può nemmeno far domanda di ammissione a quel club: è per
    pochi eletti. *You can't even apply to that club; it's for the lucky few.*

entrare — *to enter*
  Voi non c'entrate! *It's none of your business!*

non entrarci per niente — *to have nothing to do with.*
Il tuo ragionamento non c'entra per niente con quello che discutiamo.
Your reasoning has nothing to do with what we're discussing.

epoca — *epoch*

fare epoca — *to be a landmark.*
La loro ricerca farà epoca nel campo della medicina. *Their research
will be a landmark in the medical field.*

equivoco — *misunderstanding*

a scanso di equivoci — *to avoid any misunderstanding.*
A scanso di equivoci, chiariamo le cose fin dall'inizio. *To avoid any
misunderstanding, let's clarify things right from the beginning.*

eresia — *heresy*

dire un'eresia/eresie — *to speak nonsense.*
Ma non dire eresie! Lo sai benissimo che papà è un uomo onesto.
*Don't speak nonsense! You know perfectly well that dad is an honest
man.*

fare d'ogni erba un fascio — *to mix the good with the bad
indiscriminately.*
Alcuni adolescenti si drogano, ma non tutti! Non devi fare di ogni erba
un fascio! *A few adolescents are on drugs, but not all! You must not
mix the good with the bad indiscriminately.*

in erba — *budding.*
Mario è uno scrittore in erba. *Mario is a budding author.*

erta — *steep ascent*

all'erta — *on the lookout.*
State all'erta; se vedete una macchina blu potrebbe essere papà che
arriva. *Be on the lookout; if you see a blue car, it could be Dad
arriving.*

esaurito — *used up*

Tutto esaurito — *Sold out.*

esca — *bait*

aggiungere esca al fuoco — *to add fuel to the fire.*
Se vai in giro a raccontare quei pettegolezzi aggiungerai solo esca al
fuoco. *If you spread that gossip around, you'll only be adding fuel to
the fire.*

escandescenza — *outburst of anger (only in the expression)*

dare in escandescenze — *to fly into a rage.*
Mio padre ha dato in escandescenze quando ha saputo che mio
fratello era stato arrestato per guida in stato di ebbrezza. *My father
flew into a rage when he heard that my brother had been arrested for
drunk driving.*

esercizio — *exercise*

essere in esercizio/fuori esercizio — *to be in shape, to be out of shape.*
Ma sai che non riesco a fare cinque piani di scale a piedi?! Sono
proprio fuori esercizio. *You're not going to believe it, but I can't walk
up five flights of stairs. I'm really out of shape.*

espediente — *expedient*

cavarsela con un espediente — *to find a way out.*
Non sapevo cosa fare, ma me la sona cavata con un espediente. *I didn't
know what to do, but somehow I managed to find a way out.*

vivere di espedienti — *to live by one's wits.*
Non ha un lavoro fisso; vive di espedienti. *He doesn't have a steady
job; he lives by his wits.*

essere — *to be*

che è che non è — *surprisingly and suddenly.*
Che è che non è, i soldi che mancavano sono saltati fuori. *All of a
sudden, the money that was missing popped up.*

Ci sei? *Did you understand?*

Ci siamo! *We've come to a conclusion! (We've got it!)*

non essere da meno — *to be at least as good as the next one.*
Marco è un ottimo pianista, ma Luigi non è da meno. *Marco is an
excellent pianist, but Luigi's at least as good.*

sia come sia — *be that as it may.*
Sia come sia, alla fine hanno deciso di venire. *Be that as it may, in the
end they decided to come.*

siamo alle solite — *here we go again.*

Siamo alle solite. Io proibisco a nostro figlio di uscire la sera e tu gli
dici che può rientrare all'ora che vuole! *Here we go again. I tell our
son he can't go out at night, and you tell him he can come home any
time he likes!*

età — *age*

di una certa età — *rather old.*

È una signora di una certa età e non può più fare tante scale. *She's a
rather old woman and she can't walk up many stairs any more.*

la tenera età — *childhood.*

Marisa ha due maschietti in tenera età. *Marisa has two young boys.*

la terza età — *old age.*

La vecchiaia non esiste più, dicono. Adesso c'è la terza età. *They say
old age doesn't exist any longer. Now they call it "the third age."*

eternità — *eternity*

metterci un'eternità — *to take ages.*

Preferisco non prestargli i libri perchè ci mette un'eternità a ridarmeli.
*I prefer not to lend him books because he takes ages to give them
back to me.*

evenienza — *event*

pronto ad ogni evenienza — *ready for anything.*

Tieni pronto ad ogni evenienza; potremmo aver bisogno di te. *Be
ready for anything; we may need you.*

evidenza — *evidence*

mettersi in evidenza — *to draw attention to oneself (to show off).*

Si è messo in evidenza accettando di andare in trasferta in Africa. *He
drew attention to himself by agreeing to work for a while in Africa.*

sottrarsi all'evidenza — *to gloss over something.*

Non sottrarti all'evidenza; il pasticcio l'hai fatto tu. *Don't gloss over it;
you caused this mess.*

fabbrica — *factory*
  la fabbrica di San Pietro — *a never-ending job.*
  Vedi il Duomo di Milano.

---

facchino — *porter*
  avere un linguaggio da facchino — *to swear like a trooper.*
  Non è piacevole parlare con lui, ha un linguaggio da facchino. *It's not pleasant to speak with him; he swears like a trooper.*

---

faccia — *face*
  avere la faccia di fare qualcosa — *to have the cheek.*
  Non posso farlo, non ne ho la faccia. *I can't do it; I don't have the cheek.*

  avere (fare) la faccia lunga — *to pull a long face.*
  Non fare la faccia lunga: andremo al cinema un'altra volta. *Don't pull a long face; we'll go to the movies another time.*

  avere la faccia tosta — *to have a lot of nerve (gall).*
  Hai una bella faccia tosta a dirmi queste cose. *You have a lot of nerve telling me these things.*

  avere una faccia da schiaffi — *to be brazen.*
  Quel ragazzo ha proprio una faccia da schiaffi. *That boy is really brazen.*

  avere una faccia di bronzo (tolla) — *to have some cheek.*
  Hai una bella faccia di bronzo a chiedermi degli altri soldi in prestito. *You do have some cheek to ask me for another loan.*

  dire le cose in faccia — *to say things to one's face.*
  Non può certo lamentarsi che io parli male di lui a sua insaputa. Gli ho detto in faccia quello che pensavo. *He can't complain that I speak ill of him behind his back. I told him what I thought of him to his face.*

  guardare bene in faccia — *to look someone in the eye.*
  Guardami bene in faccia e dimmi quello che è successo veramente. *Look me in the eye and tell me what really happened.*

guardare in faccia la realtà — *to face up to things.*
Non sognare, guarda in faccia la realtà. *Don't dream, face up to things.*

l'altra faccia della medaglia — *the other side of the coin.*
Farai un mucchio di soldi con quel lavoro, ma dovrai anche lavorare
   molto: è l'altra faccia della medaglia. *With that job you'll make a lot
   of money, but you'll work long hours; that's the other side of the coin.*

leggerlo in faccia a qualcuno — *to see it written all over someone's face
   (to look it).*
Glielo si legge in faccia che è preoccupato. *You can see it written all
   over his face that he's worried. (He looks worried.)*

mostrar la faccia — *to show one's face.*
Non ha più osato mostrar la faccia dopo quello che è successo. *He
   didn't dare show his face after what happened.*

non guardare in faccia a nessuno — *not to bother about what anyone
   else thinks.*
Fai quello che devi fare; non guardare in faccia a nessuno. *Do what
   you have to do; don't bother about what anyone else thinks.*

perdere la faccia — *to lose face.*
In quell'occasione ho perso la faccia. *I lost face on that
   occasion.*

salvare la faccia — *to save face.*
L'ho detto giusto per salvare la faccia. *I said it just to save face.*

---

fagiolo — *bean*
andare a fagiolo — *to suit fine.*
Questo lavoro mi va proprio a fagiolo. *This job suits me fine.*

capitare proprio a fagiolo — *to turn up at the right moment.*
Capiti proprio a fagiolo. Puoi aiutarmi a spostare questo tavolo? *You
   turned up just at the right moment. Can you help me move this table?*

---

fagotto — *bundle*
far fagotto — *to pack up and get out.*
Mi hai stufato; fa' fagotto. *I'm fed up with you; pack up and get out.*

---

falla — *breach*
tappare le falle — *to do damage control.*
Aspettate sempre che arrivi a tappare le falle, ma non sarò mica qui in
   eterno! *You always wait for me to do damage control, but I won't be
   here forever!*

---

fallo — *fault*

cogliere in fallo — *to catch in the act.*
Questa volta ti ho colto in fallo; non dire di no. *This time I've caught you in the act; don't deny it.*

---

fame — *hunger*

brutto come la fame — *as ugly as sin.*
È una ragazza interessante; peccato che sia brutta come la fame. *She's an interesting girl; too bad she's as ugly as sin.*

fare la fame — *to have hard times.*
Era da anni che facevamo la fame, finchè suo zio non ci ha tirato fuori dai guai. *We had been having hard times for years, until his uncle bailed us out.*

lungo (alto e magro) come la fame — *tall and thin.*
Ha solo sedici anni, ma è cresciuto moltissimo; è lungo come la fame. *He's only sixteen but he's grown a lot; he's tall and thin.*

un morto di fame — *a nobody.*
Non ha mai avuto fortuna nel lavoro: è sempre stato un morto di fame. *He's never been lucky at work; he's always been a nobody.*

una fame da lupi — *to be so hungry one could eat a horse.*
Ho una fame da lupi; mi mangerei un bue intero. *I'm so hungry I could eat a horse.*

---

fanalino — *tail-light*

essere il fanalino di coda — *to come in last.*
Studia come tutti gli altri, ma è sempre il fanalino di coda della classe. *He studies as much as all the others, but he always comes in last in his class.*

---

fantasia — *imagination*

lavorare di fantasia — *to have a lively Imagination.*
Secondo te, Elena avrebbe un affare con suo suocero. Non stai lavorando un po' troppo di fantasia? *According to you, Elena is having an affair with her father-in-law. You do have a lively imagination, don't you?*

---

fare — *to make, to do*

farcela — *to make it.*
Speravo di venire, ma non ce l'ho fatta. *I hoped to come but didn't make it.*

fare e disfare — *to domineer.*

Fa e disfa come meglio crede. *He domineers people as he wants.*

fare le due, tre, ecc. — *to stay up until 2, 3 in the morning.*

Abbiamo fatto le tre alla festa di compleanno di Angelo. *We stayed up until three at Angelo's birthday party.*

fare per tre — *to do the work of three people.*

Va bene che lei fa per tre, però non sono mica io a chiederglielo. *It's true that she does the work of three people, but I certainly don't ask her to.*

far sì che — *to work things out in such a way that.*

Lui ha fatto sì che loro due si incontrassero e finalmente hanno fatto pace! *He worked things out in such a way that the two of them met and finally made up!*

non fa nulla — *it doesn't matter.*

"Mi scusi, non ho visto che c'era prima lei." "Non si preoccupi, non fa nulla." *"I'm sorry, I didn't see you were first in line." "Don't worry, it doesn't matter."*

non farcela più — *to be beat, to be worn out.*

Finisci tu di scrivere la relazione? È tre notti che non dormo, non ce la faccio più. *Can you finish our report? I haven't slept for three nights; I'm beat.*

non farne nulla — *to go nowhere with something.*

Abbiamo parlato e riparlato di quel progetto, ma alla fine non ne abbiamo fatto nulla. *We talked and talked about that project, but at the end we went nowhere with it.*

farsela con qualcuno — *to be in cahoots with someone, to have a love affair.*

Ma dài, lo sanno tutti che se la fa con la moglie di suo cugino! *Come on, everyone knows he's having an affair with his cousin's wife.*

---

farfalla — *butterfly*

andare a caccia di farfalle — *to waste one's time.*

Non concluderà mai niente; va sempre a caccia di farfalle. *He'll never get anywhere; he's always wasting his time.*

---

farina — *flour*

Non è farina del tuo sacco. *This is not your own work.*

---

fase — *phase*

  essere fuori fase — *to be out of sorts.*
  Oggi non ne faccio una giusta: sono proprio fuori fase. *I'm not doing anything right today; I'm out of sorts.*

fatto — *fact*

  badare ai (farsi i) fatti propri — *to mind one's own business.*
  Non ti impicciare; bada ai fatti tuoi. *Don't be nosy; mind your own business.*

  cogliere qualcuno sul fatto — *to catch someone redhanded.*
  Stava rubando la marmellata e l'ho colto sul fatto. *He was filching the jelly and I caught him redhanded.*

  dire a qualcuno il fatto suo — *to give someone a piece of one's mind.*
  L'ho incontrato l'altro giorno e gli ho detto il fatto suo. *I met him the other day and I gave him a piece of my mind.*

  sapere il fatto proprio — *to know one's business.*
  È un ragazzo in gamba che sa il fatto suo. *He's a clever boy; he knows his business.*

  venire al fatto — *to come to the point.*
  Lascia perdere i preamboli; vieni al fatto. *Stop beating around the bush and come to the point.*

favore — *favor*

  col favore della notte — *under cover of darkness.*
  Col favore della notte si eclissarono e nessuno trovò le loro tracce. *They disappeared under cover of darkness and no one found a trace of them.*

fede — *faith*

  prestare fede a — *to trust.*
  Non è un tipo cui prestar fede. *He's not the kind you can trust.*

fegato — *liver*

  aver fegato — *to have guts.*
  Non ho avuto il fegato di dire di no. *I didn't have the guts to say no.*

  mangiarsi il fegato — *to kick oneself.*
  Dopo aver perso quell'occasione mi sono mangiato il fegato. *I kicked myself for missing that chance.*

fermo — *still*

essere fermo — *to stand one's ground.*

Ha cercato di convincerla a rivedere suo marito, ma è ferma nella sua decisione di divorziare. *He tried to convince her to see her husband, but she's standing her ground; she wants to divorce him.*

fermo restando — *it being understood.*

Fermo restando il fatto che ciascuno ha le sue opinioni, non puoi pretendere di averla sempre vinta tu. *It being understood that everyone has his own opinions, you can't insist on always having the last word yourself.*

tener per fermo — *to rest assured.*

Tieni per fermo che ti aiuterò sempre. *Rest assured that I'll always help you.*

ferro — *iron*

battere il ferro finchè è caldo — *to strike while the iron is hot.*

Se vuoi ottenere quel posto, batti il ferro finchè è caldo. *If you want to get that job, strike while the iron is hot.*

essere ai ferri corti — *to be at loggerheads.*

Siamo ai ferri corti a causa di una ragazza. *We're at loggerheads over a girl.*

essere sotto i ferri — *to be undergoing surgery.*

Poveretto, è morto sotto i ferri. *Poor man, he died while undergoing surgery.*

toccare ferro — *to cross one's fingers (knock on wood).*

Speriamo che non capiti a noi; tocchiamo ferro. *Let's hope it doesn't happen to us; cross your fingers (knock on wood).*

festa — *party*

conciare qualcuno per le feste — *to beat (knock) the (living) daylights out of someone.*

Se ti trovo ancora qui quando torno, ti concio per le feste. *If I find you're still here when I come back, I'll knock the stuffing out of (fix) you.*

fare la festa a qualcuno — *to kill someone.*

Se lo incontriamo gli facciamo la festa. *If we find him we'll kill him.*

fare le feste a qualcuno — *to greet joyfully.*
Il cane fece le feste al padrone che era stato via tre settimane. *The dog greeted his master joyfully when he returned after a three-week absence.*

guastare la festa — *to spoil.*
Col suo atteggiamento ha guastato la festa. *With his attitude he spoiled everything.*

---

fiacca — *weariness*
battere la fiacca — *to be idle.*
È ora che ti metta a fare qualcosa; hai battuto la fiacca tutto il giorno. *It's time you did something; you've been idle all day.*

---

fiamma — *flame*
una vecchia fiamma — *an old flame.*
Ho incontrato per caso una mia vecchia fiamma e mi sono innamorato di nuovo. *I met an old flame of mine by chance and fell in love again.*

---

fianco — *flank, side*
offrire (prestare) il fianco — *to lay oneself open.*
Negoziando con i terroristi ha prestato il fianco alle critiche dell'opposizione. *By negotiating with the terrorists he laid himself open to attacks from the opposition.*

---

fiasco — *flask*
fare fiasco — *to fail badly.*
Agli esami ho fatto fiasco. *I failed my exams badly.*

---

fiato — *breath*
col fiato grosso — *exhausted.*
Sono arrivato alla fine degli esami col fiato grosso. *I got to the end of the exams exhausted.*

col fiato sospeso — *with bated breath.*
Siamo rimasti col fiato sospeso in attesa di notizie dei dispersi. *We waited with bated breath for news of the missing.*

mozzare il fiato a qualcuno — *to take someone's breath away.*
È bella da mozzare il fiato. *She's so beautiful it takes your breath away.*

restare senza fiato — *to be flabbergasted.*

Ha osato fare delle affermazioni così offensive che sono rimasto senza fiato. *He made such outrageous statements that I was flabbergasted.*

tirare il fiato — *to breathe more easily.*

La banca ci darà il prestito che abbiamo chiesto. Possiamo tirare il fiato! *The bank will give us the loan we asked for. We can breathe more easily.*

tutto d'un fiato — *in one gulp.*

È amarissimo: bevilo tutto d'un fiato. *It's really bitter; drink it all down in one gulp.*

---

fico — *fig*

importarsene un fico (secco) — *to give a damn.*

Non me ne importa un fico (secco). *I don't give a damn.*

---

fifa — *funk*

una fifa nera — *scared stiff.*

Quando viene la sera ho una fifa nera. *When evening comes I'm scared stiff.*

---

figlio — *son*

degno figlio del proprio padre — *a chip off the old block.*

È un genio, degno figlio del proprio padre. *He's a genius, a chip off the old block.*

figlio di nessuno — *second-class citizen (nobody).*

E che sono, il figlio di nessuno? *And who do you think I am, a second-class citizen (a nobody)?*

figlio di papà — *spoiled young man.*

Ha la macchina, ha i soldi; è proprio un figlio di papà. *He's got a car, he's got money; he's really spoiled.*

---

figura — *figure*

di figura — *ornamental.*

Questo pannello non serve a niente: è lì solo di figura. *This panel serves no purpose at all; it's merely ornamental.*

fare la figura di — *to make oneself look.*

Sono passato da loro senza telefonare e ho fatto la figura dell'impiccione. *I stopped by their place without calling and I made myself look nosey.*

fare (una) bella figura (contrario: fare (una) brutta figura, fare una
  figura barbina) — *to cut a fine figure (opposite: to cut a poor figure,
  to make a poor showing).*
Con quel regalo ho fatto una bella figura. *I cut a fine figure with that
  gift.*

figurarsi — *to imagine, to make out.*
  Ma si figuri! *Don't mention it!*

fila — *line*
di fila — *running.*
Ha parlato al telefono per tre ore di fila. *She spoke on the telephone
  for three hours running.*

disertare le file — *to abandon a cause.*
Ha disertato le file del movimento rivoluzionario perchè si sentiva in
  pericolo. *He abandoned the cause of the revolution because he felt
  his life was in danger.*

in fila indiana — *in single file.*
Gli anatroccoli camminano dietro la madre in fila indiana. *The
  ducklings walk behind their mother in single file.*

tirare le file — *(1) to be in control.*
Chi tira le file del governo? Certamente non il primo ministro. *Who's
  really in control of the government? For sure not the prime minister.*
(2) to reach a conclusion.
Tirando le file del primo sondaggio post-elettorale, la coalizione di
  governo è in vantaggio. *The first conclusion we can reach according
  to the exit polls is that the governing coalition is ahead.*

filo — *thread*
dare del filo da torcere — *to give a run for one's money.*
Non è un ragazzo facile da tirare su; mi dà spesso del filo da torcere.
  He isn't an easy boy to raise; he often gives me a run for my money.

essere cuciti (legati) a filo doppio — *to be inseparable.*
È inutile che cerchi di portare tua figlia in vacanza senza Giulia: sono
  legate a filo doppio. *It's no use trying to take your daughter on
  vacation without Giulia; they're inseparable!*

103

fare il filo a qualcuno — *to court someone.*

Le ha fatto il filo da quando aveva quindici anni e adesso si sposano! *He's been courting her since she was fifteen and now they're getting married!*

filo d'aria — *a breath of air.*

Apri la finestra, non c'è un filo d'aria qui dentro. *Open the window, there's not a breath of air in here.*

per filo e per segno — *in minute detail.*

Le ho raccontato che cos'era successo alla festa per filo e per segno. *I told her what had happened at the party in minute detail.*

---

fine — *end*

alla fin fine — *after all.*

Alla fin fine, bisognerà pure che lui capisca la nostra situazione. *After all, he should be able to understand our situation.*

fare fine — *to be the thing.*

Tra i ragazzi fa fine portare la felpa al contrario. *Among teenagers it's the thing to wear sweatshirts inside out.*

la fine del mondo — *(1) out of this world.*

Aveva una giacca che era la fine del mondo. *He had a jacket that was out of this world.*

(2) pandemonium.

Lui annunciò le sue dimissioni e successe la fine del mondo. *He announced his resignation and all hell broke loose.*

---

finestra — *window*

buttare i soldi dalla finestra — *to throw money out the window.*

Lei spende e spande come se avesse i soldi da buttare dalla finestra. *She spends money as if she had so much she could throw it out the window.*

---

finire — *to finish*

farla finita — *(1) to cut it out.*

Falla finita, mi hai seccato. *Cut it out, I've had enough.*

(2) to do away with oneself.

Sono disperati perchè Enrico ha lasciato un biglietto dove dice che vuole farla finita, e poi è sparito. *They are desperate because Enrico left a note saying he wanted to do away with himself, and then vanished.*

finta — *pretense*

far finta di — *(1) to make believe.*
Facciamo finta di essere stranieri. *Let's make believe we're foreigners.*
(2) to pretend.
Hanno fatto finta di non sapere che lei era stata scoperta. *They pretended not to know she had been discovered.*

far finta di niente — *to pretend not to notice.*
Fa' finta di niente; sta arrivando quel tipo noioso. *Pretend not to notice; that boring guy is coming.*

---

fiocco — *bow*

coi fiocchi — *gala (slap-up).*
Ha preparato un pranzo coi fiocchi in suo onore. *She prepared a slap-up dinner in his honor.*

---

fiore — *flower*

a fior d'acqua — *on the surface of the water.*
Guarda quell'insetto che scivola a fior d'acqua. *Look at that insect skimming on the surface of the water.*

a fior di labbra — *confidentially.*
Me lo disse una sera a fior di labbra. *He told it to me confidentially one evening.*

a fior di pelle — *superficial.*
Sembrava grave, ma era solo una ferita a fior di pelle. *It seemed serious, but it was only a superficial wound.*

fior di quattrini — *a pretty penny.*
Comprare il loro silenzio è costato fior di quattrini a quell'uomo politico. *Buying their silence cost that politician a pretty penny.*

il fior fiore — *the elite.*
Il fior fiore del mondo giornalistico era presente alla rassegna cinematografica. *The elite of the world of journalism was pre the film festival.*

nel fiore degli anni — *in the prime of life.*
Un male l'ha stroncato nel fiore degli anni. *An illness cut hin the prime of life.*

un fiore all'occhiello — *someone's pride and joy.*
Sua figlia è molto intelligente; per suo padre, è un fiore all' *His daughter is very smart; she's her father's pride and jo*

un fior di — *downright*.
Quell'uomo è un fior di mascalzone. *That man is a downright
scoundrel.*

fischio — *whistle*
prendere fischi per fiaschi — *to misunderstand completely*.
Ha scritto una brutta recensione di quel libro: ha proprio preso fischi
per fiaschi. *He wrote a horrible review of that book; he
misunderstood it completely.*

fiuto — *sniffing*
aver fiuto negli affari — *to have a nose for business*.
Lui ha fatto una barca di soldi perchè ha fiuto negli affari. *He made a
lot of money because he has a nose for business.*

flagrante — *in the act*
cogliere qualcuno in flagrante — *to catch someone in the act (red-
handed)*.
Il ladro è stato colto in flagrante mentre cercava di fuggire con i
gioielli. *The thief was caught in the act while trying to run away with
the jewels.*

foglia — *leaf*
mangiare la foglia — *to get wise*.
Volevamo fargli uno scherzo, ma ha mangiato la foglia appena ha visto
le nostre facce. *We wanted to play a joke on him, but he got wise as
soon as he saw our faces.*

fondello — *seat of the trousers*
prendere per i fondelli — *to take someone for a ride*.
Guarda che ti hanno preso per i fondelli; domani non c'è nessuna
festa. *They took you for a ride; there's no party tomorrow.*

'ondo — *bottom*
a fondo — *completely*.
Ogni tanto bisogna pulire la casa a fondo, comprese le pareti. *Every so
often you have to clean the house completely, including the walls.*

andare a fondo — *to be ruined.*
Se continueremo a far debiti, andremo a fondo e bisognerà dichiarare
  fallimento. *If we keep making debts we'll be ruined and will have to
  declare bankruptcy.*

andare a fondo di — *to get to the bottom of.*
Intendo andare a fondo di questa questione. *I intend to get to the
  bottom of this matter.*

dare fondo a — *to use up, to run through.*
In tre anni ha dato fondo a tutta l'eredità: incredibile! *In three years he
  used up the whole inheritance: incredible!*

fino in fondo — *to the bitter end.*
Ho sbagliato e ne sopporterò le conseguenze fino in fondo. *I made a
  mistake, and I'll take the consequences to the bitter end.*

in fondo — *at heart.*
Forse non sembra a prima vista, ma in fondo è una brava persona.
  Maybe she doesn't seem it at first, but at heart she's a good person.

in fondo in fondo — *in the end.*
In fondo in fondo, aveva ragione lui a non voler comprare quelle
  azioni. *In the end, he didn't want to buy those shares, and he was
  right.*

raschiare il fondo del barile — *to scrape the bottom of the barrel.*
Per non chiudere la fabbrica abbiamo dovuto vendere la casa. Ormai
  abbiamo raschiato il fondo del barile. *To avoid closing down the
  factory we had to sell our house. We've really scraped the bottom of
  the barrel.*

toccare il fondo — *to hit bottom.*
Credevano di aver toccato il fondo, ma le cose peggiorarono
  ulteriormente. *They thought they had hit bottom, but then things got
  even worse.*

forbici — *scissors*
lavorare di forbici — *to blue-pencil.*
La prima pagina del giornale era quasi vuota: i censori hanno lavorato
  ben bene di forbici. *The front page of the paper was almost empty;
  the censors blue-penciled almost everything.*

forca — *gallows*

far forca — *to play hooky.*

Hanno scoperto che il figlio ha fatto forca un giorno sì e uno no tutto l'anno. *They discovered their son was playing hooky every other day all year long.*

fare la forca a qualcuno — *to take someone in.*

Non lasciarti far la forca da quei politicanti. *Don't let those politicians take you in.*

passare sotto le forche caudine — *to run the gauntlet.*

Bisogna passare sotto le forche caudine degli esami per ottenere il diploma. *One has to run the gauntlet of the exams to get the diploma.*

---

forchetta — *fork*

parlare in punta di forchetta — *to speak with affectation.*

È una delle persone meno spontanee che conosca: parla sempre in punta di forchetta. *She's one of the least spontaneous persons I know; she always speaks with such affectation.*

una buona forchetta — *hearty eater.*

Fa piacere invitarlo a cena, è una buona forchetta. *It's a pleasure to invite him to dinner; he's a hearty eater.*

---

forma — *form*

in forma — *in good shape.*

Bravo, hai vinto una partita difficilissima; sei proprio in forma smagliante. *Good for you, you've won a difficult game; you're really in great shape.*

---

forse — *maybe*

in forse — *in doubt.*

La sua premiazione è in forse: parte della giuria è contraria. *His winning the prize is in doubt; part of the jury is against it.*

mettere in forse — *to cast doubt on.*

Nessuno mette in forse quel che dici. *No one casts doubt on what you say.*

---

forte — *forte*

andare forte — *to be going strong (seriously and ironically).*

Dài, che vai forte! Se continui così vincerai la corsa! *Keep at it, you're going strong! If you go on this way, you'll win the race!*

Essere forte come un toro. *To be strong as an ox.*

farsi forte — *(1) to brace, to steel oneself.*

Fatti forte, perché ho proprio una brutta notizia da darti: abbiamo perso 50.000 euro in borsa. *Brace yourself, because I must give you bad news: we lost 50,000 euros on the stock exchange.(2) to lean on.*

Luciano si è fatto forte delle proprie conoscenze altolocate ed è riuscito a vincere l'appalto. *Luciano leaned on his contacts in high places and managed to win that bid.*

il proprio forte — *one's forte.*

La matematica è il suo forte. *Mathematics is his forte.*

---

fortuna — *fortune*

di fortuna — *emergency, makeshift.*

Il pilota fece un atterraggio di fortuna, con mezzi di fortuna. *The pilot made an emergency landing, using makeshift equipment.*

fare fortuna — *to make good.*

Dopo la guerra è emigrato in Australia e ha fatto fortuna. *After the war he emigrated to Australia and made good.*

---

forza — *strength*

a forza di — *by dint of.*

A forza di sentire l'inglese per anni, l'ha imparato anche lei. *By dint of hearing English for years, she's learned it herself.*

Bella forza! — *What else did you expect?*

Rinaldo ha vinto l'incontro di pugilato?! Bella forza! Pesa dieci chili più dell'avversario. *Rinaldo won the boxing match?! What else did you expect? He weighs ten kilos more than his opponent!*

farsi forza — *to bear up, to brace up.*

Fatti forza, tutti noi abbiamo passato dei momenti difficili. *Bear up, we've all gone through hard times.*

per cause di forza maggiore — *because of circumstances beyond one's control.*

Per cause di forza maggiore il sindaco non potrà intervenire. *Because of circumstances beyond his control the mayor will not be able to participate.*

per forza — *anyway (against one's will).*

Non ho nessuna voglia di andare dal dentista, ma dovrò farlo per forza; mi sta venendo un ascesso. *I have no desire to go to the dentist, but I'll have to go anyway (against my will); I'm getting an abscess.*

rimettersi in forze — *to regain strength.*

Adesso sta bene, ma gli ci è voluto molto tempo per rimettersi in forze dopo la malattia. *Now he's well, but it took him a long time to regain strength after his illness.*

---

fosso — *ditch*

saltare il fosso — *to take the plunge (to burn one's bridges).*

Abbiamo saltato il fosso e abbiamo deciso di emigrare. *We took the plunge and decided to emigrate.*

---

franco — *free*

farla franca — *to get away with.*

Non pensare di farla franca! Aspetta che metto al corrente tuo padre! *Don't think you'll get away with it — wait until I tell your father!*

---

freccia — *arrow*

un'altra freccia al proprio arco — *another string to one's bow.*

Se imparerai un'altra lingua, avrai un'altra freccia al tuo arco quando cercherai lavoro. *If you learn another language you'll have another string to your bow when you look for a job.*

---

freno — *brake*

mordere il freno — *to champ at the bit.*

Gli studenti stanno mordendo il freno; lasciamogli fare questa assemblea. *The students are champing at the bit; let's let them have their meeting.*

stringere i freni — *to tighten the reins.*

C'è troppa speculazione e ora tenteranno di stringere i freni. *There's too much speculation and now they'll try to tighten the reins.*

tenere a freno — *to keep a tight rein on.*

Non è mica facile tenere a freno i ragazzi in una situazione così difficile. *It's not very easy to keep a tight rein on the children in a difficult situation like this.*

fresco — *cool*

  fresco come una rosa — *totally rested and relaxed.*
  Ha fatto 90 chilometri in bici eppure è fresco come una rosa! *He biked 90 kilometers, and yet he looks totally rested and relaxed!*

  fresco fresco da — *fresh from.*
  Guarda che abbronzatura! Arriva fresco fresco da una vacanza in Sardegna. *Look how tan he is! He's fresh from a vacation in Sardinia.*

  stare al fresco — *to be in prison.*
  Se sarà condannato starà al fresco per un bel po'. *If he's convicted he'll be in prison for a long time.*

  stare fresco — *to be in for it.*
  Se osi toccarlo stai fresco; ti prenderai almeno un paio di sberle. *If you dare touch him you'll be in for it; you'll get at least a spanking.*

---

fretta — *hurry*

  in fretta e furia — *in a rush.*
  Si vede che questo lavoro è stato fatto in fretta e furia: è pieno di errori. *You can tell this job was done in a rush; it's full of mistakes.*

---

friggere — *to fry*
  Va' a farti friggere! *Get lost!*

---

frittata — *omelet*

  fare la frittata — *to make a mess of.*
  Quando ho visto la sua faccia stupita, ho capito di aver fatto la frittata. Non doveva essere messo sull'avviso, e io invece gli ho raccontato tutto. *When I saw the surprise on his face I knew I'd made a mess of it. He shouldn't have been informed, and I went and told him everything.*

---

fritto — *fried*

  essere fritto — *to be done for.*
  Se sanno cosa abbiamo combinato siamo fritti. *If they find out what we did, we're done for.*

  fritto e rifritto — *old hat, rehashed.*
  Quella storia è fritta e rifritta, ma lui la racconta ancora come se fosse una gran novità. *That story is old hat, but he tells it as if it were big news.*

fronte — *front/façade*
  fare fronte a — *(1) (to) face up.*
  A te Nicola non piace, ma ha sempre fatto fronte a tutti i suoi impegni.
    *You don't like Nicola, but he's always faced up to all the promises
    he's made.*
  (2) to stand up to.
  Nessuno può stargli a fronte. *No one can stand up to him.*

frutta — *fruit*
  essere alla frutta — *to be worn out.*
  Non chiedermi di rifare i disegni un'altra volta. Sono alla frutta. *Don't
    ask me to redo the drawings one more time. I'm totally worn out.*

fulmine — *lightning*
  come un fulmine — *like a shot.*
  Corse via come un fulmine. *He ran off like a shot.*

  un fulmine a ciel sereno — *out of the blue.*
  Le sue accuse sono state un fulmine a ciel sereno; nessuno se le
    aspettava. *His accusations came out of the blue; no one expected
    them.*

fumo — *smoke*
  andare in fumo — *to go up in smoke.*
  Lei si è ammalata e i nostri piani sono andati in fumo. *She got sick and
    our plans went up in smoke.*

  come il fumo negli occhi — *not to stand.*
  I cani vedono i gatti come il fumo negli occhi. *Dogs can't stand cats.*

  Molto fumo e poco arrosto. *All show and little substance.*

  Non c'è fumo senz'arrosto. *Where there's smoke there's fire.*

  vender fumo — *to talk big.*
  A sentir lei, ha tante offerte di lavoro che non sa quale scegliere; ma
    fidati di me, vende solo fumo. *If you listen to her, she has so many
    job offers she doesn't know which one to choose. But trust me, she's
    talking big.*

fuoco — *fire*

far fuoco e fiamme — *to go through the roof.*
Quando gli hanno detto dell'ammanco di cassa, ha fatto fuoco e fiamme. *When they told him of the cash shortage, he went through the roof.*

Fuoco! Fuochino! (nei giochi dei bambini) *You're hot! (in children's games)*

fuoco di fila — *barrage.*
I giornalisti la sottoposero ad un fuoco di fila di domande. *The journalists subjected her to a barrage of questions.*

scherzare col fuoco — *to play with fire.*
Vuole lanciarsi col paracadute a settant'anni. Scherza col fuoco! *He wants to go skydiving at seventy. He's playing with fire.*

soffiare sul fuoco — *to add fuel to the flame.*
Non gli vado a raccontare di aver visto sua moglie che se la faceva con il suo miglior amico. Non voglio soffiare sul fuoco. *I'm not going to tell him I saw his wife making out with his best friend. I don't want to add fuel to the flame.*

un fuoco di paglia — *a flash in the pan.*
Il suo successo nel campo letterario è stato un fuoco di paglia; è durato un paio d'anni. *His success in the literary field was only a flash in the pan; it lasted just a couple of years.*

fuori — *out*

dar fuori di matto — *to go nuts (to lose it, to go haywire).*
Quando ho saputo che mia figlia aveva distrutto la terza macchina, ho dato fuori di matto. *When they told me my daughter had totaled her third car, I lost it.*

essere fuori di testa — *to be out of one's mind.*
Giuseppe vuole attraversare l'Antartide a settant'anni. È fuori di testa! *At seventy, Giuseppe wants to cross Antarctica. He's out of his mind!*

fare fuori qualcuno — *(1) to do someone in.*
I terroristi lo hanno fatto fuori. *The terrorists did him in.*
(2) to finish (off).
Ha fatto fuori tutta la torta. *He finished (off) the whole cake.*

fuori di sè — *beside oneself.*
Era fuori di sè dalla paura. *She was beside herself with fear.*
La mamma era fuori di sè perchè ha dovuto aspettarci un'ora al freddo. *Mother was beside herself because she had to wait for us an hour in the cold.*

saltar fuori (tirare fuori) — *(1) to pop up.*
È saltato fuori a dire che l'avevamo ingannato. *He popped up saying we had cheated him.*
(2) to turn out (suddenly).
È saltato fuori che la detestava. *It suddenly turned out that he hated her.*

tirare fuori i soldi — *to fork over the money.*
Se riesci a fargli tirare fuori i soldi che ci deve, ti faccio tanto di cappello. *If you can make him fork over the money he owes us, hats off to you!*

venirne fuori — *to come out of it.*
È stato gravissimo per due mesi ma ora sembra che stia per venirne fuori; sono riusciti a trovare la cura giusta. *He was very ill for two months but now he seems to be coming out of it; they were able to find the right treatment.*

---

furia — *fury*
a furia di — *by dint of.*
See **a forza di.**

andare su tutte le furie — *to fly into a rage (to blow one's top).*
Quando la mamma lo saprà andrà su tutte le furie. *When mother learns about it she'll fly into a rage.*

---

furore — *rage*
far furore — *to be all the rage.*
Fanno furore i tatuaggi da detenuto. Incredibile. *Prison-style tattoos are all the rage. Incredible!*

---

fusa — *purring*
fare le fusa — *to purr.*
Mi fa tenerezza sentire il gatto che fa le fusa. *I'm touched when I hear the cat purring.*

gabbia — *cage*

una gabbia di matti — *a madhouse.*

Non vedevo l'ora di andarmene da quella casa; mi sembrava di essere in una gabbia di matti. *I couldn't wait to get out of that house; I seemed to be in a madhouse.*

galla — *afloat*

tenersi a galla — *to keep one's head above water.*

Non so come si tengano a galla senza che la moglie lavori. *I don't know how they keep their heads above water since his wife doesn't work.*

tornare a galla — *to come up again.*

Pensavo che quella storia fosse finita, ma ora è tornata a galla. *I thought that story was over with, but now it's come up again.*

venire a galla — *to surface.*

Mario confessò tutto e così vennero a galla le sue malefatte. *Mario confessed everything and so all his bad deeds surfaced.*

galletto — *young cock*

fare il galletto — *to strut around.*

Si diverte a fare il galletto senza immaginare quanto è ridicolo. *He enjoys strutting around and doesn't imagine how ridiculous he is.*

gallina — *hen*

Hanno ammazzato la gallina dalle uova d'oro. *They killed the goose that laid the golden eggs.*

gamba — *leg*

a gambe all'aria — *(1) head over heels.*

Sono scivolata sulla scala e sono finita a gambe all'aria. *I slipped on the stairs and fell head over heels.*

(2) to go belly up.

L'affare è andato a gambe all'aria. *The deal went belly up.*

a quattro gambe — *on all fours.*

Tutti gli ospiti si misero a quattro gambe per aiutarla a cercare l'orecchino di brillanti che era caduto sul pavimento. *All the guests were on all fours to help her look for her diamond earring which had fallen on the floor.*

avere le gambe a pezzi — *to walk one's feet off.*

Siamo andati in centro a piedi e ora ho le gambe a pezzi. *We went downtown on foot, and I really walked my feet off.*

darsela a gambe — *to take to one's heels.*

Quando ha sentito le sirene se l'è data a gambe. *When he heard the sirens he took to his heels.*

in gamba — *with it.*

Ha finito l'università un anno avanti; è proprio in gamba! *He finished college in three years; he's really with it!*

prendere sotto gamba — *not to take seriously.*

Ha avuto varie minacce ma le ha prese sotto gamba. *He's had various threats, but hasn't taken them seriously.*

raddrizzare le gambe ai cani — *for something to be a pipe dream.*

Cercare di fare di lui un uomo onesto è come raddrizzare le gambe ai cani. *It's a pipe dream to try to make an honest man out of him.*

tagliare le gambe a qualcuno — *to cut the ground out from under.*

Gli hanno tagliato le gambe pubblicando sul giornale la sua formula per un nuovo tipo di plastica biodegradabile. *They cut the ground out from under him by publishing his formula for a new, biodegradable kind of plastic.*

gambero — *crawfish*

fare come i gamberi — *to regress, to get worse.*

Ma non fai niente a scuola? Stai facendo come i gamberi: invece di migliorare peggiori. *Aren't you doing anything at school? You're getting worse instead of better.*

ganascia — *jaw*

mangiare a quattro ganasce — *to eat like a horse.*

Non ha più febbre e dopo tre giorni senza cibo, sta mangiando a quattro ganasce. *His fever is gone, and after three days without food, he's eating like a horse.*

ganghero — *hinge*

uscire dai gangheri — *to lose one's temper.*

Quando l'insegnante ha capito che copiavano, è uscita dai gangheri. *When the teacher realized they were cheating, she lost her temper.*

gara — *race*

fare a gara — *to be in a race.*

Paolo e Luca fanno a gara a chi dei due riesce a portarsi Gabriella alla festa di Capodanno. *Paolo and Luca are in a race to see who'll succeed in taking Gabriella to the New Year's Eve party.*

garibaldino — *Garibaldi's*

alla garibaldina — *daringly, impetuously.*

Non hanno nessun allenamento e vogliono andare sul Cervino! Fanno sempre le cose alla garibaldina. *They have no training, but they want to climb the Matterhorn. They always do things impetuously!*

gas — *gas*

a tutto gas — *to floor it.*

Andava a tutto gas; non c'è da stupirsi che abbia avuto un incidente. *He was flooring it; it's no surprise he had an accident.*

gatta — *she-cat*

avere altre gatte da pelare — *to have other fish to fry.*

A lui non interessa perchè ha altre gatte da pelare. *He's not interested because he has other fish to fry.*

avere una gatta da pelare — *to get in a fix (to have a hard nut to crack).*

Ho accettato un lavoro difficile e adesso ho una bella gatta da pelare. *I accepted a difficult job and now I'm in a fix (I have a hard nut to crack).*

fare la gatta morta — *to be a hypocrite (to play up to).*

È riuscita a dirmi delle cose terribili; e pensare che faceva la gatta morta. *She managed to tell me some terrible things; and to think that she was such a hypocrite (played up to people so much).*

la gatta nel sacco — *a pig in a poke.*

Finalmente ha messo la gatta nel sacco: è riuscito ad avere il posto che gli interessava. *He finally put the pig in the poke; he managed to get the job he was interested in.*

Qui gatta ci cova. *There's more to this than meets the eye (There's something fishy going on; I smell a rat).*

gatto — *cat*
   quattro gatti — *only a few people.*
   Doveva essere una riunione importante, ma eravamo solo quattro gatti. *It was supposed to be an important meeting, but there were only a few people there.*

gavetta — *mess-tin*
   venire dalla gavetta — *to rise through the ranks.*
   Ora è direttore generale, ma è venuto dalla gavetta. *He's the C.E.O. now, but he rose through the ranks.*

gelo — *frost*
   diventare di gelo — *to freeze.*
   Quando ho saputo che mia nonna era morta, sono diventata di gelo. *When I found out my grandmother had died, I froze.*

   mettere il gelo addosso — *to make one shiver.*
   Quel racconto del terrore mi mette il gelo addosso ogni volta che lo leggo. *That horror story makes me shiver every time I read it.*

genio — *genius*
   andare a genio — *to be to one's liking.*
   Questo libro non mi va a genio. *This book is not to my liking.*

gente — *people*
   la gente bene — *the upper classes.*
   Montecarlo è un posto di vacanza per la gente bene. *Monte Carlo is a vacation playground for the upper classes.*

gesso — *gypsum*
   restare di gesso—*to turn into a pillar of salt.*
   Quando ho saputo che lui aveva avvelenato sua moglie sono rimasta di gesso. *When I heard that he had poisoned his wife I turned into a pillar of salt.*

getto — *jet*
  di getto — *straight off.*
  Ha scritto il romanzo di getto, in soli sei mesi. *He wrote his novel straight off, in just six months.*

ghiaccio — *ice*
  rimanere di ghiaccio — *to be completely unmoved.*
  Speravo che mi compatisse, ma è rimasto di ghiaccio. *I hoped he would sympathize with me, but he was completely unmoved.*

  rompere il ghiaccio — *to break the ice.*
  Per aiutare a rompere il ghiaccio hanno fatto fare dei giochini ai bambini. *To help break the ice they had the children play games.*

ghingheri — *smartly dressed*
  mettersi in ghingheri — *to dress up.*
  Mi piace mettermi in ghingheri per uscire la sera. *I enjoy dressing up when I go out in the evening.*

ghiro — *dormouse*
  dormire come un ghiro — *to sleep like a log.*
  Quali rumori? Non ho sentito niente; dormivo come un ghiro. *What noises? I didn't hear anything; I was sleeping like a log.*

già — *already*
  già che ci + essere — *since one is at it.*
  Potevi prenderne uno anche per me, già che c'eri. *You could have gotten one for me too, since you were at it.*

Giacomo — *James*
  Le gambe mi facevano giacomo giacomo. — *My legs were shaking with fear.*

giallo — *yellow*
  libro giallo — *a detective, mystery story.*
  Ha scritto un [libro] giallo di grande successo. *She wrote a very successful detective story.*

ginepraio — *juniper thicket*
  cacciarsi in un ginepraio — *to get oneself into a fix.*
  Per risolvere i problemi degli altri finisce sempre per cacciarsi in un
    ginepraio. *For trying to solve other people's problems he always ends
    up getting himself into a fix.*

giocare — *to play*
  giocarsi — *to risk.*
  Mi gioco la mia riputazione, però lo voglio fare lo stesso. *I'm risking
    my reputation, but I want to do it anyway.*

gioco — *game*
  avere buon gioco — *to have a good chance of winning.*
  Pensavo di avere buon gioco e allora ho tentato. *I thought I had a
    good chance of winning so I tried.*

  entrare in gioco — *to come into play.*
  Sono entrati in gioco fattori imprevisti che ci hanno fatto perdere
    molti soldi. *Unforeseen factors came into play which made us lose a
    lot of money.*

  essere in gioco — *to be at stake.*
  È in gioco il mio onore. *My honor is at stake.*

  fare il doppio gioco — *to play both ends against the middle (to be a
    double-crosser).*
  Riccardo non è un ragazzo leale; fa il doppio gioco. *Richard isn't a
    loyal boy; he plays both ends against the middle (he's a double-
    crosser).*

  fare il gioco di — *to serve someone else's needs.*
  Con le sue affermazioni fa il gioco degli avversari. *With his statements
    he's serving the needs of his adversaries.*

  prendersi gioco di — *to make fun of.*
  Quel bambino si è preso gioco dell'amichetta. *That child made fun of
    his little friend.*

  scoprire il proprio gioco—*to show one's hand.*
  Bianca ha scoperto il proprio gioco andando a pranzo con il nostro
    rivale in affari. *Bianca showed her hand by going to lunch with our
    business competitor.*

stare al gioco — *to play along.*

Che noiosi che siete! Non sapete neanche stare al gioco. *How boring you are! You can't even play along.*

un gioco da ragazzi — *a piece of cake.*

Aggiustiamo noi la radio; è un gioco da ragazzi! *We'll repair the radio ourselves; it's a piece of cake!*

gioia — *joy*

darsi alla pazza gioia — *to let loose.*

Quando ha saputo di aver vinto l'Oscar, si è data alla pazza gioia. *When she heard she had won an Oscar she let loose.*

giornata — *day*

vivere alla giornata — *to live from hand to mouth.*

Io non penso al futuro; preferisco vivere alla giornata. *I don't think about the future; I prefer to live from hand to mouth.*

giorno — *day*

al giorno d'oggi — *nowadays.*

Al giorno d'oggi tutte le cose sono permesse. *Nowadays everything is permitted.*

avere i giorni contati — *to have one's days numbered.*

Il prigioniero ha i giorni contati. *The prisoner has his days numbered.*

tutti i santi giorni — *day in and day out.*

Mia suocera mi telefona tutti i santi giorni. *My mother-in-law calls me day in and day out.*

girare — *to turn*

Cosa ti gira? — *What came over you?*

Ma cosa ti gira? Vai in giro a criticare il nuovo direttore con tutti quelli che ti capitano a tiro? *What came over you? You go around and criticize the new boss with anyone who will listen?*

gira e rigira — *after long and careful consideration.*

Gira e rigira, arriviamo sempre alla stessa conclusione. *After long and careful consideration, we are back to the same conclusion.*

girarla come uno vuole — *any way one looks at it.*

Girala come vuoi, è sempre un fallito. *Any way you look at it, he's still a failure.*

121

secondo come gira — *according to one's whim.*

Forse andiamo in montagna, e forse no, secondo come gira. *Maybe we'll go to the mountains, maybe not. We'll follow our whim.*

---

giro — *turn*

andare su di giri — *to lose one's temper.*

Mio fratello va facilmente su di giri e insulta tutti. *My brother loses his temper easily and insults everyone.*

essere del giro — *to be in the swim.*

Quando hanno voluto avere delle informazioni riservate sul mercato dei diamanti, si sono rivolti a lui: è uno del giro. *When they wanted to get inside information about the diamond market, they turned to him; he's in the swim.*

essere su di giri — *to be elated.*

È così su di giri che non può star fermo. *He's so elated he can't stay still.*

in giro — *around.*

Sono andato in giro per la città. *I went around town.*

nel giro di — *in a (certain amount of) time.*

Nel giro di tre mesi, conto di aver finito questo lavoro. *In three months' time, I think I'll have finished this work.*

prendere in giro — *to pull someone's leg.*

Lo zio mi prende sempre in giro. *My uncle is always pulling my leg.*

un giro d'orizzonte — *a general survey.*

Abbiamo fatto un giro d'orizzonte della situazione economica e adesso sappiamo come regolarci. *We did a general survey of the economic situation and now we know how to proceed.*

un giro di parole — *to beat about the bush.*

Mi ha detto quello che voleva dirmi con un lungo giro di parole. *After a lot of beating about the bush, he told me what he wanted to say.*

un giro di vite — *a turn of the screw.*

Il preside è molto severo: ha dato un giro di vite a tutta la scolaresca. *The principal is very severe; he gave a turn of the screw to the whole student body.*

---

giù — *down*

andar giù — *not to be able to take.*

Quello che ha detto mia suocera non mi va giù. *I can't take what my mother-in-law said.*

buttar giù — *(1) to dishearten, to depress.*
La notizia mi ha buttato giù. *The news disheartened me.*
(2) to toss off.
Ha buttato giù la relazione in tre ore. *He tossed off his report in three hours.*

buttarsi giù — *to lose heart.*
Non ti buttare giù per un fatto così banale. *Don't lose heart over such a silly thing.*

giù di lì — *thereabouts.*
Siamo andati a pranzo alle cinque o giù di lì. *We went to dinner at five or thereabouts.*

mandare giù — *to swallow.*
Questa offesa non la mando giù. *I won't swallow this offense.*

giudizio — *judgment*
mettere giudizio — *to mature.*
Marco è stato un adolescente difficile, ma sembra che abbia messo giudizio. *Mark was a difficult teenager, but now he seems to have matured.*

giunta — *addition*
per giunta — *on top of that.*
Non ho dormito e per giunta sono dovuto andare a lavorare. *I didn't sleep and on top of that I had to go to work.*

gnorri — *(only in the expression)*
fare lo gnorri — *to play dumb.*
Non fare lo gnorri; lo sappiamo tutti che sei stato tu a cantare con la polizia. *Don't play dumb; we all know it's you who blew the whistle with the police.*

goccia — *drop*
assomigliarsi come due gocce d'acqua — *to be as alike as two peas in a pod.*
Le gemelle si assomigliano come due gocce d'acqua. *The twins are as alike as two peas in a pod.*

Questa è proprio la goccia che fa traboccare il vaso. *This is the straw that breaks the camel's back.*

una goccia nel mare — *a drop in the bucket.*

È talmente ricco che per lui un miliardo è come una goccia nel mare. *He's so rich that for him a million is just a drop in the bucket.*

---

gola — *throat*

fare gola — *to tempt.*

Questo melone mi fa gola. *This melon tempts me.*

prendere per la gola — *(1) to rely on someone's gluttony to conquer him/her.*

Lei è un'ottima cuoca: l'ha conquistato prendendolo per la gola. *She's a very good cook; she won him over by feeding his gluttony.*

(2) to have someone by the throat.

Ho dovuto accettare il prestito alle loro condizioni; mi hanno preso per la gola! *I had to accept the loan on their terms; they had me by the throat.*

rimanere in gola — *to stick in the throat.*

Era tanto sorpreso che la risposta gli è rimasta in gola. *He was so surprised that his answer stuck in his throat.*

---

gomito — *elbow*

alzare il gomito — *to drink.*

Quel vecchietto alza troppo il gomito. *That old man drinks too much.*

darsi di gomito — *to wink at one another, to nudge one another.*

A sedici anni, bastava che Sandro lanciasse un'occhiata nella nostra direzione e noi ci davamo di gomito, dicendo, tutte eccitate, "Hai visto, ci ha guardate!"? *The way we were at sixteen, if Sandro so much as glanced in our direction, we would have winked at one another and said, all excited: "You see, he's looking at us!"?*

farsi avanti a forza di gomiti — *to elbow one's way through.*

Tu dici che Maurizio è in gamba? A me pare che si sia fatto avanti a forza di gomiti. *You say Maurizio is good at what he does? It seems to me he's elbowed his way through.*

trovarsi gomito a gomito — *to rub shoulders with.*

Ci troviamo gomito a gomito con tutti i tipi di persone nel nostro lavoro. *We rub shoulders with all kinds of people in our work.*

gonnella — *skirt*

attaccato alle gonnelle della madre — *tied to one's mother's apron strings.*

Quell'uomo è ancora attaccato alle gonnelle della madre. *That man is still tied to his mother's apron strings.*

correre dietro alle gonnelle — *to be always after some woman.*

Marcello corre dietro a tutte le gonnelle. *Marcel is always after some woman.*

---

gozzo — *gullet*

stare sul gozzo — *to be unable to stand.*

Quella tua amica mi sta proprio sul gozzo. *I can't stand your friend.*

---

grado — *degree*

essere in grado di — *to be up to.*

Non sono in grado di fare sforzi fisici dopo la mia malattia. *I'm not up to doing physical exertion after my illness.*

mettere in grado di — *to enable someone to do something.*

L'eredità mi ha messo in grado di espandere la mia attività economica. *The inheritance enabled me to expand my business.*

---

gramigna — *weed*

come la gramigna — *like weeds.*

Gente da poco come lui è come la gramigna; se ne trova in ogni ambiente. *Petty people like him are like weeds; you find them everywhere.*

---

grana — *money*

scucire la grana — *to fork over (shell out).*

Avanti, scuci la grana! Hai detto che contribuivi anche tu. *Come on, fork over the money! You said you'd contribute too.*

---

grana — *grain (of wood), trouble*

piantare una grana — *to raise a stink (to make a fuss).*

Ho piantato una grana perchè il negoziante mi ha venduto della merce avariata. *I raised a stink (made a fuss) because the shopkeeper sold me spoiled goods.*

grancassa — *bass drum*
  battere la grancassa — *to make a big deal out of.*
  Le poche volte che ha ragione comincia a battere la grancassa. *The few times he's right about something he starts making a big deal out of it.*
  non essere un granché/gran che — *to be nothing special.*
  Questo quadro costa molto, ma non è un granché. *This painting is expensive, but it's nothing special.*

granchio — *crab*
  prendere un granchio — *to goof.*
  L'ho accusato di aver preso la cioccolata, ma ho preso un granchio. *I accused him of having taken the chocolate, but I goofed.*

grande — *big*
  fare le cose in grande — *to do things in style.*
  Sebbene non siano ricchi, fanno le cose in grande. *Even though they're not rich, they do things in style.*

grandioso — *grand*
  fare il grandioso — *to act big.*
  Nella vita non fare mai il grandioso, ma comportati semplicemente. *Don't act big in life, but behave simply.*

grasso — *fat*
  essere tutto grasso che cola — *to be all added benefits.*
  Lui non si fida del nostro avvocato, così usa il suo senza farci pagare un soldo. Per noi è tutto grasso che cola. *He doesn't trust our lawyer, so he'll use his own, and we won't have to fork over a penny. All added benefits.*

grattacapo — *trouble*
  dare dei grattacapi — *to give someone problems.*
  Il mio bambino è capriccioso; mi dà sempre dei grattacapi. *My child is naughty; he's always giving me problems.*
  prendersi un bel grattacapo — *to borrow trouble.*
  Mi sono preso un bel grattacapo offrendomi di amministrare la squadra di calcio della scuola. *I borrowed trouble by volunteering to be business manager for the school soccer team.*

grazia — *grace*
nelle grazie di — *in good standing with.*
È stato assunto per questo lavoro perchè è nelle grazie del direttore.
  *He was hired for this work because he's in good standing with the
  director.*

grattare — *to scratch*
gratta gratta — *if you scratch the surface.*
Gratta gratta, viene fuori che la situazione della ditta non è migliorata
  per niente. *If you scratch the surface, you'll see that the situation of
  their firm hasn't gotten any better.*

grido — *cry*
all'ultimo grido — *the latest thing, the newest fashion.*
Ho comprato un vestito all'ultimo grido. *I bought a dress that's the
  latest thing.*
di grido — *well-known and fashionable.*
È un medico di grido e quindi si fa pagare molto. *He's a well-known
  and fashionable physician and therefore his fees are very high.*

grillo — *cricket*
avere qualche grillo per la testa — *to have strange ideas.*
Di questi tempi Paolo ha qualche grillo per la testa; che cosa gli è
  successo? *Paul has strange ideas lately; what happened to him?*
saltare il grillo — *to be struck by the mood.*
Se mi salta il grillo, domenica vado al mare. *If the mood strikes me, I'll
  go to the seashore on Sunday.*

grinza — *wrinkle*
non fare una grinza — *to be watertight.*
Il suo ragionamento non fa una grinza. *His reasoning is
  watertight.*

groppo — *knot*
un groppo alla gola — *a lump in one's throat.*
Mi è venuto un groppo alla gola dalla commozione. *I got a lump in my
  throat from the emotion.*

grosso — *big*
  contarle (spararle) grosse — *to tell tall stories.*
  Quando parla della sua vita le conta sempre grosse. *When he talks about his life he tells tall stories.*

  dormire della grossa — *to sleep like a log.*
  Andai da lui verso le dieci e dormiva ancora della grossa. *I went to see him at around ten o'clock and he was still sleeping like a log.*

  farla grossa — *to screw up.*
  Ti ha scoperto che ascoltavi la sua telefonata; questa volta l'hai fatta grossa! *He found out that you were listening in on his conversation; this time you really screwed up.*

---

guadagnare — *to earn*
  tanto di guadagnato — *so much the better.*
  Se ci vai tu, tanto di guadagnato! *If you go, so much the better!*

---

guaio — *trouble*
  combinare un bel guaio — *to make a mess of things.*
  Pensava di essermi utile, invece ha combinato un bel guaio. *He thought he was helping me, but he made a mess of things.*

  guai a — *the worse for.*
  Guai a te se mi rompi il vetro. *The worse for you if you break my window.*

  passare un brutto guaio — *to have a bad time (to suffer for).*
  Ho fatto quello che voleva lui ed ho passato un brutto guaio. *I did what he wanted and I had a bad time (suffered for it).*

---

guanciale — *pillow*
  dormire tra due guanciali — *to have no worries.*
  Da quando abbiamo messo l'allarme, dormo tra due guanciali. *Since we installed the alarm, I feel safe.*

---

guanto — *glove*
  calzare come un guanto — *to fit like a glove.*
  Ho comprato un paio di pantaloni che mi calzano come un guanto. *I bought a pair of pants that fit like a glove.*

raccogliere il guanto — *to take up the gauntlet.*
Mi voleva sfidare, ma non ho raccolto il guanto. *He wanted to challenge me, but I didn't take up the gauntlet.*

trattare qualcuno con i guanti — *to treat someone with kid gloves.*
Lei è molto suscettibile e bisogna trattarla sempre con i guanti. *She's hypersensitive and she always must be treated with kid gloves.*

guardare — *to look*
Guarda un po'! *That's odd. (How about that!)*

guardia — *guard*
mettere in guardia qualcuno — *to warn someone.*
Vuole mettersi in affari con uno che è stato in prigione per truffa. Bisognerebbe metterla in guardia. *She wants to go into business with a guy who's been in jail for fraud. Someone should warn her.*

stare in guardia — *to beware.*
Sta' in guardia! È un'acqua cheta, ma potrebbe farti del male. *Beware! He's a sly one, and could hurt you.*

guscio — *shell*
chiudersi nel proprio guscio — *to retreat into a shell.*
Si è offesa per le mie critiche al suo progetto e da allora si è chiusa nel suo guscio. *She was offended by my criticisms of her project and since then she's retreated into a shell.*

gusto — *taste, gusto*
prenderci gusto — *to take a liking to.*
Questo nuovo gioco di carte è molto bello e ci ho preso gusto. *This new card game is really fun; I've taken a liking to it.*

Non tutti i gusti sono alla menta. *Not all tastes are alike.*

trovarci gusto — *to get pleasure out of something.*
Che gusto ci trovi a stuzzicarlo sempre? *What pleasure do you get out of teasing him all the time?*

idea — *idea*

accarezzare un'idea — *to toy with an idea.*
Ha accarezzato l'idea di licenziarsi, ma poi non ne ha fatto nulla. *He toyed with the idea of quitting his job, but in the end he decided not to do it.*

avere un'idea fissa in testa — *to have a bug in one's brain.*
Vuole fare l'astronauta da quando aveva tre anni. È un'idea fissa! *He's wanted to be an astronaut ever since he was three. He has a bug in his brain!*

Nemmeno per idea! *Not on your life!*

non avere la più pallida idea — *not to have the faintest idea.*
"Dov'è il mio libro?" "Non ne ho la più pallida idea." *"Where's my book?" "I don't have the faintest idea."*

rendere l'idea — *to get the idea across.*
È così ricco che si fa preparare la cena in tre case diverse ogni sera. Non so se rendo l'idea. *He's so rich they prepare dinner for him in three different houses every day. Do you get the idea?*

un'idea — *a pinch.*
"Ci vuole ancora sale?" "Sì, ma solo un'idea." *"Should I add a little more salt?" "Yes, but just a pinch."*

imbarazzo — *embarrassment*

l'imbarazzo della scelta — *to have (too) many choices.*
Era così dotato che quando si è trattato di scegliere una carriera aveva solo l'imbarazzo della scelta. *He was so talented that when it came to choosing a career he had too many choices.*

mettere in imbarazzo — *to embarrass.*
Dice tutto quello che le passa per la testa. A volte mi mette veramente in imbarazzo. *She says whatever crosses her mind. It's really embarrassing at times.*

togliere qualcuno dall'imbarazzo — *to get someone out of a fix.*
Non sapevo come fare a dirle che non potevo più ospitarla in vacanza,
   ma lui mi ha tolto dall'imbarazzo. *I didn't know how to tell her I*
   couldn't invite her to my summer house anymore, but he got me out
   of the fix.

imbeccata — *prompting*
dare l'imbeccata a qualcuno — *to prompt someone.*
La sua domanda mi ha colto alla sprovvista, ma per fortuna lei era lì a
   darmi l'imbeccata. *His question caught me off guard, but luckily she*
   was there and prompted me.

impagabile — *priceless*
Sei impagabile! *You're priceless!*

impalato — *stiff as a ramrod.*
starsene impalato — *to just stand there.*
Perchè non giochi con gli altri bambini invece di startene lì impalato?
   Why don't you play with the other children instead of just standing
   there?

impiccio — *fix*
cavare dagli impicci — *to get off the hook.*
Mi ha cavato dagli impicci dicendo che aveva perso lui le chiavi della
   cassaforte. *He got me off the hook by saying that he was the one who*
   had lost the keys to the safe.

importanza — *importance*
darsi importanza — *to try to look big.*
Invece di darsi importanza dovrebbe imparare ad ascoltare gli altri.
   Instead of trying to look big he should learn to listen to others.

impronta — *print*
lasciare la propria impronta — *to leave one's mark.*
Dove passa, lascia la propria impronta. *Wherever he goes he leaves his*
   mark.

incomodo — *inconvenience*
fare da terzo incomodo — *to play the odd man out.*
Non voglio più uscire con loro due perchè faccio sempre da terzo
   incomodo. *I don't want to go out with the two of them because I*
   always have to play the odd man out.

togliere l'incomodo — *to rid people of one's presence.*
Guarda che ho capito che non sono il benvenuto. Adesso ti
   accontento e tolgo l'incomodo. *Look, I can see I'm not welcome. I'll
   make you happy and rid you of my presence.*

incontro — *towards*
andare incontro a qualcosa — *to be heading for (to run into).*
Andremo incontro a grandi spese quando cambieremo casa. *We'll be
   running into great expenses when we move to the new house.*

venire incontro a qualcuno — *to meet someone halfway.*
È impossibile fare un compromesso con lui; non ti verrà mai incontro.
   It's impossible to compromise with him; he'll never meet you halfway.

incudine — *anvil*
fra l'incudine e il martello — *between the devil and the deep blue sea.*
Da quando sono andato ad abitare con mia suocera mi trovo tra
   l'incudine e il martello. *Since I've been living with my mother-in-law
   I'm between the devil and the deep blue sea.*

indiano — *Indian*
fare l'indiano — *to turn a deaf ear.*
Non fare l'indiano, sai benissimo di cosa sto parlando. *Don't turn a
   deaf ear; you know very well what I'm talking about.*

indice — *forefinger*
mettere all'indice — *to blacklist.*
Durante il maccartismo molta gente del cinema venne messa
   all'indice. *During the McCarthy era, a lot of people in the movie
   industry were blacklisted.*

indietro — *back, behind*
tirarsi indietro — *to back away (out).*
Avevano detto che avrebbero firmato la petizione contro la centrale
   nucleare, ma poi si sono tirati indietro. *They said they would sign the
   petition against the nuclear power plant, but in the end they backed
   out.*

indirizzo — *address*
cambiare indirizzo, cambiare gli indirizzi — *to change one's position or
   policy.*

Il primo ministro ha cambiato gli indirizzi della politica economica del governo. *The prime minister changed the government's economic policies.*

sbagliare indirizzo — *to come (go) to the wrong person.*
Se credi che io ti possa aiutare, hai sbagliato indirizzo. *If you think I can help you, you've come to the wrong person.*

infarinatura — *dusting with flour*
avere un'infarinatura — *to have a smattering.*
Ha la pretesa di sapere il francese, ma ha solo un'infarinatura. *He pretends to know French, but he has only a smattering.*

ingegno — *ingenuity, brains*
alzata d'ingegno — *a brilliant idea (that has no legs).*
Il senatore ha avuto una bella alzata di ingegno: "Apriamo un'inchiesta sulle intercettazioni telefoniche illegali!" Peccato che dopo due ore se l'era già rimangiata. *The senator had a brilliant idea: "Let's open an inquiry into those illegal phone taps!" Too bad he had to take it back two hours later.*

inglese — *English*
svignarsela all'inglese — *to take French leave.*
Per paura di far notare la loro assenza se la sono svignata all'inglese. *For fear of having their absence noticed, they took French leave.*

ingranaggio — *gear*
lasciarsi prendere nell'ingranaggio — *to get caught up in the grind.*
Non fa altro che lavorare: si è lasciato prendere nell'ingranaggio. *All he does is work. He got caught up in the grind.*

Insalata — *salad*
mangiarsi qualcuno in insalata — *to eat someone for breakfast.*
Siete rimasti tu e Marco in lizza per quel lavoro? Non preoccuparti, te lo mangi in insalata. *You and Marco are the two people left competing for that job? Don't worry, you'll have him for breakfast.*

133

insegna — *sign*
  all'insegna di — *in the name of.*
  Hanno lanciato una campagna contro le riviste pornografiche
  all'insegna dei valori della famiglia. *They launched a campaign
  against pornographic magazines in the name of family values.*

intendere — *to comprehend*
  dare ad intendere — *to try to fool.*
  Non è vero; a chi la vuoi dare ad intendere? *It's not true; whom are you
  trying to fool?*

  intendersela con qualcuno — *to have an affair with someone.*
  Te l'ho detto che se la intendeva con lui! Le loro assenze dal lavoro
  coincidevano! *I told you they had an affair! They were always away
  from work at the same time!*

intenzione — *intention*
  avere una mezza intenzione di — *to have a good mind to.*
  Avrei una mezza intenzione di piantare lì tutto e prendermi un giorno
  di vacanza. *I have a good mind to drop everything and take a day off.*

inteso — *understood*
  darsene per inteso — *to take the hint.*
  L'ho pregato più volte di andarsene, ma non se n'è dato per inteso. *I
  asked him to leave several times, but he didn't take the hint.*

intorno — *around, about*
  girarci intorno — *to beat around the bush.*
  Non girarci intorno: Vuoi un prestito? *Don't beat around the bush: Do
  you want a loan?*

ipoteca — *mortgage*
  porre una seria ipoteca su — *to lay a strong claim to.*
  Con l'ultima vittoria la nostra squadra ha posto una seria ipoteca sulla
  conquista dello scudetto. *With the last victory our team has laid a
  strong claim to winning the championship.*

ippica — *horse-racing*
  darsi all'ippica — *to change one's trade.*
  Il flauto non è per te; datti all'ippica. *The flute's not for you; change
  your trade.*

ira — *anger, wrath*

È successa l'iradiddio. *All hell broke loose.*

fare un'ira di Dio — *to wreak havoc.*

Gli antiglobal hanno fatto un'ira di Dio, rompendo vetrine, sfasciando macchine. Ne hanno arrestati una cinquantina. *The anti-global activists wreaked havoc, breaking windows, smashing cars. The police arrested about fifty of them.*

l'iradiddio — *an incredible amount.*

Quella notte ha piovuto l'iradiddio. *That night it rained an incredible amount.*

la — *the note A.*

dare il la — *to set the tone.*

Alla fine della festa erano tutti scatenati, ma è stata la padrona di casa a dare il la. *By the end of the party they were all going wild, but it was their hostess who set the tone.*

là — *there*

buttar là — *to toss off.*

Buttò là la proposta e attese le loro reazioni. *He tossed off his proposal and waited for their reaction.*

essere più di là che di qua — *to be more dead than alive.*

Quando l'hanno ricoverato era più di là che di qua. *When they admitted him to the hospital he was more dead than alive.*

labbra — *lips*

pendere dalle labbra di qualcuno — *to hang on someone's every word.*

È incredibile cosa non riesca a fare con i suoi studenti: pendono tutti dalle sue labbra. *It's incredible what he can do with his students; they all hang on his every word.*

laccio — *lace, string*

essere degno di legare i lacci delle scarpe a — *to hold a candle to.*
Non paragonarti a lei! Non sei neanche degna di legarle i lacci delle scarpe. *Don't compare yourself to her! You can't hold a candle to her.*

mettere il laccio al collo — *to catch someone.*
Era deciso a rimanere scapolo, ma s'è fatto mettere anche lui il laccio al collo. *He was determined to stay a bachelor, but someone caught him, too.*

lacrima — *tear*

avere le lacrime in tasca — *to be easily moved to crying.*
Non è il caso di impressionarsi; è una persona che ha le lacrime in tasca. *Don't bother to get upset; she's one who's easily moved to crying.*

lacrime di coccodrillo — *crocodile tears.*
È inutile che pianga lacrime di coccodrillo; quando l'hai detto sapevi quello che sarebbe successo. *It's useless for you to cry crocodile tears; when you said it you knew what would happen.*

lancia — *spear*

partire lancia in resta — *to go full tilt.*
È partito lancia in resta contro il suo oppositore politico e l'ha coperto di insulti. *He went full tilt against his political opponent and showered him with insults.*

spezzare una lancia a favore di — *to go to bat for.*
Mio malgrado, ho spezzato una lancia a tuo favore. *In spite of myself, I went to bat for you.*

lanternino — *little lantern*

cercare col lanternino — *to look high and low for.*
Un lavoro come lo vuoi tu lo puoi anche cercare col lanternino, ma non lo troverai. *You can look high and low for a job like the one you want, but you'll never find it.*

largo — *wide, width*

al largo — *offshore.*
Erano andati al largo con un barchino e non riuscivano più a rientrare in porto. *They had gone offshore with a small boat and couldn't get back to the harbor.*

fare largo — *to make way.*
Fate largo che arriva la carrozza della regina! *Make way; the queen's carriage is coming!*

farsi largo — *to elbow one's way.*
Si è fatto largo tra la folla per raggiungerci. *He elbowed his way through the crowd to join us.*

girare al largo da — *to keep clear of.*
Gira al largo dalla mia casa, se no chiamo la polizia! *Keep clear of my house; otherwise, I'll call the police!*

prendere il largo — *to take off.*
Ha preso il largo con tutti i soldi della società. *He took off with all the company's money.*

prendere qualcosa alla larga — *to approach someone diplomatically.*
Sai che tipo è mio padre: se voglio convincerlo a imprestarmi la barca devo prenderla alla larga. *You know my father. If I want to persuade him to lend me the boat I have to approach him diplomatically.*

stare (tenersi) alla larga da — *to give a wide berth to.*
Mi tengo sempre alla larga da tipi come lui. *I always give a wide berth to people like him.*

---

lasciare — *to leave*

lasciare a desiderare — *to leave much to be desired.*
Il tuo lavoro lascia molto a desiderare. *Your work leaves much to be desired.*

lasciar correre (perdere) — *to forget it.*
Lascia correre (perdere); non vale la pena di arrabbiarsi per così poco. *Forget it; it's not worth getting angry over such a little thing.*

lasciar stare — *to leave alone.*
Lascia stare quello strumento; è molto delicato. *Leave that instrument alone; it's very delicate.*

lasciarsi andare — *to let oneself go.*
Dopo il divorzio si è lasciata andare completamente: non va in palestra, non si trucca più, va in giro vestita come una barbona. *After her divorce, she's let herself go completely. She no longer goes to the gym, she doesn't wear makeup any more, and she goes around dressed like a bag lady.*

---

lastrico — *pavement*

  gettare (ridurre) qualcuno sul lastrico — *to turn someone out into the street.*

  Per raggiungere la sua posizione, ha gettato più di una persona sul lastrico. *To get where he is today he's turned more than one person out into the street.*

  trovarsi sul lastrico — *to be down and out.*

  Mi son trovato sul lastrico quando le azioni della Chester and Perry sono cadute così in basso. *I found myself down and out when my shares in Chester and Perry went so low.*

lato — *side*

  non sentirci da quel lato — *to turn a deaf ear.*

  Ha chiesto un'altra volta al principale di non licenziare Giovanna, ma da quel lato lui non ci sente. *He pleaded once more with his boss not to fire Joan, but he turned a deaf ear.*

latte — *milk*

  È inutile piangere sul latte versato. *It's no use crying over spilt milk.*

  far venire il latte alle ginocchia (ai gomiti) — *to be a real bore.*

  Con i suoi discorsi fa venire a tutti il latte alle ginocchia. *With all his talk he's a real bore.*

  sapere di latte — *to be still wet behind the ears.*

  Fa l'uomo vissuto, ma sa ancora di latte. *He acts like a man of the world, but he's still wet behind the ears.*

  succhiare col latte — *to learn at one's mother's knee.*

  Il figlio del senatore la politica l'ha succhiata col latte. *The senator's son learned politics at his mother's knee.*

lavata — *washing*

  una buona lavata di capo — *a scolding.*

  La terza volta che è arrivato in ritardo, il principale gli ha dato una buona lavata di capo. *The third time he came late the boss gave him a good scolding.*

legare — *to bind*

  legare — *to hit it off.*

  Ho legato subito con tua sorella: adesso siamo veramente buone amiche. *I hit it off at once with your sister; now we're really good friends.*

legato come un salame — *bound up.*
L'hanno derubato di tutti i suoi soldi e l'hanno lasciato imbavagliato e
legato come un salame. *They robbed him of his money and left him
gagged and bound.*

legge — *law*
dettar legge — *to be the law.*
Nel vecchio west la pistola dettava legge. *In the Old West guns were
the law.*

leggero — *light*
prendere alla leggera — *to take lightly.*
Non prendere alla leggera le mie parole; te ne potresti pentire. *Don't
take what I say lightly; you could be sorry.*

legna — *wood*
aggiungere legna al fuoco — *to fan the flames.*
Con le tue insistenze non fai altro che aggiungere legna al fuoco. *With
all your insistence all you do is fan the flames.*

legnate — *beating*
dare a qualcuno una buona dose di legnate — *to give someone a good
beating.*
L'hanno aspettato nel vicolo e gli hanno dato una buona dose di legnate. *They waited for him in the alley and they gave him a good
beating.*

lei — *she, her, you*
dare del lei — *to address someone using the formal address.*
Ma perchè mi dai ancora del lei? Siamo amiche, dammi pure del tu.
*Why are you still using the formal address with me? We're friends
now, you can use the familiar form.*

leone — *lion*
far[e] la parte del leone — *to get the lion's share.*
I nonni hanno diviso un altro pezzo dell'eredità tra i nipoti. Umberto
come al solito ha fatto la parte del leone. *Our grandparents divided
another chunk of their money among us grandchildren. Umberto, as
usual, got the lion's share.*

lettera — *letter*

  restare lettera morta — *to go unheard.*

  Ho parlato per delle ore cercando di convincerli, ma è rimasto tutto lettera morta. *I spoke for hours trying to convince them, but it all went unheard.*

letto — *bed*

  andare a letto con le galline — *to go to bed early.*

  In campagna vanno tutti a letto con le galline. *In the country everybody goes to bed early.*

  buttare giù dal letto — *to get someone out of bed (early).*

  Stamattina presto è arrivato il postino e mi ha buttato giù dal letto per aprirgli. *Early this morning the postman came and got me out of bed early.*

  un letto di rose — *a bed of roses.*

  Sebbene abbia un mucchio di soldi, la sua vita non è un letto di rose. *Even though he has a lot of money, his life is not a bed of roses.*

leva — *lever*

  far[e] leva su qualcosa — *to use something as a leverage.*

  Gli hanno fatto cambiare il testamento facendo leva sui sospetti che lui aveva su di lei. *They made him change his will by using his suspicions against her as a leverage.*

levata — *rising*

  una levata di scudi — *opposition.*

  C'è stata una levata di scudi contro di lui e non è più stato rieletto. *There was a lot of opposition to him and he wasn't reelected.*

lì — *there*

  essere sempre lì — *to be the same old story.*

  Siamo sempre lì: ha promesso di smettere di bere, ma ieri sera si è scolato mezza bottiglia di whiskey. *It's the same old story; he promised he'd stop drinking, but yesterday he put away half a bottle of whiskey.*

  lì lì per — *on the point of.*

  È stato lì lì per suicidarsi. *He was on the point of committing suicide.*

lì per lì — *on the spur of the moment.*
Lì per lì, non sapevo cosa rispondere. *On the spur of the moment, I didn't know what to answer.*

siamo lì — *almost.*
Se non è mezzanotte, siamo lì. *It's almost midnight.*

libertà — *freedom*

mettersi in libertà — *to put on casual clothes.*
Come siete eleganti! Ma qui siamo in campagna e potete mettervi in libertà. *How elegant you are! But now that you're here in the country you can wear something more casual.*

libro — *book*

il libro bianco — *the official report.*
Il governo ha pubblicato il libro bianco sull'energia. *The government published the official report on energy.*

parlare come un libro stampato — *to speak like a book.*
È noiosissimo; parla sempre come un libro stampato. *He's so boring; he always speaks like a book.*

sul libro nero — *in one's black book.*
Non avresti dovuto farle quello sgarbo; sei finito sul suo libro nero. *You shouldn't have slighted her; you ended up in her black book.*

limite — *limit*

al limite — *at worst.*
Al limite, possiamo sempre rimandare la partenza. *At worst, we can always put off our departure.*

limone — *lemon*

spremere come un limone — *to milk dry.*
Dopo essere stato spremuto come un limone, sono stato licenziato. *After being milked dry, I was fired.*

linea — *line*

essere in prima linea — *to be in the front line.*
C'è sempre Carlo in prima linea in tutte le battaglie dell'organizzazione contro gli OGM. *Carlo's always in the front line in all the organization's battles against GMOs.*

in linea d'aria — *as the crow flies.*
Dista circa dieci chilometri in linea d'aria. *It's about ten kilometers away, as the crow flies.*

in linea di massima — *tentatively.*
In linea di massima ci vediamo domani per il tè. *Tentatively, let's meet tomorrow for tea.*

passare in seconda linea — *to cease being at the top.*
L'avvocato Bruni lavora ancora nello studio, ma è passato in seconda linea. *Mr. Bruni is still a lawyer at the firm, but he is no longer at the top.*

---

lingua — *tongue*
mordersi la lingua — *to bite one's tongue.*
Ho dovuto mordermi la lingua per non lasciarmi sfuggire il loro segreto. *I had to bite my tongue not to let out their secret.*

Parla solo perchè ha la lingua in bocca. *He talks for the sake of talking.*

perdere la lingua — *Cat got your tongue?*
Avete rotto voi il vetro col pallone o no? Cos'è? Avete perso la lingua? *Did you or didn't you break the window with the ball? What's up? Cat got your tongue?*

sciogliere la lingua a qualcuno — *to make someone talk.*
Il servizio segreto lo ha torturato per sciogliergli la lingua. *The Secret Service tortured him to make him talk.*

sentirsi prudere la lingua — *itching to say something.*
A sentire questi discorsi inutili mi prude la lingua. *After hearing all these useless speeches I'm itching to say something.*

sulla punta della lingua — *on the tip of one's tongue.*
Non riesco a ricordarmi il suo nome, e dire che ce l'ho sulla punta della lingua. *I can't remember his name, but it's right on the tip of my tongue.*

una lingua lunga — *a gossip.*
Sta' attento a non fargli sapere queste cose perchè è una lingua lunga. *Be careful not to let her know these things because she's a gossip.*

una malalingua — *a backbiter.*
È evitata da tutti perchè è una malalingua. *Everyone avoids her because she's a backbiter.*

lira — *lira*

non avere una lira — *to be broke.*
Non ho una lira. *I'm broke.*

non valere una lira — *to be worthless.*
Non importa che abbia rotto il vaso; non valeva una lira. *It doesn't matter that you've broken the vase; it was worthless.*

---

liscio — *smooth*

filare liscio — *to go smoothly.*
Alla dogana è filato tutto liscio. Meno male che non ti hanno fatto aprire la valigia! *Everything went smoothly at customs. Thank goodness they didn't make you open your suitcase!*

liscio come l'olio — *smoothly.*
All'esame è andato tutto liscio come l'olio. *At the exam things went very smoothly.*

passarla liscia — *to get away with it.*
Non credere di passarla liscia anche questa volta. *Don't think you'll get away with it this time too.*

---

lite — *quarrel*

attaccare lite — *to pick a quarrel.*
È un tipo litigioso e attacca lite con tutti. *He's quarrelsome; he picks a quarrel with everybody.*

---

livido — *bruise*

coprire qualcuno di lividi — *to beat someone black and blue.*
Gli hanno rubato il portafoglio e lo hanno anche coperto di lividi. *They stole his wallet and they beat him black and blue.*

---

lontano — *far*

alla lontana — *distant, vague.*
Siamo parenti alla lontana. *We're distant relatives.*

andare lontano — *to go far.*
Quel giovane andrà lontano. *That young man will go far.*

prenderla alla lontana — *to approach indirectly.*
Se vuoi convincere tuo padre a mandarti a studiare all'estero, devi prenderla alla lontana. *If you want to convince your father to let you go study abroad, you must approach the subject indirectly.*

---

lotta — *struggle*

una lotta al coltello — *an all-out fight.*

La successione alla presidenza si è risolta solo dopo una lotta al coltello fra i due candidati. *The presidential succession was resolved only after an all-out fight between the two candidates.*

una lotta senza quartiere (all'ultimo sangue) — *a fight to the death.*

Dopo una lotta senza quartiere gli attaccanti riuscirono a penetrare nel forte. *After a fight to the death, the attackers succeeded in breaking into the fort.*

---

lucciola — *glowworm, firefly*

prendere lucciole per lanterne — *to misunderstand completely.*

Vedi prendere fischi per fiaschi.

---

luce — *light*

alle luce del sole — *openly.*

Queste cose ormai si fanno alla luce del sole. *By now these things are done quite openly.*

brillare di luce riflessa — *to bask in reflected glory.*

Lui non ha fatto niente di importante, ma è il marito di un famoso chirurgo, e così brilla di luce riflessa. *He hasn't done anything important, but he's the husband of a famous surgeon and he basks in reflected glory.*

dare alla luce — *to give birth to.*

Ha dato alla luce un bel bambino. *She gave birth to a fine baby boy.*

la luce degli occhi — *pride and joy.*

Quella macchina nuova è la luce dei suoi occhi. *That new car is his pride and joy.*

venire alla luce — *to come to light.*

Lo scandalo venne alla luce in maniera del tutto casuale. *The scandal came to light quite by chance.*

---

lucido — *shiny*

tirato a lucido — *dressed up.*

Era il suo primo appuntamento con una ragazza ed era tutto tirato a lucido. *It was his first date and he was all dressed up.*

lume — *lamp*

a lume di naso — *by the seat of one's pants.*

Non andare a lume di naso, ma tieni conto di dati precisi. *Don't proceed by the seat of your pants; rather, take into account precise data.*

chiedere lumi — *to ask for explanations.*

Non ho capito nulla della lezione di matematica; dovrò chiedere lumi al professore. *I didn't understand a thing in the math lesson; I'll have to ask the professor for explanations.*

perdere il lume degli occhi (della ragione) — *to fly off the handle.*

Quando ha insultato mia moglie, ho perso il lume degli occhi. *When he insulted my wife, I flew off the handle.*

lumicino — *small lamp*

ridotto al lumicino — *on one's last legs.*

Si è ridotto al lumicino correndo dietro a quella ragazza. *He's on his last legs after chasing after that girl.*

luna — *moon*

abbaiare alla luna — *to exert oneself for nothing.*

Protestare in questo caso non serve a niente; è come abbaiare alla luna. *Protesting in this case is useless; you'd be exerting yourself for nothing.*

avere la luna (di traverso, storta) — *to be in a bad mood.*

Lasciala perdere, chè oggi ha la luna. *Leave her alone; she's in a bad mood today.*

fare vedere la luna nel pozzo — *to string someone along.*

Non credere alla sua promessa; ti sta facendo vedere la luna nel pozzo. *Don't believe his promise; he's just stringing you along.*

lunario — *almanac*

sbarcare il lunario — *to make both ends meet.*

Col suo stipendio riesce a malapena a sbarcare il lunario. *With his salary he's barely able to make both ends meet.*

lungo — *long*

alla lunga — *in the long run.*

Vedrai che alla lunga riuscirai nel tuo intento. *You'll see, in the long run you'll succeed.*

andare per le lunghe — *to drag on.*
Andiamo via; questa riunione sta andando per le lunghe. *Let's leave; this meeting is dragging on.*

di gran lunga — *by far.*
È di gran lunga il miglior whiskey che abbia mai bevuto. *It's by far the best whiskey I've ever drunk.*

farla lunga — *to go on and on.*
Come la fai lunga! *How you go on!*

in lungo e in largo — *all over the place.*
Hanno cercato il cane in lungo e in largo, ma non sono riusciti a trovarlo. *They looked for the dog all over the place, but they couldn't find him.*

la dice lunga su qualcosa/qualcuno — *to speak volumes.*
Quel commento sarcastico la dice lunga sui suoi veri sentimenti per lui. *Her sarcastic comment speaks volumes about her real feelings toward him.*

lungo come una quaresima — *to take forever.*
Non hai ancora finito di mangiare? Sei lungo come una quaresima! *You haven't finished eating yet? It's taking you forever!*

saperla lunga — *to know what's what.*
Non farti ingannare dal suo aspetto ingenuo. È uno che la sa lunga. *Don't be deceived by his naive appearance. He knows what's what.*

---

luogo — *place*

dare luogo a — *to give rise to.*
La sua intromissione ha dato luogo a una lunga serie di rappresaglie. *His interference gave rise to a long series of reprisals.*

fuori luogo — *out of place.*
Magari aveva anche ragione, ma il suo commento era fuori luogo. *Maybe he was right, but his comment was out of place.*

---

lupo — *wolf*

In bocca al lupo! *Good luck!*

---

ma — *but*
  Non c'è ma che tenga. *No ifs, ands, or buts.*

macchia — *(1) underbrush*
  darsi alla macchia — *to go into hiding.*
  Si sono dati alla macchia per combattere l'invasore. *They went into hiding to fight against the invader.*
  (2) spot
  una macchia sull'onore — *a blot on one's honor.*
  Suo figlio è finito in prigione: per lui è una vera macchia sull'onore. *His son has ended up in jail; for him it's a blot on his honor.*

macchina — *machine.*
  battere a macchina — *to type.*
  Batte a macchina tutte le sue lettere. *She types all her letters.*

macello — *slaughterhouse.*
  Che macello! *What a mess!*

maggiore — *greater*
  andare per la maggiore — *to be popular.*
  Si è messo a fabbricare borse di cuoio; vanno per la maggiore e sta facendo un sacco di soldi. *He started making leather purses; they're popular and he's making tons of money.*

magra — *low water*
  essere in magra — *to be low on money.*
  Non portarmi in quel negozio, lo sai che sono in magra. *Don't take me to that store; you know I'm low on money.*

  fare una magra (figura) — *to make a blunder.*
  Ha fatto una magra con lei lasciandosi sfuggire che non l'aveva invitata al matrimonio. *He made a blunder with her when he let it slip that he hadn't invited her to his wedding.*

magro — *thin*

Essere magro come un chiodo (un'acciuga, un grissino). *To be thin as a rail.*

---

male — *badly*

andare a finir male — *(1) for one to be sorry.*
Sta' attento o andrà a finir male per te. *Be careful or you'll be sorry.*
(2) to go to the dogs.
Se l'inflazione continuerà ad aumentare, le cose andranno a finir male. *If inflation continues to rise, things will go to the dogs.*

andare a male — *to go bad, to go badly.*
Il latte è andato a male. *The milk went bad.*

cascar male — *to be unlucky.*
Sono cascato male: credevo di vedere un bello spettacolo, invece mi sono annoiato a morte. *I was unlucky; I thought I'd see a nice show, but I was bored to death.*

conciar male — *to beat up.*
L'hanno conciato male perchè li aveva presi in giro. *They beat him up because he had made fun of them.*

far del male a — *to harm someone (physically or morally).*
Sandro gli ha fatto veramente del male andando in giro a dire che aveva maltrattato sua madre. *Sandro really harmed him by spreading around the story that he had mistreated his mother.*

far male — *to hurt.*
La testa mi fa un male terribile. *I have a terrible headache.*

guardar male qualcuno — *to glare at someone.*
Il fratellino la guardava male perchè lei gli aveva preso il camion giocattolo. *Her little brother was glaring at her because she had taken away his toy truck.*

meno male — *thank goodness.*
Meno male che sei venuto ad aiutarmi! Non ce l'avrei mai fatta da sola. *Thank goodness you came to help me! I could never have managed without you.*

mettersi male — *to take a bad turn.*
Le cose si mettono male; gli ordini sono diminuiti e i magazzini sono pieni di merci invendute. *Things are taking a bad turn; orders are down and the warehouses are full of unsold goods.*

niente male/mica male — *not bad!*

Il suo ragazzo è niente male! *Her boyfriend isn't bad at all!*

Non c'è male — *It could be worse.*

"Come va la salute?" "Non c'è male." *"How is your health?" "It could be worse."*

poco male — *a minor problem.*

"Ho dimenticato l'ombrello." "Poco male, ti impresto il mio." *"I forgot my umbrella." "A minor problem. I'll lend you mine."*

passarsela male — *to do poorly.*

Se la passa male da quando la ditta è fallita. *He's been doing poorly ever since the firm went bankrupt.*

prendersela a male — *to take something badly.*

Gli ho detto la verità e lui se l'è presa a male. *I told him the truth; he took it very badly.*

rimanerci male — *to be disappointed.*

Quando gli ho detto che non c'era più posto in macchina c'è rimasto male. *When I told him there was no room in the car he was disappointed.*

sentirsi male — *to feel sick.*

È rimasto a casa perchè si sentiva male. *He stayed home because he felt sick.*

star male — *(1) not right.*

Sta male che tu vada in giro a dire quelle cose. *It's not right that you go around saying those things.*

(2) to look bad.

Quel vestito ti sta male. *That dress looks bad on you.*

---

malora — *ruin*

andare in malora — *to go to ruin (pot).*

In poche settimane la società è andata in malora. *In a few weeks the business went to ruin (pot).*

mandare alla malora — *to tell someone to go to blazes.*

Se ti chiede ancora soldi in prestito, mandalo alla malora. *If he asks to borrow money from you again, tell him to go to blazes.*

---

mamma — *mommy*

come mamma l'ha fatto — *stark naked.*

S'è ubriacato al punto che andava in giro come mamma l'ha fatto. *He got so drunk that he went around stark naked.*

mancanza — *lack, want*
    sentire la mancanza di — *to miss someone.*
    Ho sentito moltissimo la mancanza di mia figlia quando per la prima
    volta è andata via da sola. *I really missed my daughter when she
    went away alone for the first time.*

mancare — *to be missing, wanting, lacking*
    Ci mancherebbe altro! — *Don't mention it!*
    "Se lei non fosse intervenuto mi avrebbero rubato il portafoglio. La
    ringrazio moltissimo!" "Ci mancherebbe altro!" *"If you hadn't
    intervened, they would've stolen my wallet. Thank you so much."
    "Don't mention it!"*

    Non ci mancava che questo! *This is the last straw! (This is all we need!)*

manco — *not even if*
    manco a dirlo — *of course.*
    Avevamo appuntamento per le 10 e, manco a dirlo, lui è arrivato in
    ritardo. *We had an appointment at 10, and of course, he came late.*

    Manco per sogno! — *Not even in your dreams!*

manica — *sleeve*
    di manica larga — *easy (indulgent).*
    È di manica larga: non l'ho mai visto dare un quattro. *He's easy
    (indulgent). I've never seen him give a failing grade.*

    di manica stretta — *strict.*
    È di manica stretta: dà sempre quattro a tutti le prime volte. *He's strict;
    he always gives everyone failing grades at first.*

    È tutto un altro paio di maniche! — *It's all another story!*

    essere nelle maniche di qualcuno — *to be in with someone.*
    Lei è nelle maniche di tutti i professori, anche se non è molto
    intelligente. *She's in with all the teachers, even though she isn't very
    smart.*

manichino — *dummy*
    essere (sembrare) un manichino — *to look very smart.*
    Era vestita di tutto punto, cappello e guanti inclusi: sembrava un
    manichino! *She had dressed up, hat and gloves included; she looked
    very smart.*

maniera — *manner*
  usare le maniere forti — *to strong-arm someone.*
  Sta' attento, che quello là è disposto a usare le maniere forti pur di
    vincere l'appalto. *Be careful, because he's willing to strong-arm you
    if he thinks he needs to do it to win the bid.*

---

manna — *manna*
  aspettare la manna dal cielo — *to wait for a miracle.*
  Perchè aspetti la manna dal cielo invece di reagire e cercare di fare da
    solo? *Why are you waiting for a miracle instead of reacting and
    trying to handle it by yourself?*

---

mano — *hand*
  a portata di mano — *within reach.*
  Preferisco tenere una torcia a portata di mano nel caso che manchi di
    nuovo la luce. *I prefer to keep a flashlight within reach in case the
    lights go off again.*

  alla mano — *simple.*
  Nonostante l'incarico che ricopre, è una persona alla mano. *Even with
    the position he holds, he's a simple person.*

  allungare le mani — *to grope.*
  Quel ragazzo non mi piace; allunga le mani con tutte le ragazze. *I don't
    like that boy; he gropes all the girls.*

  alzare le mani su qualcuno — *to lay hands on.*
  Non sopporto che si alzino le mani su un bambino che non sa difen-
    dersi. *I can't stand people who lay hands on a child who doesn't
    know how to defend himself.*

  avere le mani bucate — *for money to burn a hole in one's pockets.*
  Non gli basterebbero due stipendi; ha le mani bucate. *Two salaries
    wouldn't be enough for him; money burns a hole in his pocket.*

  avere le mani d'oro — *to have gifted hands.*
  Riesce a fare di tutto; ha le mani d'oro. *He can do everything; he's got
    gifted hands.*

  avere le mani in pasta — *to have a finger in the pie.*
  Chiedi consigli a lui che ha le mani in pasta! *Ask him for advice: he has
    a finger in the pie.*

avere le mani legate — *to have one's hands tied.*

Non posso fare niente per voi. Ho le mani legate. *I can't do anything for you. My hands are tied.*

avere le mani libere — *to get a free hand.*

Umberto ha le mani libere con i loro investimenti. Speriamo bene! *Umberto has got a free hand with their investments. Let's hope for the best!*

avere le mani lunghe — *(1) to be long-armed.*

Se vuoi aiuto chiedi a lui. Ha le mani lunghe e conosce gente dappertutto. *If you want help ask him; he is long-armed and knows people everywhere.*

(2) to be light-fingered.

Se sparisce qualcosa sappiamo chi ruba: lui è qui e ha le mani lunghe. *If something is missing we know who steals; he's here, and is light-fingered.*

avere le mani pulite — *to have nothing to be ashamed of.*

È l'unico che può dire di avere le mani pulite in questo affare. *He's the only one who can say he has nothing to be ashamed of in this business.*

cambiare di mano — *to change hands.*

Il ristorante va molto bene da quando ha cambiato di mano. *The restaurant has been doing fine since it changed hands.*

capitare fra le mani — *to come across.*

Non riesco più a trovare il libro; e pensare che ieri mi era capitato fra le mani. *I can't find the book; and to think that I just came across it yesterday.*

caricare la mano — *to overdo it (to exaggerate).*

Puniscilo, ma non caricare la mano; potresti ottenere l'effetto contrario. *Punish him, but don't overdo it (exaggerate); you could get the opposite result.*

con mano ferma — *with a firm hand.*

Ada educa i bambini con mano ferma, ma senza esagerare. *Ada raises the children with a firm hand, but without going too far.*

contro mano — *the wrong way.*

È andato contro mano e si è preso una multa. *He went the wrong way (on a one-way street), and got a ticket.*

dare una mano — *to give a hand.*
Non stare lì impalato! Dammi una mano a trasportare questo baule!
   Don't stand there like a jerk! Give me a hand to move this trunk!

dare una mano di bianco — *to give a coat of (white) paint.*
Se mi aiuti diamo una mano di bianco al soggiorno che ne ha proprio
   bisogno. *If you help me we can paint the living room; it needs it!*

darsi la mano — *to shake hands.*
Non si usa più darsi la mano? *Isn't it still customary to shake hands?*

di prima mano — *first-hand;*
È una notizia di prima mano; me l'ha detto la persona direttamente
   interessata. *It's first-hand news; the person involved told it to me
   personally.*

di seconda mano — *second-hand.*
Sono libri di seconda mano, ma sono ben tenuti. *They're second-hand
   books, but they're in good condition.*

essere alla mano — *to be approachable, easygoing.*
Certo che puoi parlargli del tuo progetto. È un tipo molto alla mano.
   *Sure, you can talk to him about your project. He's very
   approachable.*

essere in buone mani — *to be in good hands.*
L'avvocato Grassi è un fiscalista esperto: siete in buone mani. *Mr.
   Grassi is an expert tax lawyer. You're in good hands.*

farci la mano — *to get used to.*
È un lavoro difficile, ma ci farai la mano e diventerai sveltissimo.
   *It's difficult work, but you'll get used to it, and will get to be quick
   at it.*

fare man bassa — *(1) to grab everything (all).*
Quando si è reso conto che volevo disfarmi dei libri, ha fatto man
   bassa di tutto e se li è portati via. *When he realized that I wanted to
   get rid of my books he grabbed them all and took them away.*
(2) to pillage.
Aveva talmente fame che ha fatto man bassa di tutto; non c'è più
   niente da mangiare. *He was so hungry that he pillaged everything;
   there's nothing left to eat.*

fregarsi le mani — *to congratulate oneself on one's good luck.*
Il suo rivale in affari è stato arrestato per truffa. Si frega le mani dalla
   contentezza. *His rival in business was arrested for grand larceny.
   He's congratulating himself on his good luck.*

fuori mano — *out-of-the-way.*

È una bella casa, ma è un po' fuori mano: non c'è nessun mezzo pubblico che arrivi fino là. *It's a nice house, but it's a little out-of-the-way; no public transportation goes out there.*

largo di mano — *generous.*

È stato troppo largo di mano con il figlio; adesso è uno spendaccione. *He was too generous with his son; now he's a spendthrift.*

lavarsene le mani — *to wash one's hands of.*

Sono stanca di occuparmi della questione per niente. D'ora in poi me ne laverò le mani. *I'm tired of following this matter for nothing; from now on I'm washing my hands of it.*

lesto di mano — *light-fingered.*

È simpatico, ma lesto di mano; se non stai attento ti porterà via qualcosa. *He's nice, but light-fingered; if you're not careful he'll steal something from you.*

man mano/mano a mano — *little by little.*

Abbi pazienza: man mano vedrai che riuscirai ad imparare a suonare il piano. *Be patient; little by little, you'll learn how to play the piano.*

mani di burro (di pasta frolla) — *butter-fingers.*

Ha rotto l'unico bel vaso che avevo, con quelle sue mani di burro. *He broke the only nice vase I had; what a butter-fingers.*

mani di fata — *(1) beautiful hands.*

Non ha bisogno di portare gioielli, con quelle mani di fata; sono bellissime così. *She doesn't have to wear jewelry; she has beautiful hands. They're just fine the way they are.*

(2) to do beautiful work with one's hands.

Fa dei ricami meravigliosi con quelle sue mani di fata. *She does beautiful embroidery with her hands.*

menare le mani — *to fight.*

Non discutere con lui: è sempre pronto a menar le mani. *Don't argue with him; he's always ready for a fight.*

mettere la mano sul fuoco — *to speak for someone.*

Lo conosco bene; è una persona onesta e metterei la mano sul fuoco per lui. *I know him well; he's an honest person, and I can speak for him.*

mettere le mani avanti — *to safeguard oneself.*

Se fossi in te metterei le mani avanti e chiederei più tempo per fare
    quel lavoro. *If I were you, I'd safeguard myself; I would ask for more
    time to complete that job.*

mettere le mani su — *(1) to lay one's hands on.*

Se metto le mani addosso a quel lestofante, mi faccio ridare tutti i
    soldi. *If I can lay my hands on that knave, I'll force him to give me all
    the money back.*
(2) to lay hands on.

Finalmente hanno messo le mani sui documenti che provano che la
    terra appartiene a loro. *Finally they laid their hands on the
    documents that prove they own the land.*

mettersi le mani nei capelli — *to throw up one's hands.*

Quando ho visto tutti i vetri rotti mi sono messo le mani nei capelli. A
    parte il danno ci toccava passare la notte così. *When I saw all the
    broken glass, I threw up my hands. Besides the damage, we were
    forced to spend the night like that!*

mettere mano a — *to put one's hand to.*

Finalmente abbiamo messo mano a quel lavoro che avevamo in pro-
    getto da tanto tempo. *We finally put our hand to that job which we
    planned so long ago.*

mettersi nelle mani di qualcuno — *to place one's trust in someone.*

Non sappiamo più a chi rivolgerci, perciò ci mettiamo nelle tue mani!
    *We don't know who to turn to anymore, so we're placing our trust in
    you!*

mordersi le mani — *to kick oneself.*

Mi morderei le mani per non aver comprato quel vestito; adesso non
    ce l'hanno più. *I could kick myself for not buying that dress; now it's
    gone.*

perdere la mano — *to lose one's touch.*

Sapevo fare la maglia molto bene, ma è tanto che non lavoro più e ho
    perso la mano. *I knew how to knit well, but I haven't done it for a
    long time, and I've lost my touch.*

prenderci la mano — *to get out of hand.*

Cerco di trattenere mio figlio, ma spesso mi prende la mano e finisce
    per fare quello che vuole. *I try to control my son, but he often gets
    out of hand and ends up doing whatever he wants.*

prendere con le mani nel sacco — *to catch someone red-handed.*
Abbiamo preso il ragazzo con le mani nel sacco mentre stava
scavalcando il muro per entrare in casa dei vicini. *We caught the boy
red-handed, while he was climbing over the wall to get into the
neighbors' house.*

prendere in mano — *to take charge of.*
Mi sono decisa a prendere in mano il lavoro personalmente perchè
mio padre non era più in grado di farlo. *I decided to take charge of
the work personally because my father was no longer able to do it.*

rimanere a mani vuote — *to be left empty-handed.*
Tutti ci hanno guadagnato; solo lui è rimasto a mani vuote. *Everybody
earned something; only he was left empty-handed.*

sfuggire di mano — *(1) to slip through one's fingers.*
L'affare mi è sfuggito di mano perchè mi son fidato troppo di voi. *The
deal slipped through my fingers because I trusted you too much.*
(2) to go by.
Non mi lascerò sfuggire di mano questa occasione. *I won't let this
occasion go by.*
(3) to get out of hand.
La partita di calcio è sfuggita di mano all'arbitro quando due giocatori
hanno incominciato a darsele. *The soccer game got out of hand for
the referee when two players came to blows.*

sporcarsi le mani — *to be corrupted.*
In questo ambiente è difficile non sporcarsi le mani. *In this
environment it's difficult not to be corrupted.*

stare con le mani in mano — *to twiddle one's thumbs.*
Non fa niente dal mattino alla sera; se ne sta con le mani in mano a
guardare la gente che passa. *He doesn't do anything all day long; he
twiddles his thumbs and watches the people going by.*

tendere la mano — *to lend a hand.*
Quando eravamo a terra, Pietro ci ha teso la mano. Non sarò io a
parlar male di lui. *When we were down and out, Pietro lent us a
hand. I won't be the one who says bad things about him.*

toccare con mano — *(1) to see something with one's own eyes.*
Non ci credo se non lo tocco con mano. *I won't believe it if I don't see it
with my own eyes.*
(2) to realize.
Sposala e potrai toccare con mano cosa vuol dire vivere in due. *Marry
her and you'll realize what it means to live with somebody.*

156

venire alle mani — *to come to blows.*
Avevo paura che venissero alle mani tanto erano arrabbiati. *I was afraid they'd come to blows they were so angry.*

vincere a mani basse — *to win hands down.*
Ha vinto il torneo a mani basse. *He won the tournament hands down.*

---

mantice — *bellows*
soffiare come un mantice — *to huff and puff.*
Sono arrivata in cima alla montagna, ma soffiavo come un mantice. *I got to the top of the mountain, but I was huffing and puffing.*

---

marcia — *march*
fare marcia indietro — *to back down (out).*
Ha minacciato di dire tutto al capo, ma alla fine ha fatto marcia indietro. *He threatened to tell the boss everything, but eventually he backed down.*

mettersi in marcia — *to start out.*
Mettiamoci in marcia, altrimenti faremo tardi. *Let's start out, or we'll be late.*

---

mare — *sea*
cercare per terra e per mare — *to look high and low for.*
Ho cercato quella cravatta per terra e pet mare, ed eccola qui appesa nell'armadio. *I looked high and low for that tie, and here it is right in my closet.*

essere in alto mare — *to be all at sea.*
Sono in alto mare da quando il mio socio è partito per le vacanze. *I'm all at sea since my partner went away on vacation.*

muovere mar e monti — *to move heaven and earth.*
Ha dovuto muovere mari e monti per poter ottenere quella pensione. *He had to move heaven and earth to get that pension.*

promettere mari e monti — *to promise the moon and the stars.*
Mi promise mari e monti purché lo sposassi. *He promised me the moon and the stars if I married him.*

un mare di guai — *a sea of troubles.*
S'è cacciato in un mare di guai. *He's gotten himself into a sea of troubles.*

---

massimo — *maximum*
  sfruttare al massimo — *to make the most of.*
  Ha sfruttato al massimo le sue conoscenze per costruirsi una solida
      posizione economica. *He made the most of his connections to create
      a sound position for himself.*

masticare — *to chew*
  masticare qualcosa — *(1) to mumble something.*
  Non ho capito che cosa volesse; ha masticato qualcosa tra i denti e poi
      se n'e andato sbattendo la porta. *I didn't get what he wanted; he
      mumbled something and then went out slamming the door behind
      him.*
  (2) to have a smattering of something.
  Mastico un po' d'inglese, ma non lo capisco bene. *I have a smattering
      of English, but I don't understand it very well.*

matassa — *coil*
  arruffare (imbrogliare) la matassa — *to confuse the issue.*
  Ha cambiato idea cento volte e ha imbrogliato talmente la matassa
      che non se ne capisce più niente. *He changed his mind a hundred
      times, and he confused the issue so much that no one understands
      anything anymore.*
  dipanare (sbrogliare) la matassa — *to unravel a difficulty.*
  Mi hai mollato la dichiarazione dei redditi perchè è molto complicata
      e adesso devo dipanare la matassa. *You dumped the tax return
      on me because it's complicated, and now I have to unravel the
      problem.*

mattatore — *slaughterman*
  fare il mattatore — *to steal the show.*
  Chissà perchè, ad ogni riunione con più di tre persone si sente in
      dovere di fare il mattatore. *I wonder why he feels the urge to steal the
      show whenever three or more people are gathered.*

matto — *mad*
  come un matto — *like anything (like mad).*
  Corre sempre come un matto. *He's always running like anything (like
      mad).*

dare fuori di matto — *to fly off the handle.*
Dà fuori di matto per un nonnulla: nessuno la sopporta più. *She flies off the handle for no reason; no one can stand her anymore.*

matto da legare — *mad as a hatter.*
Non gli devi credere, è matto da legare. *Don't believe him; he's mad as a hatter.*

sgobbare come un matto — *to work like a beaver.*
È una bella casa, ma mi tocca sgobbare come un matto per tenerla in ordine. *It's a nice house, but I have to work like a beaver to keep it clean.*

---

mattone — *brick*
che mattone! — *what a bore!*
Che mattone! Quando finisce questo spettacolo? *What a bore! When will this show be over?*

un vero mattone — *a bore.*
Sarà colto e intelligente, ma è un vero mattone. *He may be cultured and intelligent, but he's a bore.*

---

me — *me*
fra me e me (te e te, sè e sè, ecc.) — *to myself.*
Pensavo tra me e me che lei aveva torto, ma non ho avuto il coraggio di dirglielo. *I thought to myself that she was wrong, but I didn't have the heart to tell her.*

---

meglio — *best*
alla meglio — *somehow*
Vedi alla bell'e meglio.

andare per il meglio — *to go well.*
Ero molto preoccupato, ma tutto è andato per il meglio. *I was very worried, but everything went well.*

avere la meglio — *to get the better of.*
È stato un incontro molto equilibrato, ma alla fine il pugile più esperto ha avuto la meglio. *It was a very balanced match, but in the end the more expert boxer got the better of the other.*

fare del proprio meglio — *to do one's best.*
Farò del mio meglio per aiutarti. *I'll do my best to help you.*

memoria — *memory*

    a memoria d'uomo — *within living memory.*

    Non si era mai vista un'inondazione così a memoria d'uomo. *A flood such as this had not been seen within living memory.*

---

menadito — *perfectly*

    conoscere a menadito — *to know like a book.*

    Vieni con me; conosco questo quartiere a menadito. *Come with me; I know this neighborhood like a book.*

---

meno — *less*

    a meno che — *unless.*

    Verrò, a meno che non piova. *I'll come, unless it rains.*

    essere da meno di qualcuno — *to be less than someone.*

    Tu sei molto brava con il computer, ma lui non è da meno. *You're very good with computers, but he is no less so.*

    fare a meno di — *to do without.*

    I distributori sono tutti chiusi; vuol dire che dovremo fare a meno dell'automobile. *All the gas stations are closed; I guess we'll have to do without our car.*

    in men che non si dica — *in less than no time.*

    Sarò pronto in men che non si dica. *I'll be ready in less than no time.*

    men che mai — *never.*

    "Non vorrai andare sul ghiacciaio da solo?" "Men che mai!" *You're not going onto the glacier by yourself?" "Never!"*

    per lo meno (quanto meno) — *at least.*

    Il danno è fatto, ma per lo meno ti ha chiesto scusa. *The damage is done, but at least she apologized to you.*

    venir meno — *(1) to fail.*

    Gli venne meno il coraggio di dirle la verità. *He wanted to tell her the truth, but his courage failed him.*

    (2) to back out.

    È venuta meno alla sua promessa di aiutarlo a pagare i debiti. *She backed out of her promise to help him pay his debts.*

---

mente — *mind*

    a mente fredda — *coldly.*

    A mente fredda, devo dire che mi hanno giocato con molta abilità. *Considering it coldly, I must admit that I was very ably fooled.*

far mente locale — *to concentrate.*
Se fai mente locale, vedrai che capirai il problema. *If you concentrate,
   you'll see that you'll understand the problem.*

ficcarsi in mente — *to get into one's head.*
Ficcati bene in mente che qui comando io. *I'm the boss here; get it into
   your head.*

saltare in mente — *to get a sudden urge to.*
Cosa ti è saltato in mente di invitare Paola alla festa? Non la voglio fra
   i piedi. *Why did you get a sudden urge to invite Paula to the party? I
   don't want her around.*

sano di mente — *in one's right mind.*
Nessuna persona sana di mente avrebbe detto tutte quelle
   sciocchezze. *No one in his right mind would have said all those
   absurdities.*

togliersi qualcosa dalla mente — *to put something out of one's mind.*
Vuoi che ti compri una Mercedes? Toglitelo dalla mente! *Do you want
   me to buy you a Mercedes? Put it out of your mind!*

venire in mente — *to cross one's mind.*
L'idea non mi è mai venuta in mente. *The thought never crossed my
   mind.*

---

mentre — *while*
   in quel mentre — *at that very moment.*
   In quel mentre le nubi si scostarono ed apparve il sole. *At that very
      moment the clouds moved away and the sun reappeared.*

---

mercato — *market*
   a buon mercato — *cheap.*
   Ho comprato un bel paio di scarpe a buon mercato. *I bought a good
      pair of shoes at a cheap price.*

---

merito — *merit*
   in merito a — *regarding.*
   Non hanno parlato in merito alla questione delle spese di
      riscaldamento, ma lo faranno alla prossima riunione. *They didn't say
      anything regarding the question of heating expenses, but they will at
      the next meeting.*

161

messinscena — *staging*

  una messinscena — *an act.*

  Non commuoverti perchè piange come una fontana: è tutta una messinscena. *Don't be moved because she's crying like a baby; it's all an
  act.*

---

messo — *put*

  ben messo — *in great shape.*

  Il bambino era molto magro dopo la malattia, ma adesso è proprio
  ben messo. *The child was very thin after his illness, but now he's in
  great shape.*

  Sono rimasto senza benzina lontano da qualunque centro abitato.
  Adesso sì che sono ben messo! *I have run out of gas in the middle of
  nowhere. I'm in great shape!*

  mal messo — *down at the heels, badly off.*

  Era talmente mal messo che ho fatto fatica a riconoscerlo. *He was so
  down at the heels that I could hardly recognize him.*

---

mestiere — *trade*

  essere del mestiere — *to be an expert.*

  Ti avevo detto di farlo fare a lui che è del mestiere. Guarda che pasticcio hai combinato. *I told you to get him to do it; he's an expert.
  Look what a mess you made!*

  fare tutti i mestieri — *to be a jack of all trades.*

  Paolo ha fatto tutti i mestieri nella vita, persino il domatore di leoni.
  Paolo has really been a jack of all trades. He was even a lion tamer.

  gli incerti del mestiere — *the risks of the trade.*

  Non ti hanno ancora pagato un anno dopo che hai finito la casa? Eh,
  sono gli incerti del mestiere. *They haven't paid you yet, a year after
  you finished building their house? It's the risks that come with the
  trade.*

  rubare il mestiere — *to steal someone's trade.*

  Perchè stai lì a guardare l'elettricista mentre aggiusta il televisore?
  Vuoi rubargli il mestiere? *Why are you standing there looking over
  the electrician's shoulder while he repairs the TV? Do you want to
  steal his trade?*

metà — *half*

a mezzo — *of means.*

fare a metà — *to go 50-50.*

Facciamo a metà e non parliamone più. *Let's go 50-50 and settle it once and for all.*

la propria metà — *one's better half.*

Non posso prendere impegni senza chiedere prima alla mia metà: mio marito è sempre così occupato! *I can't make a date without asking my better half first; my husband is always so busy!*

---

mettere — *to put*

Come la mettiamo? — *What are we going to do about it?*

Ti avevo detto di non usare quei soldi; erano di riserva. E adesso come la mettiamo? *I told you not to use that money; it was meant for emergencies. Now tell me what we're going to do about it.*

mettercela tutta — *(1) to bend over backward.*

Ce l'hanno messa tutta per aiutarlo. *They bent over backward to help him.*

(2) to do one's best (to put one's back to something).

Ce l'ha messa tutta, ma non è riuscito a ottenere il posto. *He did his best, but didn't succeed in getting the job.*

mettersi bene — *for things to move in the right direction.*

Le cose si mettono bene per noi: abbiamo avuto un profitto del 20%. *Things are moving in the right direction for us. We made a 20% profit.*

---

mezzo — *means, way, half, middle*

a mezzi — *of means.*

È una persona a mezzi. *He's a person of means.*

andarci di mezzo — *(1) to be at stake.*

Bisogna impegnarsi al massimo; ne va di mezzo il nostro futuro. *We have to do our very best; our future is at stake.*

(2) to suffer the consequences.

È lui che truffa i clienti, ma è lei che ci va di mezzo. *He's the one who cheats the clients, but she's the one who suffers the consequences.*

gettare in mezzo a una strada — *to abandon.*

Si è innamorato di un'altra e ha gettato moglie e figli in mezzo a una strada, senza una lira per mangiare. *He fell in love with another woman and abandoned his wife and children, without a cent.*

il giusto mezzo — *a happy medium.*

Non devi mangiare nè troppo, nè troppo poco; per stare in buona
salute devi scegliere il giusto mezzo. *You mustn't eat too much nor
too little; to stay healthy you have to find a happy medium.*

levarsi di mezzo — *to get out of the way.*

Si levi di mezzo con quella macchina; non vede che intralcia il traffico?
Get that car out of the way; can't you see you're blocking traffic?

mettersi di (in) mezzo — *to interfere.*

Si mettono sempre in mezzo e tutto quello che ottengono è di
complicare le cose. *They're always interfering, and all that they
accomplish is to complicate matters further.*

nel bel mezzo di — *in the midst of.*

Sono capitata nel bel mezzo di un litigio furioso tra Emma e suo
marito. *I happened to arrive when Emma and her husband were in
the midst of a furious quarrel.*

togliere di mezzo — *to bump off.*

La mafia ha tolto di mezzo quel prete perchè cercava di aiutare la
polizia. *The mafia bumped off that priest because he was trying to
help the police.*

---

midollo — *marrow*

fino al midollo — *to the bone.*

Il ragazzo si è bagnato fino al midollo nella pioggia. *The boy got
soaked to the bone in the rain.*

---

miglio — *mile*

lontano mille miglia — *miles apart.*

I nostri punti di vista sono lontani mille miglia. *Our points of view are
miles apart.*

---

mina — *mine*

una mina vagante — *a time bomb.*

Il problema del sangue contaminato è una mina vagante per l'ammi-
nistrazione. *The problem of the contaminated blood is a time bomb
for the administration.*

---

minestra — *soup*

O mangiar questa minestra o saltar dalla finestra. *Beggars can't be
choosers. (Take it or leave it).*

una minestra riscaldata — *old hat.*
Hai raccontato quella storia dieci volte; è una minestra riscaldata.
You've told that story ten times; it's old hat.

---

minuto — *minute*
spaccare il minuto — *to be on the dot.*
È meglio che tu vada adesso, perchè lui spacca sempre il minuto e non
gli piace aspettarc. *You'd better go now, for he's always on the dot
and he doesn't like to wait.*

---

minuto — *extremely small*
al minuto — *retail.*
Queste pesche costano 50 centesimi all'ingrosso al chilo, e 6 euro al
minuto! *These peaches cost 50 cents a kilo wholesale, and 6 euros
retail!*

---

mira — *aim*
abbassare la mira — *to lower one's sights.*
Era molto ambizioso, ma dopo aver perso tutti quei soldi ha dovuto
abbassare la mira. *He was very ambitious, but after losing all that
money he had to lower his sights.*

avere delle mire su qualcuno — *to have designs on someone.*
Ha delle mire su di lei perchè è molto ricca. *He has designs on her
because she's very rich.*

prendere di mira — *to have it in for someone.*
Da quando il mio professore mi ha preso di mira devo essere sempre
preparato; mi interroga tutte le mattine. *Since my professor has it in
for me I always have to be prepared; he quizzes me every morning.*

---

mistero — *mystery*
non fare mistero — *to make no bones.*
Credevo che si vergognasse perchè non gli è andata bene, ma non
ne fa mistero con nessuno. *I thought he would he ashamed because it
didn't go well for him, but he makes no bones about it with
anyone.*

---

misura — *measure*
fatto su misura — *made to order.*
Era destino che si sposassero; sono fatti su misura l'uno per l'altro.
*They were bound to get married; they are made to order for each
other.*

passare la misura — *to go too far.*
Accusandolo di furto hai veramente passato la misura. *You really went too far by accusing him of theft.*

moda — *fashion*
alla moda (di moda) — *in fashion, all the rage.*
Che noia le persone che vogliono essere alla moda ad ogni costo! *How boring all those people who have to be in fashion (all the rage) at all costs!*

fuori moda — *out of fashion.*
I suoi vestiti sono fuori moda. *Her clothes are out of fashion.*

modestia — *modesty*
modestia a parte — *in all modesty.*
Modestia a parte, non è stata una cosa da poco. *In all modesty, it wasn't an everyday thing.*

modo — *way*
a modo — *well-mannered.*
Sapessi quanto ti invidio i tuoi figli: sono così a modo! *I really envy you; your children are so well-mannered!*

esserci modo e modo — *for there to be a right way and a wrong way.*
C'è modo e modo di dire di no. *There's a right way and a wrong way of saying no.*

fare in modo — *to manage to.*
È riuscito a fare in modo da rovinarmi le vacanze con quel maledetto giradischi. *He managed to wreck my vacation with that loud record player.*

in malo modo — *discourteously.*
Mi ha cacciato di casa in malo modo. *He threw me out discourteously.*

in ogni modo — *anyway*
Non so se potrò venire; in ogni modo ti avviserò per tempo. *I don't know if I'll be able to come; anyway I'll let you know in due time.*

per modo di dire — *so to speak.*
"È vero che sono andati sul Monte Bianco?" "Beh, per modo di dire. Ci sono andati in elicottero." *"Is it true they went to the top of Mont Blanc?" "Well, so to speak. They went by helicopter."*

vederla allo stesso modo — *to see eye-to-eye.*
È inutile, non la vedremo mai allo stesso modo. *It's useless; we'll never see eye-to-eye.*

molla — *spring*
prendere con le molle — *to handle with kid gloves.*
Alla riunione hai sollevato una questione spinosa che va presa con le molle. *At the meeting you raised a thorny issue which must be handled with kid gloves.*

momento — *moment*
da un momento all'altro — *any time now.*
Non te ne andare: tuo fratello dovrebbe arrivare da un momento all'altro. *Don't go away; your brother should be here any time now.*

mondo — *world*
andare all'altro mondo — *to kick the bucket.*
Gli hanno sparato e il vecchio cowboy se n'è andato all'altro mondo. *They shot him and the old cowboy kicked the bucket.*

caschi il mondo — *no matter what.*
Caschi il mondo, stasera ti vengo a prendere ed andiamo a teatro. *No matter what, tonight I'll pick you up and take you to the theater.*

cose dell'altro mondo! — *unbelievable!*
Siamo a giugno e fa ancora freddo; cose dell'altro mondo! *It's June and it's still cold; unbelievable!*

dacchè mondo è mondo — *from time immemorial (and therefore there's nothing one can do about it).*
Dacchè mondo è mondo, cani e gatti non vanno d'accordo. *From time immemorial, cats and dogs have not gotten along.*

il bel mondo — *high society.*
Non mi interessa il bel mondo. *I'm not interested in high society.*

mandare qualcuno all'altro mondo — *to kill someone.*
I poliziotti hanno mandato il rapinatore all'altro mondo senza pensarci due volte. *The policemen killed the robber without thinking twice.*

un mondo — *a lot.*
Alla tua festa mi sono divertito un mondo. *I had a world of fun at your party.*

vivere nel mondo dei sogni — *to have one's head in the clouds.*
Non ha nessun senso pratico; vive nel mondo dei sogni e non rea-
lizzerà mai niente. *He has no practical sense; he has his head in the
clouds and will never amount to anything.*

vivere nel mondo della luna — *(1) to live in a nonexistent world.*
Ha 20 anni, ma è immaturo; vive ancora nel mondo della luna. *He's 20,
but he's immature; he still lives in a nonexistent world.*
(2) a gleam in one's father's eye.
Quando papà e mamma fecero quel viaggio eri ancora nel mondo
della luna. *When daddy and mommy went on that trip you were still
a gleam in your father's eye.*

moneta — *coin*
ripagare qualcuno della stessa moneta — *to repay someone in his/her
own coin.*
Lui mi ha soffiato tanti affari sotto il naso, ma questa volta sono
riuscita a ripagarlo della stessa moneta. *He stole so many deals from
under my nose, but this time I succeeded in repaying him in his own
coin.*

montagna — *mountain*
la montagna ha partorito il topolino — [*to do*] *God knows what.*
Hai piantato tanto casino e poi hai solo mandato una letteraccia. La
montagna ha partorito il topolino. *You threatened God knows what
and then all you did was to send them an angry letter.*

monte — *mount*
andare a monte — *to go by the board.*
A causa della sua malattia i nostri progetti per le vacanze andarono a
monte. *Because of his illness our vacation plans went by the board.*

mandare a monte — *to mess up.*
Lo sapevo! Hai detto a Giovanni dei nostri programmi ed è riuscito a
mandare a monte tutto! *I knew it! You told John about our plans,
and he managed to mess up everything!*

morire — *to die*
da morire — *terribly.*
Sono stanco da morire, ma ti porto al cinema se vuoi. *I'm terribly tired,
but I'll take you to the movies if you want.*

morir dal ridere — *to die laughing.*
Il suo modo di raccontare mi fa morir dal ridere. *His way of telling
stories makes me die laughing.*

morire sul nascere — *to die (wither) on the vine.*
Lei ha sempre tanti bei progetti, ma muoiono tutti sul nascere.
*She comes up with nice projects all the time, but they all die on the
vine.*

Peggio di così si muore. *You couldn't do worse even if you tried.*

morte — *death*

avercela a morte con qualcuno — *to hate someone's guts.*
Non sono mai riuscito a capire perchè ce l'ha a morte con me; non gli
ho mai fatto niente. *I've never understood why he hates my guts; I've
never done anything to him.*

ogni morte di papa — *once in a blue moon.*
Ci consideriamo buoni amici, anche se ci vediamo ogni morte di papa.
*We consider ourselves good friends even if we see each other once in
a blue moon.*

morto e sepolto (sotterrato) — *dead and buried.*
L'unico che conosceva la verità era suo nonno, ma ormai è morto e
sotterrato, e non la sapremo mai. *The only one who knew the truth
was his grandfather, but now he's dead and buried, and we'll never
find out.*

mosca — *fly*

Non farebbe male a una mosca. *He wouldn't hurt a fly.*

saltare la mosca al naso — *to get upset.*
Le salta la mosca al naso per un nonnulla. *She gets upset over nothing.*

sentire volare una mosca — *to hear a pin drop.*
Quando Piero si alzò per parlare tutti tacquero; non si sentiva volare
una mosca. *When Peter stood up to speak everyone was silent; you
could have heard a pin drop.*

una mosca bianca — *a great rarity.*
Una persona buona e gentile come lei è rara come una mosca bianca.
A good, gentle person like her is a great rarity.

mostra — *show*

mettersi in mostra — *to show off.*

Non perde una occasione per mettersi in mostra. *She doesn't miss a chance to show off.*

moto — *motion*

mettere qualcosa in moto — *to get something going.*

Una volta messo in moto, l'ufficio funzionerà da sè. *Once we get it going, the office will work by itself.*

muffa — *mold*

fare la muffa — *(1) to gather dust.*

Perchè non riprendi a suonare il violino? È lì che fa la muffa da anni. *Why don't you start playing the violin again? It's been gathering dust for years.*

(2) to grow mouldy.

Ragazzi, perché state lì a fare la muffa? Andate a fare un giro, fate una partita a calcio, fate qualcosa, insomma! *Boys, if you keep on sitting there you'll grow mouldy! Take a walk, play soccer, do something, anything!*

mulino — *mill*

combattere con i mulini a vento — *to tilt at windmills.*

Non c'è niente da fare. Opporti sarebbe come combattere con i mulini a vento. *You can't do anything about it. Opposing it would be like tilting at windmills.*

parlare come un mulino a vento — *to talk the hind leg off a donkey.*

Se vai di fretta non fermarti a chiacchierare con lei: parla come un mulino a vento. *If you're in a hurry don't stop to chat with her; she'll talk the hind leg off a donkey.*

muro — *wall*

parlare al muro — *to speak to a brick wall.*

Dovrei aver capito prima che era inutile; parlare con lui è come parlare al muro. *I should have realized sooner that it was useless; talking to him is like speaking to a brick wall.*

musica — *music*

   cambiar musica — *to change one's tune.*

   Brontola sempre; vorrei che cambiasse musica. *He's always complaining; I wish he'd change his tune.*

   la solita musica — *the same old story.*

   Ogni volta è la solita musica: scuse, scuse, scuse. *Every time it's the same old story: excuses, excuses, excuses.*

muso — *muzzle*

   fare il muso — *to make a face.*

   Quando non le piace qualcosa fa subito il muso. *When she doesn't like something she makes a face.*

muto — *mute*

   muto come un pesce — *not to speak a word.*

   Non lo invito più; si siede a tavola e poi sta muto come un pesce. *I won't invite him anymore; he sits down at the table and doesn't speak a word.*

naftalina — *mothballs*

   tenere in naftalina — *to keep under lock and key.*

   Non ci ha mai presentato la sua ragazza. È così geloso che la tiene in naftalina! *He's never introduced us to his girlfriend. He's so jealous he keeps her under lock and key!*

nascere — *to be born*

   stroncare qualcosa sul nascere — *to nip something in the bud.*

   Stavano per lanciare la sua candidatura come presidente, ma lo scandalo ha stroncato la cosa sul nascere. *They were about to launch his candidacy for the presidency, but the scandal nipped it in the bud.*

nascosto — *hidden*

   di nascosto — *on the sly.*

   Quei ragazzi fumano di nascosto al parco. *Those boys smoke on the sly in the park.*

---

naso — *nose*

   arricciare il naso — *to turn up one's nose.*

   Forse non è una proposta ideale, ma in mancanza di meglio, non arriccerei certo il naso. *Maybe it's not an ideal offer, but for the lack of anything better, I certainly wouldn't turn up my nose at it.*

   avere buon naso — *to know the score (to have a keen judgment).*

   Ti puoi fidare di lui; ha buon naso. *You can trust him; he knows the score (has a keen judgment).*

   bagnare il naso a qualcuno — *to top someone.*

   Mario si allena come un disperato, ma Bruno gli bagna sempre il naso. *Mario trains like a madman, but Bruno tops him every time.*

   farle sotto il naso — *right out from under.*

   Sapevo che avrebbe tentato di rubarmi il posto e me l'ha fatta sotto il naso, senza che me ne accorgessi. *I knew he'd try to steal my place, and he did it right out from under me without my noticing it.*

   ficcare il naso — *(1) to nose around.*

   Non ficcare il naso nei miei affari! *Don't nose around in my business!*
   (2) to mind.

   Ficca il naso negli affari tuoi. *Mind your own husiness.*

   menare per il naso — *to lead around by the nose.*

   Lui è innamorato di lei, e non capisce che lei lo sta menando per il naso. *He's in love with her, and doesn't realize she's leading him around by the nose.*

   non ricordarsi dal naso alla bocca — *to forget in no time.*

   È inutile domandare a Pietro se abbiamo pagato quella fattura. Non si ricorda dal naso alla bocca! *It's no use asking Pietro if we paid that invoice. He forgets everything in no time.*

   non vedere più in là del proprio naso — *not to see beyond the end of one's nose.*

   Non chiederle consigli; non vede più in là del suo naso. *Don't ask her for advice; she can't see beyond the end of her nose.*

proprio sotto il naso — *right in front of one's nose.*
Ma guarda! L'ho cercato dappertutto e stava proprio qui sotto il naso.
How about that! I've hunted high and low for it and it was right in front of my nose.

restare con un palmo di naso — *to be left dumbfounded.*
Mentre lui non guardava gli hanno rubato la moto e lui è rimasto con un palmo di naso. *While he wasn't looking they stole his motorbike and he was left dumbfounded.*

sbattere il naso in qualcuno — *to bump into somebody.*
Indovina in chi ho sbattuto il naso stamattina. Nel presidente in persona! *Guess who I bumped into today. The president in person!*

Natale — *Christmas*
durare da Natale a Santo Stefano — *to last from Christmas to St. Stephen's Day (December 26) (i.e., no time at all).*
Guarda queste scarpe! Sono fatte così male che sono durate da Natale a Santo Stefano. *Look at these shoes! They're so poorly made that they're falling apart in no time.*

nato — *born*
nato e sputato — *the spitting image.*
Il bambino è suo nonno nato e sputato. *The baby is the spitting image of his grandfather.*

natura — *nature*
in natura — *in kind.*
Sei un bravo pittore; se vuoi ringraziarmi per quel favore, pagami in natura. *You're a good painter; if you want to thank me for the favor I did for you, pay me with one of your paintings.*

negato — *denied*
essere negato — *to be hopelessly bad.*
Perchè si ostina a suonare il pianoforte? È proprio negata. *Why does she stubbornly keep on playing the piano? She's hopelessly bad.*

neo — *mole*
un neo — *a fly in the ointment.*
L'unico neo nei suoi rapporti con i soci era la sua mancanza di esperienza. *In his relationship with his partners the only fly in the ointment was his lack of experience.*

nero — *black*
  essere nero — *to be in a bad mood.*
  Chissa perchè è così nero oggi; non ce n'è ragione. *Who knows why he's in such a bad mood today; he doesn't have any reason to be.*

  in nero — *in the black.*
  Vedi in attivo.

  mettere nero su bianco — *to put in black and white (in writing).*
  Nel contratto abbiamo messo tutta nero su bianco. *In the contract we put everything in black and white (in writing).*

  nero — *secret because illegal.*
  Hanno scoperto che la società aveva dei conti neri in Svizzera con i quali finanziava i partiti politici illegalmente. *They discovered that the firm had secret accounts in Switzerland which it used to finance the political parties illegally.*

  nero come la pece — *pitch black.*
  I suoi capelli sono neri come la pece. *Her hair is pitch black.*

nervo — *nerve*
  avere i nervi [a fior di pelle] — *to be a bundle of nerves.*
  Lascialo stare: non vedi che ha i nervi [a fior di pelle]? *Leave him alone; don't you see he's a bundle of nerves?*

  avere i nervi a pezzi — *to be on the verge of a nervous breakdown.*
  È meglio che non le racconti quello che è successo: ha già i nervi a pezzi. *You'd better not tell her what happened; she's already on the verge of a nervous breakdown.*

  dare ai nervi — *to get on one's nerves.*
  Il suo continuo chiacchierare mi dà ai nervi. *Her constant chatting gets on my nerves.*

nervoso — *irritable*
  venire il nervoso — *to irritate someone.*
  Mi viene il nervoso quando ti vedo lì a far niente, tu che hai tante doti. *It irritates me to see you doing nothing when you have so many talents.*

neve — *snow*
  montare i bianchi a neve — *to whip egg whites.*
  Il segreto di un buon soufflé è montare bene i bianchi a neve. *The secret of a good soufflé is to whip the egg whites very well.*

nido — *nest*

  abbandonare il nido — *to leave home.*
  Era ora che abbandonasse il nido; ha trentacinque anni. *It was about time he left home; he's thirty-five years old.*

niente — *nothing*

  da niente — *(1) not important.*
  Lascia perdere, è una cosa da niente. *Forget it, it's not important.*
  (2) big.
  Ti ha fatto un favore da niente! *He really did you a big favor!*

  niente meno — *no less than (no kidding!).*
  "Il principe di Galles è venuto a cena da noi l'altra sera." "Niente meno?!" *"The Prince of Wales came to our place for dinner the other night." "No kidding!"*

  non aver niente da ridire — *to have no flies on.*
  Sono contento di lui; non ho niente da ridire sul suo conto. *I'm satisfied with him; there are no flies on him.*

  non fa niente — *it doesn't matter.*
  Non ti preoccupare se non puoi venire; non fa niente. *Don't worry if you can't make it; it doesn't matter.*

  non mancare niente a qualcuno — *not to miss a thing.*
  Non è facile allevare quel ragazzo: non gli manca niente! *It's not easy to raise that boy. He doesn't miss a thing.*

  non per niente — *not for nothing.*
  Non per niente ho chiesto a te, perché sei tu l'esperto di computer. *It's not for nothing that I asked you, because you're "the" computer expert.*

  per niente — *at all.*
  "Scusa, ti disturbo?" "No, per niente." *"Excuse me, am I disturbing you?" "No, not at all."*

nocciolo — *pit*

  il nocciolo della questione — *the crux of the matter.*
  Invece di parlare a vanvera, andiamo al nocciolo della questione! *Instead of talking at random, let's get to the crux of the matter!*

  venire al nocciolo — *to come to the point.*
  È mezz'ora che me lo spieghi; vieni al nocciolo della questione. *You've been explaining it to me for half an hour; come to the point.*

nodo — *knot*

fare un nodo al fazzoletto — *to make a knot in one's handkerchief.*
Guarda, questa volta ho fatto un nodo al fazzoletto per non
    dimenticarmi di nuovo del tuo libro. *Look, this time I made a knot
    in my handkerchief so as not to forget your book again.*

un nodo alla gola — *a lump in one's throat.*
Quando ho sentito della tragedia mi è venuto un nodo alla gola. *When
    I heard about the tragedy I felt a lump in my throat.*

noia — *bother*

dare noia — *to bother.*
Questo golf col collo alto mi dà noia. *This sweater with a high collar
    bothers me.*

venire a noia — *to get fed up.*
Questo libro mi è venuto a noia, lo vuoi tu? *I got fed up with this book;
    do you want it?*

nome — *name*

farsi un nome — *to make one's mark.*
Ha appena cominciato, ma quel ragazzo è bravo, e si farà un nome.
    He's just begun, but that boy is talented, and he'll make his mark.

nota — *note*

a chiare note — *loud and clear.*
Gli ho detto a chiare note che non volevo più vederlo, ma lui continua
    ad aspettarmi sotto casa. *I told him loud and clear I didn't want to
    see him anymore, but he keeps on waiting for me at the entrance to
    my building.*

le dolenti note — *the worst part.*
Il suo principale si è accorto del pasticcio che lei aveva combinato.
    Ora cominciano le dolenti note! *Her boss realized what a mess she
    had made. Now comes the worst part.*

una nota stonata — *[to strike] a false note.*
I suoi commenti sulle origini etniche del suo avversario politico sono
    stati una nota stonata. *Her comments about the ethnic origins of her
    political rival struck a false note.*

una nota triste — *[to strike] a sour note.*
L'annuncio delle sue dimissioni è stato una nota triste al banchetto.
*She struck a sour note at the banquet when she announced her
resignation.*

nottata — *long night*
fare la nottata — *to burn the midnight oil.*
Ho dovuto fare la nottata per finire di correggere i compiti. *I had to
burn the midnight oil to finish correcting tests.*

notte — *night*
a notte alta — *in the dead of night.*
I ladri si sono introdotti in casa a notte alta. *The thieves entered the
house in the dead of night.*

peggio che andar di notte — *worse than ever.*
L'autostrada era bloccata e siamo passati per una strada di campagna,
ma è stato peggio che andar di notte. *The superhighway was
jammed and we turned off on a country road, but it was worse than
ever.*

una notte bianca (in bianco) — *a sleepless night.*
Abbiamo passato una notte bianca perchè eravamo preoccupati per la
febbre alta del bambino. *We spent a sleepless night because we were
worried about the baby's high fever.*

nozze — *wedding*
invitare qualcuno a nozze — *to ask someone to do something he/she
enjoys.*
Vuoi che mi prenda cura io del giardino? Mi inviti a nozze! *Do you
want me to take care of the garden? It would be my pleasure!*

nudo — *nude*
È nudo come un verme. *He's stark naked.*

mettere a nudo — *to lay bare.*
Ha messo a nudo i suoi difetti senza pietà. *She mercilessly laid bare his
shortcomings.*

nudo e crudo — *plain, blunt.*
Lo so che non è una bella storia, ma è la verità nuda e cruda. *I know
it's not a nice story, but it's the plain truth.*

nulla — *nothing*

buono a nulla — *good for nothing.*
È un buono a nulla; non è neppure riuscito a prendere la maturità!
He's a good for nothing; he didn't even manage to graduate from high school!

dal nulla — *out of the blue.*
È sbucato dal nulla. *He appeared out of the blue.*

dileguarsi nel nulla — *to vanish into thin air.*
Ti giuro di aver visto la signora salire sul treno, ma poi si è dileguata nel nulla. *I swear I saw the lady get on the train, but afterwards she vanished into thin air.*

non farne nulla — *not to go through with it.*
Volevamo comprare una barca a vela, ma i prezzi erano troppo alti e così non se n'è fatto nulla. *We wanted to buy a sailboat, but the prices were too high, so we didn't go through with it.*

non saper nulla di nulla su — *not to know beans about.*
Non sa nulla di nulla sull'insegnamento. *He doesn't know beans about teaching.*

sfumare nel nulla — *to go up in a cloud of smoke.*
Eravamo sicuri di ottenere il contratto, ma poi tutto è sfumato nel nulla. *We were sure we'd get the contract, but it all went up in a cloud of smoke.*

numero — *number*

avere i numeri per fare qualcosa — *to have what it takes.*
Ha tutti i numeri per aver successo. *He has what it takes to be successful.*

dare i numeri — *to go mad.*
Non ha senso quel che dice; credo proprio che dia i numeri. *What he's saying doesn't make sense; I think he's gone mad.*

di numero — *exactly.*
Sono quattro paste di numero. Mi rincresce, ma i bambini hanno fatto man bassa! *There are exactly four pastries. I'm sorry, but the children grabbed them all up!*

fare numero — *to swell the crowd.*
Li ha invitati alla festa solo per far numero. *She invited them only to have a big crowd at her party.*

il numero chiuso — *closed admissions.*
Alla facoltà di medicina hanno istituito il numero chiuso. *They established a limited number of admissions at the medical school.*

passare nel numero dei più — *to die.*
Ha vissuto a lungo e bene; è inevitabile che passi nel numero dei più. *He's lived long and well; it's inevitable that he's going to die.*

un bel numero — *a funny guy.*
Sei proprio un bel numero! Non ho mai riso tanto! *You're really a funny guy! I've never laughed so much!*

---

nuovo — *new*
giungere nuovo — *to be new to.*
Non lo sapevo, mi giunge nuovo. *I didn't know it; that's new to me.*
rimettere a nuovo — *to fix.*
Abbiamo rimesso a nuovo la barca a vela per averla pronta quest'estate. *We fixed the sailboat to have it ready for summer.*

---

nuvola — *cloud*
cadere dalle nuvole — *to be taken aback.*
Quando gli ho dato la notizia, è caduto dalle nuvole. *When I told him the news, he was taken aback.*

essere nelle nuvole — *to daydream.*
È sempre fra le nuvole e bisogna ripetere le cose due volte, perchè non sta mai a sentire. *He's always daydreaming, and you have to repeat everything twice because he doesn't listen.*

---

nuvoletta — *little cloud*
camminare sulle nuvolette — *to walk on air.*
Cammina sulle nuvolette perchè gli hanno dato la promozione che aspettava. *He's walking on air because they gave him the promotion he's been expecting.*

oca — *goose*
    Porca l'oca! *Damn it!*

    un'oca giuliva — *silly.*
    È carina ma è un'oca giuliva e ride sempre a sproposito. *She's cute but silly and she always laughs at the wrong time.*

occasione — *opportunity*
    d'occasione — *second-hand.*
    "Che bel vestito! È nuovo?" "Ma no, l'ho comprato d'occasione!" *"What a nice dress! Is it new?" "Not at all, I bought it second-hand!"*

occhiaccio — *nasty look*
    fare gli occhiacci a qualcuno — *to give someone a nasty look.*
    Perché mi fai gli occhiacci? Non ho mica fatto niente di male! *Why are you giving me that nasty look? I didn't do anything wrong.*

occhiata — *glance*
    dare un'occhiata — *to glance at.*
    Non l'ho ancora letto. Gli ho solo dato un'occhiata. *I haven't read it yet. I just glanced at it.*

occhio — *eye*
    a occhio — *to eyeball.*
    Non ho il centimetro; bisogna prendere le misure a occhio. *I don't have a tape measure; we'll have to eyeball it.*

    a occhio e croce — *more or less.*
    Costerà sulle 10.000 lire, ad occhio e croce. *It will cost about 10,000 lire, more or less.*

    a perdita d'occhio — *as far as the eye can see.*
    Giunsero sulla cima della collina e dall'altra parte videro la pianura che si estendeva a perdita d'occhio. *They reached the top of the hill and on the other side they could see the plain stretching as far as the eye could see.*

a quattr'occhi — *privately.*

Non dire niente a loro di quel problema; prima voglio parlarne con te
a quattr'occhi. *Don't tell them anything about that issue; first I wish
to talk to you about it in private.*

a vista d'occhio — *before one's very eyes.*

Santo cielo, come sei alto! Sei cresciuto a vista d'occhio. *Good
heavens, how tall you are! You grew before my very eyes.*

ad occhi chiusi — *with one hand tied behind one's back.*

Se ascolti lui sembra che riesca a fare qualsiasi cosa ad occhi chiusi. *If
you listen to him it seems he can do anything with one hand tied
behind his back.*

avere gli occhi fuori dalle orbite — *to have eyes popping out of one's
head.*

Ha gli occhi fuori dalle orbite: suo figlio ha perso soldi al gioco. *His
eyes are popping out of his head; his son lost money gambling.*

avere occhio — *to have an eye for.*

Tuo fratello ha occhio per le antichità e ne trova sempre a buon
prezzo. *Your brother has an eye for antiques and he always finds
them at good prices.*

chiudere un occhio — *to turn a blind eye.*

Questa volta il vigile ha chiuso un occhio per quell'infrazione. La
prossima volta però, dovrò pagare. *This time the policeman turned a
blind eye on the infraction. Next time I'll have to pay.*

con tanto d'occhi — *wide-eyed.*

I bambini guardavano il mago con tanto d'occhi. *The children stared
wide-eyed at the magician.*

costare un occhio della testa — *to cost a fortune.*

Quella villa gli è costata un occhio della testa. *That house cost him a
fortune.*

dare nell'occhio — *to be flashy.*

Cerca di non farsi notare, ma con quel vestito dà troppo nell'occhio.
He's trying not to be conspicuous, but with that suit he's too flashy.

farci l'occhio — *to become accustomed to.*

La stoffa delle poltrone è troppo sgargiante, ma ora ci ho fatto
l'occhio. *The cloth of the armchairs is too garish, but I've become
accustomed to it.*

181

fare gli occhi dolci a qualcuno — *to make eyes at someone.*
Anna ha fatto gli occhi dolci a Stefano tutta la sera. *Anna made eyes at Stefano all evening.*

fare l'occhio di triglia — *to make eyes at.*
Mio marito ha fatto l'occhio di triglia a un'altra donna. *My husband made eyes at another woman.*

fidarsi di qualcuno a occhi chiusi — *to trust someone blindly.*
Giorgio è una persona seria, puoi fidarti di lui ad occhi chiusi. *Giorgio is a serious man; you can trust him blindly.*

in un batter d'occhio — *in the twinkling of an eye.*
L'abbiamo fatto in un batter d'occhio. *We did it in the blinking of an eye.*

leggere negli occhi — *to read someone's mind.*
Cerca di non pensare alla fuga di sua figlia, ma le si legge la pena negli occhi. *She tries not to think about her daughter's running away, but you can read her mind.*

l'occhio vuole la sua parte — *appearances count.*
Mettiti un bel vestito e fatti bella; anche l'occhio vuole la sua parte. Non basta essere intelligenti. *Put on a nice dress and pretty yourself up; appearances count. It's not enough to be intelligent.*

mangiare qualcuno con gli occhi — *to devour someone with one's eyes.*
Non puoi dire che lei non gli piaccia: se la mangia con gli occhi. *You can't say he doesn't like her; he devours her with his eyes.*

mettere gli occhi addosso a — *to have one's eye on.*
Le ha messo gli occhi addosso e farà di tutto per conquistarla. *He has his eye on her; he'll do anything to win her over.*

non chiudere occhio — *not to sleep a wink.*
Ieri sera non ho chiuso occhio. *Last night I didn't sleep a wink.*

non vedere di buon occhio — *to take a dim view of.*
Non vede di buon occhio il fidanzato della figlia. *He takes a dim view of his daughter's boyfriend.*

occhi assassini — *irresistible eyes.*
Lei non è particolarmente bella, ma ha degli occhi assassini. *She isn't especially beautiful, but she's got irresistible eyes.*

occhi bovini — *saucer eyes.*
Lui mi fissa con quei suoi occhi bovini, ma lo so che è un furbastro. *He stares at me with those big eyes of his, but I know he's a crafty fellow.*

occhi di falco — *penetrating gaze.*
Quei suoi occhi di falco mi mettono in imbarazzo. *His penetrating gaze embarrasses me.*

occhi di lince — *eagle-eyed.*
Come fai a leggere quel cartello? Devi avere degli occhi di lince! *How can you read that sign? You must be eagle-eyed!*

occhio clinico — *good eye.*
Chiedi consiglio a lei prima di rifare la sala da pranzo: ha un occhio clinico per l'arredamento. *Ask her for advice before you refurbish the dining room. She has a good eye for interior decoration.*

per i begli occhi di qualcuno — *for love.*
Smettila di ringraziarmi. Non ho accettato quell'incarico per i tuoi begli occhi, ma perchè mi pagano bene. *Stop thanking me. I didn't accept that assignment for love, but because they pay me well.*

perdere d'occhio — *to lose sight of.*
Non perdere d'occhio la valigia; potrebbero rubarla. *Don't lose sight of the suitcase; it might be stolen.*

saltare agli occhi — *to stick out a mile.*
Ha sostituito la sedia antica con un'imitazione, ma salta subito all'occhio. *He replaced the antique chair with an imitation, but it sticks out a mile.*

sfregarsi/stropicciarsi gli occhi — *not to believe one's own eyes.*
Quando è arrivata alla festa di Carnevale vestita come una danzatrice del ventre, ci siamo stropicciati tutti gli occhi. *When she showed up at the Mardi Gras party dressed like a belly dancer, we couldn't believe our own eyes.*

sgranare tanto d'occhi — *to be amazed.*
Ho sgranato tanto d'occhi quando ho visto i serpenti che teneva in casa. *I was amazed at the sight of the snakes he kept at home.*

sognare ad occhi aperti — *to daydream.*
È inutile sognare ad occhi aperti; tanto tu non partirai. *It's useless to daydream; anyway you're not going to go.*

tenere d'occhio — *to keep tabs on (to keep an eye on).*
Ti dispiacerebbe tener d'occhio l'arrosto mentre io preparo la verdura? *Would you mind keeping tabs (an eye) on the roast while I prepare the vegetables?*

tenere gli occhi bene aperti — *to keep one's eyes open.*
Va' pure al mercatino, ma tieni gli occhi bene aperti se non vuoi farti truffare. *Go to the market if you want, but keep your eyes open if you don't want to be cheated.*

un occhio della testa — *to give one's right arm.*
Darei un occhio della testa per poterci venire. *I'd give my right arm to be able to come.*

---

occhiolino — *small eye*
fare l'occhiolino — *to wink.*
È inutile che tu mi faccia l'occhiolino; non mi lascerò lusingare. *It's useless to wink at me; I won't let myself be flattered.*

volerci occhio — *to need a [good] eye.*
Al mercato dell pulci si trova anche roba di valore. Ma ci vuole occhio. *At the flea market you can also find good stuff, but you need to have a [good] eye.*

---

oggi — *today*
dàgli oggi, dàgli domani — *to keep at.*
Dàgli oggi, dàgli domani, vedrai che imparerai anche la matematica. *If you keep at it, see that you even learn mathematics.*

dall'oggi al domani — *overnight.*
Abbiamo deciso di partire dall'oggi al domani. *We decided overnight that we would leave.*

oggi come oggi — *as matters now stand.*
Oggi come oggi, non lo potrei fare. *As matters now stand, I couldn't do it.*

---

olio — *oil*
olio di gomito — *elbow grease.*
"Come l'hai lucidata questa macchina?" "Con l'olio di gomito!" *"How did you polish this car?" "Elbow grease!"*

---

ombra — *shade, shadow*
dare ombra — *to cause someone to take umbrage.*
Ogni complimento che fanno a sua sorella le dà ombra. *She takes umbrage at every compliment paid to her sister.*

l'ombra di se stesso — *to be the shadow of one's former self.*
Dopo quella delusione è diventata l'ombra di se stessa. *After that disappointment she's become the shadow of her former self.*

mettere in ombra qualcuno — *to overshadow someone.*
È sempre stata messa in ombra da sua sorella, che è più brillante e più socievole di lei. *She's always been overshadowed by her sister, who is more lively and sociable than she is.*

non vedere neanche l'ombra — *to see neither hide nor hair of.*
"Hai visto il mio portachiavi?" "No, non ne ho visto neanche l'ombra." *"Have you seen my key chain?" "No, I have seen neither hide nor hair of it."*

restare nell'ombra — *to stay in the background.*
Lei resta sempre nell'ombra, ma è il consigliere principale del presidente. *She stays in the background, but she's the president's main advisor.*

seguire come un'ombra — *to stick to like a shadow.*
La bambina ti segue come un'ombra oggi. Ha paura di qualcosa? *The little girl is sticking to you like a shadow today. Is she afraid of something?*

senza ombra di dubbio — *without the shadow of a doubt.*
Lo so di sicuro, senza ombra di dubbio. *I know it for sure, without the shadow of a doubt.*

tenersi nell'ombra — *to keep out of the limelight.*
Non ha avuto successo perchè si è sempre tenuto nell'ombra, ma è un grande artista. *He wasn't successful because he always kept himself out of the limelight, but he's a great artist.*

---

onda — *wave*
andare in onda — *to go on the air.*
Il telegiornale va in onda alle 8.30. *The TV news goes on the air at 8:30.*

---

onore — *honor*
ad onor del vero — *to tell the truth.*
La faccenda non è andata così, ad onor del vero. *It didn't happen that way, to tell the truth.*

con tutti gli onori — *the red carpet.*
Sono andata a casa sua e mi ha ricevuto con tutti gli onori. *I went to his house and he put the red carpet out for me.*

fare onore a — *to do justice to.*
Non potrei fare onore a un altro pasto abbondante oggi. *I couldn't do justice to another big meal today.*

farsi onore — *to distinguish oneself.*
A scuola vedi di farti onore. *Try to distinguish yourself at school.*

---

ora — *hour*

di buon'ora — *on the early side.*
Partiamo di buon'ora, così a mezzogiorno siamo già a metà strada. *Let's leave on the early side, so by midday we'll already be halfway there.*

fare le ore piccole — *to stay up until the wee hours.*
Hanno fatto le ore piccole per raccontarsi tutto quello che avevano fatto negli ultimi dieci anni. *They stayed up until the wee hours to tell each other what they had been doing over the last ten years.*

metterci un'ora — *for someone to take forever.*
Finalmente sei pronta! Ci hai messo un'ora! *You're ready, finally! It took you forever!*

non vedere l'ora — *not to be able to wait.*
Non vedo l'ora di raccontarti tutto! *I can't wait to tell you everything!*

ora di punta — *rush hour.*
Non partiamo alle cinque, è proprio l'ora di punta. *Let's not leave at five, that's rush hour.*

passare un brutto quarto d'ora — *to have a horrible 15 minutes.*
Uno scassinatore lo ha tenuto di mira mentre i complici svaligiavano la villa. Ha passato veramente un brutto quarto d'ora. *One robber kept his gun pointed at him while his accomplices emptied the entire house. He really had a horrible 15 minutes.*

---

orario — *schedule*

in orario — *on time.*
I treni giapponesi sono famosi per essere sempre in perfetto orario. *Japanese trains are famous for always being right on time.*

---

ordine — *order*

all'ordine del giorno — *(1) on the agenda.*
All'ordine del giorno c'è il rinnovo dell'apertura di credito. *On the agenda there is the renewal of our line of credit.*

(2) *all too common.*
Purtroppo i furti con scasso sono ormai una cosa all'ordine del giorno.
Unfortunately, breaking and entering robberies are now all too common.

entrare nell'ordine di idee — *to get (arrive at) the idea.*
Sono entrati nell'ordine di idee di mandare la loro figlia in collegio,
per costringerla a studiare. *They got the idea of sending their
daughter to a boarding school so she would be forced to study.*

di prim'ordine — *first-rate, first-class.*
È un avvocato di prim'ordine: va' da lui se vuoi dei buoni consigli.
He's a first-rate lawyer; go talk to him if you want good advice.

richiamare all'ordine — *to take someone to task.*
La maestra ci ha richiamati all'ordine perchè facevamo confusione.
The teacher took us to task because we were goofing around.

---

orecchio — *ear*
allungare le orecchie — *to prick up one's ears.*
Sta' attenta a quello che dici perchè i vicini allungano le orecchie. *Be
careful of what you say because the neighbors will prick up their ears.*

dire qualcosa all'orecchio — *to whisper.*
Vieni qui che ti voglio dire una cosa all'orecchio. *Come here, I want to
whisper something to you.*

entrare da un orecchio e uscire dall'altro — *to go in one ear and out
the other.*
Lo sapevo che non ti saresti ricordata di portare il libro a scuola. Le
cose ti entrano da un orecchio e ti escono dall'altro. *I knew you
wouldn't remember to take the book to school. Whatever I tell you
goes in one ear and out the other.*

fare orecchio da mercante — *to turn a deaf ear.*
Io ti ho avvisata, ma tu continui a fare orecchio da mercante. Peggio
per te. *I warned you, but you keep turning a deaf ear. All the worse
for you.*

fischiare le orecchie — *one's ears are burning.*
Qualcuno mi sta pensando, perchè mi fischiano le orecchie. *Someone
is thinking about me because my ears are burning.*

non sentirci da quell'orecchio — *not to listen.*
Vedi **non sentirci da quel lato.**

stare con le orecchie tese — *to be all ears.*

Stava con le orecchie tese per sentire tutto ciò che diceva suo padre. *He was all ears listening to everything his father was saying.*

tenere aperte le orecchie — *to keep an ear to the ground.*

Se non vuoi farti abbindolare tieni aperte le orecchie; riuscirai certamente a imparare qualche cosa di utile. *If you don't want to be duped, keep an ear to the ground; you'll certainly manage to learn something useful.*

tirare le orecchie a qualcuno — *to tell someone off.*

L'ho visto fumare in giardino e gli ho tirato le orecchie; ha solo dodici anni. *I saw him smoking in the garden and I told him off; he's only twelve.*

tutt'orecchie — *all ears.*

Dimmi, sono tutt'orecchie. *Tell me, I'm all ears.*

uscire dalle orecchie — *to talk someone's ear off.*

Oh, piantala con questa storia dei vicini che fanno rumore! Mi esce dalle orecchie. *Oh, stop it with this story of the neighbors who make too much noise. You've talked my ear off.*

---

orizzonte — *horizon*

essere di orizzonti limitati — *to be narrowminded.*

Ha cercato di convincermi che tutti i poveri sono degli scansafatiche. È un uomo di orizzonti limitati. *He tried to convince me that all the poor are freeloaders. He's a narrow-minded man.*

---

orlo — *edge*

essere sull'orlo di un precipizio — *to be on the brink of disaster.*

Roberto è sull'orlo di un precipizio: se continua a drogarsi finirà proprio male. *Robert is on the brink of disaster; if he keeps taking drugs he's going to be in big trouble.*

---

orma — *footstep*

seguire le orme — *to follow in someone's footsteps.*

Francesca seguirà le orme del fratello maggiore. *Frances will follow in her older brother's footsteps.*

---

oro — *gold*

a peso d'oro — *to pay a king's ransom for.*

Oggi il caffè si è a peso d'oro; il prezzo è triplicato. *Today you pay a king's ransom for coffee; the price has tripled.*

Non è oro tutto quel che luce. *All that glitters is not gold.*

non per tutto l'oro del mondo — *not on your life (not for love nor money, not for all the tea in China).*

Non ti sposerei per tutto l'oro del mondo. *I wouldn't marry you, not on your life (not for love nor money, not for all the tea in China).*

nuotare nell'oro — *to be rolling in money.*

La sua famiglia nuota nell'oro. *Her family is rolling in money.*

prendere per oro colato — *to take for Gospel truth.*

Prende per oro colato tutto quello che dici; non ha il minimo senso critico. *He takes everything you say for Gospel truth; he doesn't have the slightest discrimination.*

valere tanto oro quanto si pesa — *to be worth one's weight in gold.*

Angelo è una brava persona; vale tanto oro quanto pesa. *Angelo is a good person; he's worth his weight in gold.*

---

orologio — *clock, watch*
essere un orologio — *like clockwork.*

Se vuoi parlargli, lo trovi a casa tutte le sere tranne il sabato tra le otto e le nove. È un orologio! *If you want to talk to him, you'll find him at home every evening between eight and nine, except for Saturdays. He's like clockwork!*

---

ortica — *nettle*
gettare qualcosa alle ortiche — *for something to go down the drain.*

Ha studiato medicina per cinque anni e poi ha smesso. Tutti quei soldi e quelle energie gettate alle ortiche! *She studied medicine for five years and then quit. So much money and effort down the drain!*

---

oscuro — *dark*
essere all'oscuro di — *to be in the dark.*

Il segretario del partito ha dichiarato di essere all'oscuro delle bustarelle prese dal suo braccio destro. *The secretary of the party declared that he was in the dark about the kickbacks taken by his right-hand man.*

---

ossigeno — *oxygen*
dare ossigeno — *to make someone able to breathe (easily) again.*

Quell'ordinativo per cinque macchinari dalla Cina ci ha dato un po' di ossigeno. Forse ce la caviamo. *That order for five machines from China has made us able to breathe again. Now we have a chance to make it.*

osso — *bone*

avere le ossa rotte — *to feel like a wreck.*

Dopo aver preso quattro autobus questo pomeriggio ho le ossa rotte. *After taking four buses this afternoon I feel like a wreck.*

essere ridotto all'osso — *to be reduced to bare bones.*

Dovremmo spendere meno, ma il nostro bilancio è già ridotto all'osso. *We should spend less, but our budget is already reduced to bare bones.*

fare economia fino all'osso — *to scrimp and save.*

Facciamo economia fino all'osso, ma non riusciamo lo stesso ad arrivare alla fine del mese. *We scrimp and scrape, and yet we can't make it to the end of the month.*

fare le ossa — *to get accustomed to.*

Non è un lavoro antipatico una volta che ci fai le ossa. *It's not bad work once you get accustomed to it.*

Molla l'osso! *Give it back!*

rimetterci l'osso del collo — *to lose one's shirt.*

Questo è un affare rischioso: potrei anche rimetterci l'osso del collo. *This is a risky affair; I could end up losing my shirt.*

sputare l'osso — *to blurt out.*

Suo padre ha sputato l'osso e le ha detto che detesta l'uomo che lei vuole sposare. *Her father blurted out that he hates the man she wants to marry.*

un osso duro — *(1) a hard row to hoe (a hard nut to crack).*

La matematica è un osso duro per me. *Mathematics is a hard row to hoe (a hard nut to crack) for me.*

(2) a tough customer.

Non provarci con lui, è un osso duro. *Don't even try with him; he's a tough customer.*

osteria — *inn*

fermarsi alla prima osteria — *to take the first thing that comes along.*

Non capisco perchè l'abbia sposato; si è fermata alla prima osteria. *I don't understand why she married him; she took the first one who came along.*

ovile — *sheep pen*

ritornare all'ovile — *to return to the fold.*

Mio marito mi tradisce, ma torna sempre all'ovile. *My husband is unfaithful to me, but he always returns to the fold.*

pace — *peace*

in santa pace — *in peace and quiet.*
Lasciami finire di leggere questo libro in santa pace. *Let me finish reading this book in peace and quiet.*

lasciare in pace — *to leave alone.*
Lasciatemi in pace, chè ho molto lavoro da fare. *Leave me alone, because I have a lot of work to do.*

non darsi pace — *not to be able to resign oneself.*
Da quando le è morto il fratello non si dà pace. *Since her brother died she hasn't been able to resign herself.*

padella — *pan*

dalla padella nella brace — *out of the frying pan and into the fire.*
Pensavamo che questa strada fosse meglio, ma siamo caduti dalla padella nella brace. *We thought this street was better, but we've jumped out of the frying pan into the fire.*

padrone — *boss*

essere/non essere padrone di sé — *to be or not to be in control of oneself.*
Urlava, minacciava, non era certo padrone di sé in quel momento. *He was ranting and raving. He wasn't in control of himself at that point.*

farla da padrone — *to act as if one owns the place.*
L'abbiamo invitato da noi in vacanza e adesso la fa da padrone. *We invited him to our house for vacation, and now he acts as if he owned the place.*

padronissimo — *absolutely free*

essere padronissimo di — *to be absolutely free to.*
Sei padronissimo di smettere sei vuoi; nessuno ti costringe a continuare. *You're absolutely free to quit if you want to; no one's forcing you to continue.*

paese — *country*

    il Bel Paese — *Italy*

    Mezza classe politica in carcere! Queste cose succedono solo nel Bel Paese. *Half the political class in jail! These things happen only in Italy!*

    mandare qualcuno a quel paese — *to send someone to hell.*

    Quando entrai in ritardo mi mandò a quel paese. *When I came in late he told me to go to hell.*

pagina — *leaf*

    cambiare (voltare) pagina — *to turn [over] a new leaf.*

    Da quando ha rischiato di morire per un'overdose di eroina, ha voltato pagina. *After he nearly died of a heroin overdose, he turned over a new leaf.*

paglia — *straw*

    mettere paglia al fuoco — *to tempt fate.*

    Per il momento non dirgli nient'altro; è meglio non mettere troppa paglia al fuoco. *Don't tell him anything else for now; it's better not to tempt fate.*

paio — *pair*

    un altro paio di maniche — *a horse of a different color (quite another matter).*

    È lui che deve soldi a te, non tu che devi soldi a lui. Allora è tutto un altro paio di maniche! *It's he who owes you money, not you who owe him. Well then, that's a horse of a different color!*

palato — *palate*

    il palato fine — *a delicate palate.*

    Solo chi ha il palato fine sarà in grado di apprezzare le mie polpette. *Only someone with a delicate palate will be able to appreciate my meatballs.*

palio — *prize*

    mettere in palio — *to stake.*

    Il campione mette in palio il suo titolo in questo incontro. *The champion is staking his title in this match.*

palla — *ball*

essere una palla al piede — *hindrance.*

Una casa di proprietà è una palla al piede; è meglio vivere in albergo.
A house is a real hindrance; it's better to live in a hotel.

(non) essere in palla — *to be out of sorts.*

Non sono in palla, oggi. Spero che non mi venga l'influenza. *I'm out of
sorts today. I hope I'm not catching the flu.*

prendere la palla al balzo — *to seize an opportunity.*

L'ha incontrato per caso. Ha preso la palla al balzo e gli ha parlato del
suo progetto. *He met him by chance. He seized the opportunity and
talked to him about his project.*

una palla — *a nuisance.*

Dobbiamo rifare la relazione. Una palla! *They asked us to redo the
report. What a nuisance!*

---

pallino — *small ball*

avere il pallino di — *to be crazy about.*

Maurizio ha il pallino della fotografia. *Maurice is crazy about
photography.*

---

pallone — *big ball*

essere nel pallone — *to lose it.*

È impossibile fare un ragionamento sensato con lui: è completamente
nel pallone. *It's impossible to reason with him; he's lost it!*

un pallone gonfiato — *a stuffed shirt.*

Suo cognato è un pallone gonfiato. *His brother-in-law is a stuffed shirt.*

---

palma — *palm*

portare qualcuno in palma di mano — *to hold someone in great
esteem.*

Il direttore parla sempre bene di lui e lo porta in palma di mano. *The
director has a lot of good things to say about him and he holds him in
great esteem.*

---

palmento — *millstone*

mangiare a quattro palmenti — *to gorge oneself.*

Mangiava a quattro palmenti; sembrava fosse a digiuno da un mese.
He gorged himself; it looked as if he'd been fasting for a month.

palmo — *palm*

non cedere di un palmo — *not to budge an inch.*

La battaglia è stata molto dura, ma non abbiamo ceduto di un palmo. *It was a rough battle, but we didn't budge an inch.*

palmo a palmo — *(1) inch by inch.*

Hanno esaminato i ruderi palmo a palmo. *They examined the ruins inch by inch.*

(2) like the back of one's hand.

Conosco questa zona palmo a palmo. *I know this area like the back of my hand.*

---

palo — *pole*

restare al palo — *to be stuck (at the starting gate).*

Tutti i suoi colleghi di università hanno passato l'esame di stato, ma lui non riesce a passarlo: è rimasto al palo. *All his college friends have taken the board exams, but he hasn't been able to pass them. He's stuck.*

saltare di palo in frasca — *to jump from one subject to another very easily.*

È difficile parlare di un argomento con lui; salta di palo in frasca con molta facilità. *It's difficult to talk about a subject with him; he jumps from one subject to another very easily.*

---

pancia — *belly*

grattarsi la pancia — *to twiddle one's thumbs.*

È un fannullone; si gratta sempre la pancia invece di darsi da fare. *He's a loafer; he twiddles his thumbs instead of busying himself.*

prendersi un bel mal di pancia — *to borrow trouble.*
Vedi grattacapo

tenersi la pancia dal ridere — *to split one's sides with laughter.*

Tua cugina ci ha fatto talmente divertire con le sue imitazioni che ci tenevamo la pancia dal ridere. *Your cousin was so funny with her impersonations that we split our sides with laughter.*

---

pandemonio — *pandemonium*

scatenare un pandemonio — *to raise Cain.*

Quando ha visto il conto ha scatenato un pandemonio. *When he saw the bill he raised Cain.*

pane — *bread*

Dire pane al pane e vino al vino. *To tell it like it is.*

guadagnarsi il pane — *to bring home the bacon.*
Non è uno scherzo per lui guadagnarsi il pane con una famiglia così
   numerosa. *It's no joke for him to bring home the bacon for such a
   large family.*

mangiare il pane a tradimento — *not to be worth one's keep.*
Sei un mangiapane a tradimento; da domani cominci a lavorare.
   *You're not worth your keep; starting tomorrow you're going to get a
   job.*

mangiar pane e cipolle — *to live very simply.*
È un tipo di poche pretese; gli basta mangiar pane e cipolle. *He's an
   unpretentious fellow; he lives very simply.*

Non è pane per i suoi denti. *He's not up to it.*

rendere pan per focaccia — *to give tit for tat.*
Intendo rendergli pan per focaccia alla prima occasione. *I intend to
   give him tit for tat the first chance I get.*

togliersi il pane di bocca — *to give the shirt off one's back.*
È così generoso che si toglierebbe il pane di bocca. *He's so generous
   he'd give you the shirt off his back.*

trovare pane per i propri denti — *to meet one's match.*
Finalmente ha trovato pane per i suoi denti. *He's finally met his match.*

panno — *cloth*

I panni sporchi si lavano in famiglia. *Don't wash your dirty linen in
   public.*

nei panni di — *in someone's shoes.*
Non vorrei essere nei suoi panni oggi. *I wouldn't want to be in his
   shoes today.*

non stare più nei propri panni — *to be beside oneself with joy.*
Susanna ha vinto alla lotteria! Non sta più nei suoi panni. *Susanna
   won the lottery. She's beside herself with joy.*

tagliare i panni addosso a qualcuno — *to speak ill of someone.*
È maligna: taglia i panni addosso a tutti. *She's really malicious; she
   speaks ill of everyone.*

pantaloni — *pants*

   portare i pantaloni — *to wear the pants.*

   In quella casa è sua moglie che porta i pantaloni. *In that house the wife wears the pants.*

---

papa — *pope*

   andare a Roma e non vedere il papa — *to go to Rome and not see the pope.*

   Avete discusso il prezzo del garage ma non quello della casa?! È come andare a Roma e non vedere il papa. *You talked about the price of the garage but not of the house?! It's like going to Rome and not seeing the pope.*

   ogni morte di papa — *once in a blue moon.*

   Si fanno vivi a ogni morte di papa, in genere per chiedere soldi. *They show up once in a blue moon, usually to ask for money.*

   vivere come un papa — *to live like a king.*

   Da quando ha ereditato i soldi di suo zio vive come un papa. *Ever since he inherited his uncle's money he's been living like a king.*

---

papavero — *poppy*

   alto papavero — *bigwig.*

   Non otterrai nulla da lui, non è uno degli alti papaveri. *You won't get anything out of him; he's not a bigwig.*

---

papera — *goose*

   prendere una papera — *to slip up.*

   Hanno licenziato quell'annunciatrice perchè prendeva troppe papere. *They dismissed that announcer because she slipped up too often.*

---

pappa — *mush*

   mangiare la pappa in testa a qualcuno — *(1) to stand head and shoulders above.*

   Giovanni è talmente alto che mangia la pappa in testa a tutti. *John is so tall he stands head and shoulders above everybody.*

   (2) to have the whip-hand over someone.

   È il figlio maggiore, ma si fa sempre mangiare la pappa in testa dai fratelli. *He's the oldest son, but his brothers hold the whip-hand over him.*

pappa e ciccia — *hand-in-glove.*
Lui e il suo compagno di banco sono pappa e ciccia. *He and his schoolmate are hand-in-glove.*

scodellare la pappa a qualcuno — *to iron out someone's difficulties for him.*
È un incapace; bisogna sempre scodellargli la pappa. *He's incompetent; he always needs someone to iron out his difficulties for him.*

trovare la pappa fatta/pronta — *to have it easy.*
Ha sempre trovato la pappa fatta: adesso che deve impegnarsi non sa da che parte cominciare. *He's always had it easy. Now that he has to make an effort, he doesn't know where to begin.*

---

parare — *to shield*
andare a parare — *to drive at.*
Non capisco perchè mi racconti sempre che lui ha fregato il suo primo socio. Dove vuoi andare a parare? *I don't understand why you keep telling me he cheated his first partner. What are you driving at?*

---

parcheggio — *parking*
area di parcheggio — *parking lot.*
Gli anni dell'università sono diventati un'area di parcheggio per i giovani disoccupati. *Encouraging students to attend college has become a way of keeping them out of the labor market.*

---

parentesi — *parenthesis*
fra parentesi — *by the way.*
Fra parentesi, questa è la casa di cui ti dicevo. *By the way, this is the house I was talking about.*

---

pari — *equal, even*
alla pari — *au pair.*
Hanno una ragazza alla pari che aiuta in casa. *They have an au pair girl who helps with the housework.*

andare in pari — *to break even.*
Con questa vincita sono andato in pari con tutto quello che ho perso la scorsa settimana. *With this win I break even after all that I lost last week.*

da pari a pari — *as an equal.*

È così arrogante di solito! Non credevo che fosse capace di trattarmi da pari a pari. *He's usually so arrogant! I didn't think he'd be able to deal with me as an equal.*

mettersi in pari — *to catch up.*

Dopo quella lunga malattia ho dovuto lavorare molto per mettermi in pari. *After my long illness I had to work hard to catch up.*

pari e patta — *even.*

Adesso che ti ho restituito il favore siamo pari e patta. *Now that I've returned the favor we're even.*

pari pari — *word for word.*

Quello che hai scritto nel tuo tema è preso pari pari dal giornale. *What you wrote in your essay was taken from the newspaper word for word.*

---

parlare — *to speak*

avere un bel parlare — *to talk until one is blue in the face.*

Avete un bel parlare, ma non riuscirete a convincermi. *You can talk until you're blue in the face, but you'll never convince me.*

un gran parlare — *a lot of talk.*

Si è fatto un gran parlare recentemente del problema dell'inquinamento. *Lately there has been a lot of talk about the pollution problem.*

---

parola — *word*

avere la parola facile — *to have a ready tongue.*

Ha la parola facile; dovrebbe fare l'avvocato. *He has a ready tongue; he should be a lawyer.*

dire due parole a — *to have a word with.*

Vieni di là, vorrei dirti due parole. *Come into the other room; I'd like to have a word with you.*

dire una parola — *to say a word.*

Non lasciare che lo condannino così: dì una parola in suo favore. *Don't let them condemn him like that; say a word for him.*

due parole — *a few words.*

Ti racconto tutta la storia in due parole. *I'll tell you the whole story in a few words.*

È una parola! *It's easier said than done!*

essere di parola — *to be as good as one's word.*
Se sarai di parola con me non avrai di che pentirtene. *If you're as good as your word with me you won't be sorry.*

in parola — *negotiating with.*
Non posso prendere in considerazione la tua offerta; sono già in parola con altri. *I can't consider your offer; I'm already negotiating with someone else.*

in parole povere — *in simple words.*
Spiegami tutto questo in parole povere. *Explain everything to me in simple words.*

in poche parole — *in a nutshell.*
È pigro, è trasandato, non gli piace lavorare: in poche parole, è un cattivo soggetto. *He's lazy, slovenly, doesn't like to work; in a nutshell, he's a bad one.*

mancare/non mancare di parola — *to keep/not to keep one's word.*
Non pensavo che tu fossi un tipo che manca di parola. *I didn't expect you to be the kind of person who doesn't keep his word.*

mangiare le parole — *to mumble.*
Parla così in fretta che si mangia le parole. *He speaks so fast that he mumbles.*

mantenere la parola — *to keep one's word.*
Non ci si può fidare di lui; non mantiene mai la parola. *You can't trust him; he doesn't keep his word.*

non dire mezza parola — *not to say anything.*
Non dire mezza parola in giro di quello che ti ho detto. *Don't say anything to anyone about what I told you.*

parlare a mezze parole — *to mince words.*
Invece di parlare a mezze parole, dimmi francamente cosa è successo. *Instead of mincing words, tell me frankly what happened.*

prendere la parola — *to take the floor.*
Alla fine del banchetto ha preso la parola. *At the end of the banquet he took the floor.*

prendere qualcuno in parola — *to take someone at his word.*
Ti prendo in parola; dimostrami ciò che sai fare. *I take you at your word; show me what you can do.*

rimangiarsi la parola — *to eat one's words.*
Mi sono accorto che non meriterebbe il mio appoggio, ma non posso
rimangiarmi la parola. *I realize he's not worthy of my support, but I
can't eat my words.*

Tutte parole! *It's all hot air!*

venire a parole — *to have words with.*
È venuto a parole con Giovanni per una questione di soldi. *He had
words with John about money.*

---

parte — *part, side, share, faction*
  a parte di — *in on.*
  Mettimi a parte dei tuoi segreti. *Let me in on your secrets.*

  d'altra parte — *on the other hand.*
  D'altra parte, non si può dimenticare ciò che ha fatto di buono. *On the
  other hand, we can't forget about all the good things he did.*

  da . . . a questa parte — *(1) in the past.*
  Da un mese a questa parte non frequenta più la scuola. *In the past
  month he hasn't come to school.*
  (2) for.
  Non ci vediamo più da un po' di tempo a questa parte. *We haven't seen
  each other for some time.*

  da parte — *aside.*
  Spero di mettere da parte abbastanza soldi per potermi comprare un
  terreno. *I hope to set aside enough money to be able to buy some
  land.*

  da parte a parte — *right through.*
  La lama della spada lo passò da parte a parte. *The blade of the sword
  passed right through him.*

  da tutte le parti — *from far and wide.*
  La gente è accorsa da tutte le parti per assistere allo spettacolo. *People
  came from far and wide to see the show.*

  da una parte . . . dall'altra — *on the one hand . . . on the other.*
  Vedi **da un lato . . . dall'altro.**

  dalle nostre parti — *where we come from.*
  Dalle nostre parti, non si fa festa quando uno muore. *Where we come
  from, we don't have a party when someone dies.*

fare la propria parte — *to do one's bit.*
Non te la prendere con lui se l'affare è andato a male: lui ha fatto la sua parte. *Don't be mad at him if the deal didn't go through; he did his bit.*

fare le parti — *to divide.*
La mamma prese la pizza e fece le parti per tutti. *Mother took the pizza and divided it among us all.*

fare una brutta parte — *to behave like a scoundrel.*
Lui ha fatto davvero una brutta parte, raccontando ai capi quello che lei gli aveva raccontato in confidenza. *He really behaved like a scoundrel, telling his bosses what she had told him confidentially.*

farsi da parte — *to get out of the way (to give way, to step aside).*
Voleva sposarla, ma quando ha visto che lei era innamorata di suo fratello, si è fatto da parte. *He wanted to marry her, but when he saw she was in love with his brother, he stepped aside.*

in parte — *partly.*
Quello che dici è giusto solo in parte. *What you're saying is only partly right.*

la parte del leone — *the lion's share.*
È un uomo autoritario — ed è abituato a fare la parte del leone. *He's an authoritarian man — and he's used to having the lion's share.*

mettere qualcosa da parte — *to lay [some money] aside.*
Ha solo ventidue anni, ma mette qualcosa da parte ogni mese. *She's only twenty-two, but she lays some money aside every month.*

prendere le parti di — *to side with.*
Quando lo hanno accusato ingiustamente, lei ha preso le sue parti. *When they unjustly accused him, she sided with him.*

---

partire — *to leave*
a partire da — *starting from.*
A partire da domani gli autobus costeranno più cari. *Starting from tomorrow it will cost more to ride the bus.*

---

partita — *(1) book entry*
essere una partita chiusa — *to close the books.*
Hai visto, avevamo ragione noi, ma ormai è una partita chiusa. *You see, we were right. But let's close the books on that story.*

saldare la partita — *to balance the accounts; to be even.*

Guarda, tu hai rovinato il divano. Io non ti rendo i soldi che mi hai prestato, così saldiamo la partita. *Look, you ruined the sofa. I won't give you back the money you lent me, so we'll be even.*

(2) game

essere della partita — *to be game.*

Siamo sempre della partita quando si tratta di divertirsi. *We're always game when it comes to having fun.*

(3) match

dare partita vinta — *to give in.*

Gli ho dato partita vinta perché non ne potevo più di litigare. *I gave in to him because I couldn't face arguing any longer.*

---

partito — *party, side*

per partito preso — *on principle.*

Non importa se abbia ragione o torto, mi critica per partito preso. *No matter if I'm right or wrong, he criticizes me on principle.*

prendere partito — *to take sides.*

Fate come volete, ma io non voglio prendere partito in questa vicenda. *Do as you wish, but I don't want to take sides in this matter.*

ridursi a mal partito — *to be in a bad way.*

Si è ridotto a mal partito a causa dell'alcool. *He's in a bad way because of alcohol.*

un buon partito — *a good catch.*

È un medico ricco e famoso ed è ancora scapolo: davvero un buon partito! *He's a rich and famous physician and he's still single; really a good catch!*

---

passaggio — *passage*

dare un passaggio a qualcuno — *to give someone a ride.*

Posso darti un passaggio? Vado dalle tue parti. *Can I give you a ride? I'm going your way.*

---

passare — *to pass, to go through*

farsi passare per — *to pass oneself off as.*

Si fece passare per giornalista. *He passed himself off as a journalist.*

passarne (di tutti i colori, di cotte e di crude) — *to go through hell and high water.*
Da giovane ne ha passate di tutti i colori, ma adesso ha una vecchiaia tranquilla. *When he was young he went through hell and high water, but in his old age he got some peace.*

---

passivo — *passive*
in passivo — *in the red.*
La ditta è in passivo da quando è morto il suo fondatore. *The company is in the red ever since its founder died.*

---

passo — *step*
a due passi — *nearby.*
Casa mia è qui a due passi. *My house is right nearby.*

a passi felpati — *stealthily.*
Si è avvicinato a passi felpati e l'ha spaventata. *He crept up stealthily and frightened her.*

al passo con — *in step with.*
Chi non ha la segreteria telefonica non è al passo con i tempi. *If you don't have an answering machine you're not in step with the times.*

allungare il passo — *to hurry.*
Allunghiamo il passo, non vorrei arrivare in ritardo. *Let's hurry, I wouldn't want to be late.*

andare a passo d'uomo (al passo) — *to inch along.*
Il traffico costringeva le macchine ad andare a passo d'uomo. *The heavy volume of traffic forced the cars to inch along.*

andare di pari passo — *to go along with.*
La cultura va di pari passo con la diffusione dei quotidiani. *Culture goes along with the diffusion of newspapers.*

di buon passo — *at a good clip.*
Ci avviammo di buon passo verso il ristorante. *We went at a good clip toward the restaurant.*

di questo passo — *at this pace.*
Se vai avanti di questo passo ti laureerai nel 2020! *If you keep going at this pace, you'll graduate from college in 2020!*

fare due (quattro) passi — *to take a walk.*
Ti va di fare due passi? *Would you like to take a walk?*

fare il gran passo — *to tie the knot.*

Hanno cambiato idea dieci volte, ma finalmente hanno fatto il gran passo. *They changed their minds ten times, but finally they tied the knot.*

fare il primo passo — *to make the first move.*

Sono loro che hanno fatto il primo passo e ci hanno proposto di lavorare insieme. *They made the first move and proposed that we work together.*

fare passi da gigante — *to progress by leaps and bounds.*

Suo figlio ha avuto dei problemi a scuola, ma ultimamente ha fatto passi da gigante. *Her son had problems in school, but lately he's progressed by leaps and bounds.*

fare un passo avanti — *to make progress.*

Finchè non capirò questo problema non farò un passo avanti nella preparazione dell'esame. *Until I understand this problem I won't make any progress in my preparation for the exam.*

mettersi al passo con i tempi — *to get in step with the times.*

Non avete neanche una lavatrice?! Non è ora che vi mettiate al passo con i tempi? *You don't even have a dishwasher?! Isn't it time for you to get in step with the times?*

Non fare il passo più lungo della gamba. *Don't bite off more than you can chew.*

segnare il passo — *to mark time.*

Le ricerche sul cancro segnano il passo. *Cancer research is marking time.*

un passo falso — *a "faux pas."*

In questo mestiere un passo falso può costare caro. *In this trade a "faux pas" can be costly.*

pasta — *dough*

di buona pasta — *good-natured.*

È una ragazza di buona pasta. *She's a good-natured girl.*

essere della stessa pasta — *to be cast in the same mold.*

È della stessa pasta di sua madre; è una donna generosa. *She's cast in the same mold as her mother; she's a generous woman.*

pasticcio — *mess; pie*
  un bel pasticcio (nei pasticci) — *in a pickle.*
  Ti sei messo in un bel pasticcio (nei pasticci). E adesso come ne verrai
    fuori? *You're in a pickle. And how are you going to get out of it
    now?*

pasto — *meal*
  dare qualcosa in pasto al pubblico — *to satisfy the public's hunger.*
  I tabloid inglesi danno in pasto al pubblico la vita privata dei reali. *The
    English tabloids satisfy the public's hunger for details of the private
    lives of the royal family.*

patata — *potato*
  passare la patata bollente — *to pass the buck.*
  Incaricandomi di licenziarlo mi hanno passato una bella patata
    bollente. *By putting me in charge of dismissing him they passed the
    buck to me.*

  spirito di patata — *poor sense of humor.*
  Non mi piacciono le sue battute; ha uno spirito di patata. *I don't like
    his jokes; he has a poor sense of humor.*

  un sacco di patate — *a clumsy person.*
  Nonostante le lezioni di ballo, è sempre un sacco di patate.
    Notwithstanding dancing lessons, she's still a clumsy person.

patente — *license, permit.*
  dare a qualcuno la patente di — *to label someone.*
  Ha raccontato talmente tante frottole che gli hanno dato la patente di
    bugiardo. *He's told so many tall tales that they've labeled him a
    "liar."*

paura — *fear*
  aver paura d'una mosca — *to be afraid of one's shadow.*
  È meglio non mandare lui, ha paura anche di una mosca. *We'd better
    not send him; he's afraid of his own shadow.*

  La paura fa novanta. *Fear makes people do strange things.*

pazzo — *crazy*
  andare pazzo per — *to be mad about.*
  Mio cugino va pazzo per i cavalli. *My cousin is mad about horses.*

pazzo da legare — *mad as a hatter.*
Vedi matto da legare.

---

peggio — *worse*
  alla meno peggio — *limping along.*
  L'economia va avanti alla meno peggio, passando da una crisi all'altra.
    The economy is limping along, going from crisis to crisis.

  Peggio di così si muore. *Things couldn't be worse.*

---

pelle — *skin*
  avere la pelle dura — *to be thick-skinned.*
  Puoi dirgli tutto quello che vuoi, tanto ha la pelle dura. *You can tell*
    him whatever you want; he's thick-skinned.

  far accapponare la pelle — *to make one's flesh creep.*
  Storie come queste mi fanno accapponare la pelle. *Stories like this*
    make my flesh creep.

  fare la pelle a — *to bump off.*
  I banditi fecero la pelle al poliziotto. *The bandits bumped off the*
    policeman.

  la pelle d'oca — *goose flesh.*
  Quel film mi ha fatto venire la pelle d'oca. *That film gave me goose*
    flesh.

  lasciarci la pelle — *to lose one's life.*
  In questa stagione c'è sempre qualcuno che ci lascia la pelle nelle
    scalate. *During this season, someone always loses his life mountain*
    climbing.

  non stare più nella pelle dalla gioia — *to be beside oneself with joy.*
  Quando ha saputo di aver vinto, non stava più nella pelle dalla gioia.
    When he found out he had won, he was beside himself with joy.

  Non vendere la pelle dell'asino prima che sia morto. (Non vendere la
    pelle dell'orso prima di averlo ucciso.) *Don't count your chickens*
    before they're hatched.

  pelle e ossa — *skin and bones.*
  È talmente dimagrita che è solo più pelle e ossa. *She lost so much*
    weight that she's just skin and bones.

salvare la pelle — *to save one's skin.*
L'inondazione gli ha portato via tutto, ma almeno hanno salvato la pelle. *The flood took away everything they owned, but at least they saved their skin.*

pelo — *hair*

a un pelo da — *within an inch of.*
Siamo stati a un pelo dal perdere tutto. *We came within an inch of losing everything.*

avere il pelo sullo stomaco — *to be thick-skinned.*
Non ha concesso nessuna proroga, così la ditta è fallita, ma a lui non gliene importa niente. È uno che ha un bel pelo sullo stomaco. *He didn't give them any extension so the firm went bankrupt; but he doesn't care. He's really thick-skinned.*

cercare il pelo nell'uovo — *to find faults with things.*
Hai ragione, avrei potuto cucire meglio la tenda. Tu però cerchi sempre il pelo nell'uovo! *You're right, I could have done a better job at sewing the curtain. But you're always finding fault with things!*

di primo pelo — *a greenhorn.*
È ancora inesperto; è un avvocato di primo pelo. *He's still inexpert; he's a greenhorn lawyer.*

far arruffare il pelo — *to ruffle feathers.*
Perchè le hai detto che è ingrassata? Lo sai che è una cosa che le fa arruffare il pelo. *Why did you tell her she gained weight? You know that ruffles her feathers.*

fare il pelo e il contropelo — *to give someone a good dressing down.*
Quando sgrida i figli gli fa il pelo e il contropelo. *When she scolds the children she gives them a good dressing down.*

lisciare il pelo a — *to butter up.*
È inutile che mi lisci il pelo, non otterrai il permesso. *There's no point in buttering me up; you won't get my permission.*

mancare un pelo — *to come within a hair's breadth.*
C'è mancato un pelo che perdessi la vita. *I came within a hair's breadth of losing my life.*

non avere peli sulla lingua — *not to mince words.*
Non ha peli sulla lingua e dice sempre quello che pensa. *He doesn't mince words and he always says what he thinks.*

per un pelo — *by a hair's breadth (by the skin of one's teeth).*
Si è salvato per un pelo da un incidente di alpinismo. *He came within a*
hair's breadth of having a climbing accident.

---

pena — *punishment*

a mala pena — *barely.*
Sono riuscito a finire in tempo a mala pena. *I barely managed to finish*
on time.

darsi la pena — *to take the trouble.*
Non darti la pena di invitarlo, tanto non viene mai. *Don't go to the*
trouble of inviting him; he never comes.

far pena — *to feel sorry for, to make one weep.*
Abbiamo trovato un gattino abbandonato: faceva un pena! *We found*
an abandoned kitten; we felt so sorry for him.
Quel lavoro era fatto male da far pena. *That job was so badly done it*
could make you cry.

le pene dell'inferno — *hell.*
Ti farò passare le pene dell'inferno. *I'll put you through hell.*

scontare una pena — *to do time.*
"È parecchio che non lo vedo. Come mai?" "Sta scontando una pena
per corruzione." *"I haven't seen him in a long time. How come?"*
"He's doing time for taking bribes."

stare in pena — *to worry.*
Non partire troppo tardi, altrimenti starò in pena per te. *Don't leave*
too late, otherwise I'll worry about you.

valere la pena — *to be worth the trouble.*
Non vale la pena che mi aiuti; lo faccio da solo. *It's not worth your*
trouble to help me; I'll do it myself.

---

penna — *feather, pen*

lasciarci le penne — *(1) to get one's wings clipped.*
Sii prudente, attento a non lasciarci le penne. *Be careful, watch out not*
to get your wings clipped.
(2) to lose one's life.
Vedi **pelle**

lasciare nella penna — *to leave unsaid.*
Ci sono delle buone idee in questo saggio, ma sono appena abbozzate.
  Hai lasciato il meglio nella penna. *There are some good ideas in this
  essay, but they're just outlined. You left the best part unsaid.*

saper tenere la penna in mano — *to know how to write.*
Nonostante non abbia studiato, sa tenere la penna in mano molto
  bene. *Even though he hasn't studied, he knows how to write.*

pennello — *brush*
andare (stare) a pennello — *a good fit.*
Il vestito nuovo mi va (sta) a pennello. *The new dress is a good fit.*

pensiero — *thought*
soprappensiero — *lost in thought.*
Ero soprappensiero e non ti ho sentito arrivare. *I was lost in thought
  and didn't hear you come in.*

stare in pensiero — *to worry.*
È tornato tardi e la mamma stava in pensiero. *He came back late and
  his mother was worried.*

pentola — *pot*
qualcosa bolle in pentola — *something's brewing.*
Fanno troppo i misteriosi; qualcosa bolle in pentola. *They're acting too
  mysteriously; something's brewing.*

pera — *pear*
cascarci come una pera cotta — *to be taken in.*
Gli hanno raccontato che c'era un serpente nel letto e lui ci è cascato
  come una pera cotta. *They told him there was a snake in his bed and
  he was taken in.*

perchè — *because, why*
il perchè e il percome — *the why and wherefore.*
Ero molto preoccupata per lui, ma mi ha spiegato il perchè e il
  percome di quella faccenda per tranquillizzarmi. *I was very worried
  about him, but he explained the why and wherefore of the situation to
  me so as to calm me down.*

perla — *pearl*

una perla — *(1) a gem (admiringly).*

Ci dà tante soddisfazioni, è una perla di ragazza. *She's our pride and joy; she's a gem.*

(2) a gem (ironically).

All'esame ha confuso i Patarini, che protestavano contro i vescovi corrotti, con i Plathyrrhini, che sono un gruppo di scimmie. Una vera perla! *At the exam he confused the Patarines, who protested against corrupt bishops, with the Plathyrrines, a group of monkeys. A real gem!*

---

perso — *lost*

perso per perso — *to have nothing more to lose.*

Perso per perso, propongo di provarci lo stesso. *Since we have nothing more to lose, I suggest that we try just the same.*

---

pesce — *fish*

buttarsi a pesce su — *to make a dive for.*

Si è buttata a pesce su quel paio di scarpe ed è riuscita ad agguantarle prima dell'altra cliente. *She made a dive for that pair of shoes and grabbed them before the other customer.*

fare il pesce in barile — *to pretend one doesn't care, but...*

Ah, sì, sei bravo a fare il pesce in barile, ma lo sappiamo tutti che non dormi la notte sperando nella promozione! *Oh, yes, you're good at pretending you don't care, but we all know that you spend sleepless nights thinking of your promotion!*

non sapere che pesci pigliare — *to be at a loss.*

Quando ci si trova in situazioni inaspettate spesso non si sa che pesci pigliare. *When you find yourself in unexpected situations, you can often be at a loss.*

pesce piccolo (e pesce grosso) — *small fry (and a big shot).*

Dopo aver arrestato tanti pesci piccoli, la polizia finalmente ha arrestato un pesce grosso. *After arresting a lot of small fry, the police finally caught a big fish.*

prendere/trattare qualcuno a pesci in faccia — *to treat someone like dirt.*

Sono andato da lui col cappello in mano per chiedere il suo aiuto, ma lui mi ha trattato a pesci in faccia. E rideva pure! *I went to him hat in hand to ask for his help, but he treated me like dirt! And he even laughed!*

un pesce d'aprile — *an April Fool trick.*
Oggi a scuola abbiamo fatto un pesce d'aprile al professore. *Today at school we played an April Fool trick on the teacher.*

un pesce fuor d'acqua — *a fish out of water (a square peg in a round hole).*
È come un pesce fuor d'acqua in quell'ambiente. *He's like a fish out of water in that group. (He fits into that group like a square peg in a round hole.)*

un pesce lesso — *a boring person.*
Non dirmi che lo vuoi sposare! È proprio un pesce lesso! *Don't tell me you want to marry him! He's so boring!*

peso — *weight*

dare peso a — *to set store by.*
Non dare peso a quel che dice. *Don't set store by what he says.*

levarsi un peso dallo stomaco — *to get it off one's chest.*

Vedi dosso

prendere di peso — *to plagiarize.*
È stato bocciato perché ha preso il saggio di peso da un sito Internet. *He failed because he plagiarized the essay from an Internet site.*

usare due pesi e due misure — *to be partial.*
È famoso per i suoi giudizi, perchè usa due pesi e due misure. *He's famous for his judgments, because he's partial.*

pesta — *track*

essere nelle peste — *to be in a mess.*
Sono nelle peste con tutte le schede di valutazione da dare ai ragazzi. *I'm in a mess with all the evaluation cards I have to give to the children.*

lasciare nelle peste — *to leave in the lurch.*
È stato scorretto da parte sua lasciarmi nelle peste ieri sera. *It was wrong on his part to leave me in the lurch last night.*

peste — *plague*

dire peste e corna di qualcuno — *to paint in very black colors.*
Non è gentile da parte tua dire peste e corna di Maria. *It's not nice of you to paint Mary in black colors.*

petto — *breast*

   battersi il petto — *to beat one's breast.*

   Non è stata colpa tua, smetti di batterti il petto. *It wasn't your fault, so stop beating your breast over it.*

   prendere di petto — *to meet head-on.*

   Aveva paura, ma ha preso di petto la situazione. *He was afraid, but he faced the situation head-on.*

---

pezza — *patch*

   una pezza da piedi — *a door mat.*

   In famiglia è trattata come una pezza da piedi. *At home she's treated like a door mat.*

---

pezzo — *piece*

   a pezzi e bocconi — *in bits and pieces.*

   L'autore ha scritto il suo libro a pezzi e bocconi. *The author wrote his book in bits and pieces.*

   averne per un pezzo — *to be busy for some time.*

   Questo lavoro è difficile e penso che ne avrò per un pezzo. *This work is hard; I think I'll be busy for some time.*

---

piacere — *pleasure*

   che è un piacere — *it's a treat.*

   Mangia che è un piacere! *It's a treat to watch him eat!*

---

piano — *slow*

   andarci piano — *to go easy.*

   Andateci piano con quel dipinto! Costa venti milioni. *Go easy with that painting! It costs twenty million lire.*

   in primo piano — *prominent.*

   Quando c'è da prendere una gratifica sul lavoro, è sempre in primo piano. *When it comes to getting a bonus at work, he's always there first.*

   in secondo piano — *in the background.*

   La sua intelligenza passa in secondo piano rispetto alla sua avidità. *His intelligence goes in the background compared to his greediness.*

---

mettere sullo stesso piano — *to compare.*
Non si possono mettere i due eventi sullo stesso piano. *You can't compare the two events.*

---

pianta — *plant*
di sana pianta — *completely (from beginning to end).*
Che fantasia, ha inventato tutta la storia di sana pianta! *She invented the whole story from beginning to end. What an imagination!*

in pianta stabile — *on a regular basis.*
Si è trasferito nella casa dei suoceri in pianta stabile. *He moved in with his in-laws on a regular basis.*

---

piatto — *plate*
il piatto forte — *the high point.*
Il piatto forte della serata è stato il soprano russo che ha cantato delle arie di Verdi. *The high point of the evening was the Russian soprano singing some Verdi arias.*

sputare nel piatto dove si mangia — *to bite the hand that feeds one.*
Lo so che tua zia ti fa pesare il suo aiuto, ma non devi sputare nel piatto dove mangi. *I understand your aunt makes you pay for her help, but don't bite the hand that feeds you.*

---

piazza — *square*
fare piazza pulita — *to clean out.*
Ho fatto piazza pulita di tutte le cose inutili che ho trovato in casa. *I cleaned out all the useless things I found in the house.*

mettere qualcosa in piazza — *to publicize something.*
Quando suo marito l'ha lasciata, per vendicarsi ha messo in piazza tutte le sue malefatte. *When her husband left her, she publicized all his wrongdoings for revenge.*

rovinare la piazza a qualcuno — *to put a spoke in someone's wheel.*
Lui ha raccontato i pettegolezzi che circolavano su di lei e le ha rovinato la piazza. Non l'hanno assunta. *He spread the gossip about her and put a spoke in her wheel. She didn't get the job.*

---

picche — *spades*
rispondere picche — *to turn someone down flatly.*
Speravo di ottenere il suo permesso, ma mi ha risposto picche. *I hoped to get his permission to do it, but he turned me down flatly.*

picchiato — *nut*
  essere picchiato nella testa — *to have bats in the belfry.*
  Chiunque creda alla sua storia è picchiato nella testa. *Whoever believes his story has bats in the belfry.*

piccione — *pigeon*
  Prendere due piccioni con una fava. *To kill two birds with one stone.*

picco — *peak*
  colare a picco — *to sink.*
  Il capitano colò a picco con la sua nave. *The captain sank with his ship.*

piccolo — *small*
  da piccolo — *as a child.*
  Da piccolo andavo a giocare in quel giardino. *As a child I used to play in that garden.*

  nel proprio piccolo — *in one's small way.*
  Nel mio piccolo, cerco sempre di aiutare il prossimo. *In my small way, I always try to help my neighbor.*

piè — *foot*
  a ogni piè sospinto — *(at every step) without missing an opportunity.*
  Mi ricorda che le devo dei soldi ad ogni piè sospinto. *She doesn't miss a chance to remind me that I owe her money.*

  a piè fermo — *resolutely.*
  Attese a piè fermo i suoi nemici. *He waited resolutely for his enemies.*

  saltare a piè pari — *to skip altogether.*
  Il conferenziere ha saltato a piè pari l'argomento più importante. *The speaker skipped the most important subject altogether.*

piede — *foot*
  a piede libero — *at large.*
  La polizia in tutto il mondo lo sta cercando, ma lui è sempre a piede libero. *The police throughout the world are looking for him, but he's still at large.*

  a piedi — *on foot.*
  Siamo andati al cinema a piedi. *We went to the movie theater on foot.*

alzarsi con il piede sbagliato — *to get up on the wrong side of the bed.*
Che cos'hai stamattina? Ti sei alzato con il piede sbagliato? *What's the matter with you this morning? Did you get up on the wrong side of the bed?*

andarci con i piedi di piombo — *to proceed with extreme caution.*
Bisogna andarci con i piedi di piombo prima di investire i soldi, ma se aspetti ancora un po' lui proporrà quell'affare a qualcun altro. *You must proceed with extreme caution when investing your money, but if you wait any longer he'll offer that deal to someone else.*

avere un piede nella bara (fossa) — *to have one foot in the grave.*
Aveva già un piede nella bara (fossa), ma si è ripreso molto bene. *He already had one foot in the grave, but he recovered well.*

cadere in piedi — *to land on one's feet.*
Non preoccuparti per lui, è uno che cade sempre in piedi. *Don't worry for him; he always lands on his feet.*

Fuori dai piedi! *Get out of my hair!*

in punta di piedi — *on tiptoe.*
Dorme in salotto e mi tocca camminare in punta di piedi. *He's sleeping in the living room and I must walk on tiptoe.*

leccare i piedi a qualcuno — *to lick someone's boots.*
Si capisce che ha fatto carriera, ha leccato i piedi del suo capo fin dal primo giorno. *Of course he's made a big career. He's been licking his boss's boots since the first day.*

levarsi/togliersi dai piedi — *to get out of someone's sight.*
Mi tolgo dai piedi, ho capito, ma non venire a cercarmi quando hai bisogno di me. *I'll get out of your sight, all right, but don't come looking for me when you need me.*

mandare qualcuno fuori dai piedi — *to send someone packing.*
Lui ficca sempre il naso dove non dovrebbe; mandalo fuori dai piedi! *He's always poking around where he shouldn't; send him packing!*

mettere in piedi — *to start.*
È merito tuo se abbiamo messo in piedi questo gruppo. *It's to your merit that we got this group started.*

mettere piede — *to set foot.*
Non ho mai messo piede lì dentro e mai ce lo metterò. *I never set foot in there and I never will.*

mettere qualcuno sotto i piedi — *to walk all over someone.*
Non lasciarti mettere sotto i piedi da lui, non è migliore di te! *Don't let him walk all over you; he's no better than you!*

non reggersi in piedi — *not to hold water.*
Il suo ragionamento non si regge in piedi. *His reasoning doesn't hold water.*

pestare i piedi — *(1) to tread on someone's toes.*
Per riuscire nei miei intenti dovrò pestare i piedi a molte persone. *To get where I want to I'll have to tread on a lot of toes.*
(2) to stamp one's feet.
Quel bambino è capriccioso; gli basta pestare i piedi per ottenere ciò che vuole. *That child is so capricious; he just stamps his feet and gets what he wants.*

prender piede — *to take hold (catch on).*
La moda dei tacchi alti ha preso piede dopo l'estate. *The fad for high heels took hold (caught on) after the summer.*

puntare i piedi — *to dig one's heels.*
C'è riuscito solo puntando i piedi. *He succeeded only by digging his heels.*

restare a piedi — *to fall short (of resources).*
Ma avete fatto i conti di quanto vi costa il lancio del nuovo prodotto? State attenti a non rimanere a piedi. *Did you calculate how much the launch of the new product will cost you? Be careful that you don't fall short of money.*

rimettere in piedi — *to put someone (something) back on his feet.*
Ha rimesso in piedi l'azienda con l'aiuto di un suo amico. *He put the firm back on its feet with the help of a friend of his.*

su due piedi — *then and there.*
Lo licenziarono su due piedi. *They fired him then and there.*

tenere il piede in due staffe — *to run with the hare and hunt with the hounds.*
È un uomo ambiguo e opportunista che tiene sempre i piedi in due staffe. *He's an ambiguous opportunist; he runs with the hare and hunts with the hounds.*

un lavoro fatto con i piedi — *a very poor piece of work.*
Va rifatto subito! È un lavoro fatto con i piedi. *This has to be redone immediately! It's a very poor piece of work.*

piedistallo — *pedestal*
  mettere sul piedistallo — *to put on a pedestal.*
  Ti ho messo sul piedistallo, ma mi accorgo di aver commesso un
    errore. *I put you on a pedestal, but I realize I've made a mistake.*

---

piega — *fold*
  non fare una piega — *(1) to be flawless.*
  La sua spiegazione non fa una piega. *His explanation is flawless.*
  (2) to be completely unruffled.
  Gli hanno detto che sarebbe andato in prigione e lui non ha fatto una
    piega! *They told him he would go to prison and he was completely
    unruffled!*
  prendere una brutta piega — *to take a turn for the worse.*
  Sembrava che ce la facessero a salvare la ditta, ma ultimamente le
    cose hanno preso una brutta piega. *It looked as if they could save the
    firm, but lately things have taken a turn for the worse.*
  prendere una buona piega — *to shape up well.*
  Le cose prendono una buona piega per noi. *Things are shaping up well
    for us.*

---

pieno — *full*
  pieno di sè — *full of oneself.*
  È talmente pieno di sè che non si accorge neppure di diventare
    maleducato; chi crede di essere? *He's so full of himself that he
    doesn't even notice how rude he gets; who does he think he is?*

---

pietra — *stone*
  la pietra dello scandalo   *the cause of the scandal.*
  Lei è la pietra dello scandalo perchè ha avuto una storia con suo co-
    gnato. *She's the cause of the scandal because she had an affair with
    her brother-in-law.*
  Mettiamoci una pietra su. *Let's let bygones be bygones.*

---

pillola — *pill*
  indorare la pillola — *to sugarcoat the pill.*
  Glielo dirò io cercando di indorare la pillola. *I'll try to sugarcoat the
    pill when I tell him.*

---

pinza — *pliers*
    prendere con le pinze — *to handle with kid gloves.*
    Vedi prendere con le molle.

piovere — *to rain*
    Non ci piove! *But of course!*

    Piove sul bagnato — *(To indicate good luck) Nothing succeeds like
    success. (To indicate bad luck) It never rains but it pours.*

pisolino — *nap*
    fare un pisolino — *to take a nap.*
    Mi piace fare un pisolino dopo pranzo. *I like to take a nap after lunch.*

più — *more*
    a più non posso — *for all one is worth.*
    Correva a più non posso. *He was running for all he was worth.*

    chi più chi meno — *each to a different degree.*
    Chi più chi meno siamo tutti d'accordo che solo lei può salvare il
    governo. *We all agree, each to a different degree, that she's the only
    person who can save the government.*

    chi più ne ha più ne metta! — *to go on and on about.*
    È generoso, simpatico, buono; chi più ne ha più ne metta. *He's
    generous, nice, good; you could go on and on about him.*

    nè più nè meno — *in person.*
    Sai chi è capitato alla festa a casa mia? Nè più nè meno che Madonna!
    *Do you know who showed up at my party last night? Madonna, in
    person!*

    parlare del più e del meno — *to talk of this and that.*
    Abbiamo preso un caffè insieme parlando del più e del meno. *We had
    coffee together and talked of this and that.*

    per di più — *what's more.*
    Era antipatico e per di più sgradevole di aspetto. *He was disagreeable,
    and what's more, unpleasant to look at.*

    per lo più — *for the most part.*
    C'era molta gente, per lo più americani. *There were a lot of people, for
    the most part Americans.*

più che mai — *more than ever.*
Sono più che mai convinta che sia stato lui a rivelare la notizia alla stampa. *I'm certain more than ever that it was he who leaked the news to the press.*

più ... meglio è — *the more the merrier.*
Porta anche tua sorella; più siamo meglio è. *Bring your sister too; the more the merrier.*

---

tanto più — *all the more so.*
Quel film non mi interessa, tanto più che i miei figli non vogliono vederlo. *That film doesn't interest me, all the more so because my children don't want to see it.*

---

tutt'al più — *(1) at the most.*
Tutt'al più ci vogliono tre chili di patate. *At the most, you need three kilos of potatoes.*
(2) at the worst.
Tutt'al più dovremo ricominciare da capo. *At the worst we'll have to start from scratch.*

---

piva — *bagpipe*
tornarsene con le pive nel sacco — *to return empty-handed.*
È partito con la speranza di fare fortuna, ma se n'è tornato con le pive nel sacco. *He left with the hope of making it big, but he returned empty-handed.*

---

pizza — *pizza*
una pizza — *a bore.*
Ha parlato per due ore al convegno senza dire niente. Una pizza! *He talked for two hours at the conference without saying much. We were all bored stiff.*

---

poco — *little*
a dir poco — *to put it mildly.*
A dir poco, vorrei che non fosse venuto. *To put it mildly, I wish he hadn't come.*

da poco — *slight.*
È una ferita da poco. *It's a slight wound.*

tra poco — by and by (in a short time).

Non essere impaziente, tra poco sarà tutto fatto. *Don't be impatient; by and by it will all be done.*

---

pollice — thumb

girarsi i pollici — to twiddle one's thumbs.

Cosa vuoi che faccia? Se non mi mandano quei dati posso solo girarmi i pollici. *What would you like me to do? If they don't send me the data all I can do is to twiddle my thumbs.*

---

pollo — chicken

conoscere i propri polli — to know with whom one has to deal.

I suoi studenti si credono più furbi di lui, ma quell'insegnante conosce i suoi polli. *His students think they can outsmart him, but that teacher knows with whom he has to deal.*

far ridere i polli — to look ridiculous.

Ma cosa credi di fare con quella parrucca in testa? Fai ridere i polli! *What are you doing wearing that wig? You look ridiculous!*

un pollo da spennare — a sucker.

Credeva di aver trovato un pollo da spennare, invece è lui che è rimasto incastrato. *He thought he had found a sucker, but instead he's the one who got nailed.*

---

polpetta — meatball

far polpette di — to mop the floor with (to make mincemeat of).

La squadra ospite fece polpette della squadra di casa. *The visiting team mopped the floor with (made mincemeat of) the home team.*

---

polso — pulse

avere polso — to be firm.

È un uomo buono, ma sa avere polso. *He's a good man, but he knows how to be firm.*

tastare il polso della situazione — to see the lay of the land.

Penso di partecipare, ma prima voglio tastare il polso della situazione. *I think I'll come, but first I want to see the lay of the land.*

---

polvere — dust

gettare polvere negli occhi — to pull the wool over someone's eyes.

È inutile che getti polvere negli occhi; si accorgeranno che tipo sei. *It's useless trying to pull the wool over their eyes; they'll find out what kind of person you are.*

mordere la polvere — *to bite the dust.*
Non si accontentò di vincere, ma fece mordere la polvere all'avversario. *He wasn't content with winning, but he made his opponent bite the dust.*

polverone — *thick cloud of dust.*
sollevare un polverone — *to raise hell.*
Quando lo hanno accusato di prendere delle bustarelle, ha sollevato un polverone. *When they accused him of taking bribes, he raised hell.*

pomo — *apple*
il pomo della discordia — *the bone of contention.*
La nuova legge sugli affitti è il pomo della discordia al consiglio comunale. *The new rent law is a bone of contention in the city council.*

ponte — *bridge*
fare il ponte — *to take an extra long weekend.*
Martedì è vacanza. Lunedì non andrò a lavorare, farò il ponte. *Tuesday is a vacation. Monday I won't go to work, I'll take an extra long weekend.*

fare ponti d'oro — *to offer advantageous terms.*
La ditta ha fatto ponti d'oro a Riccardo. *The firm has offered advantageous terms to Richard.*

tagliare i ponti — *to burn one's bridges.*
Ha dato le dimissioni ed ha tagliato i ponti con la società. *He resigned and burned his bridges with the firm.*

poro — *pore*
sprizzare ... da tutti i pori — *to be bursting with.*
Il giorno del matrimonio sprizzava gioia da tutti i pori. *The day of his wedding he was bursting with joy.*

porta — *door*
accompagnare una porta — *to close a door gently.*
Per favore, accompagna la porta, se no sbatte. *Please, close the door gently, or it'll slam.*

mettere alla porta — *to throw someone out.*
Si è comportato male ed ho dovuto metterlo alla porta. *He behaved rudely and I had to throw him out.*

prendere la porta — *to leave.*

Mi sono arrabbiato ed ho preso la porta. *I got angry and left.*

sbattere la porta in faccia a qualcuno — *to slam the door in someone's face.*

Sono andata a chiedergli un lavoro e mi ha sbattuto la porta in faccia. *I went to ask him for a job and he slammed the door in my face.*

sfondare una porta aperta — *(1) to flog a dead horse.*

Non hai scoperto niente di nuovo; hai sfondato una porta aperta. *You didn't discover anything; you've been flogging a dead horse.*

(2) to obtain effortlessly.

Credevo di faticare a convincerlo, ma lui ha detto subito di sì. Ho sfondato una porta aperta. *I thought I would have a hard time convincing him, but he said yes at once. I didn't need to go to so much trouble!*

---

portafoglio — *wallet*

alleggerire del portafoglie a qualcuno — *to steal something from someone.*

Mentre guardava il panorama gli hanno alleggerito il portafoglio. *While he was admiring the view they stole his wallet.*

---

porto — *port*

condurre in porto — *to conclude successfully.*

Hanno condotto in porto l'affare con la City Bank. *They successfully concluded the deal with City Bank.*

un vero porto di mare — *like Grand Central Station.*

La nostra casa è sempre piena di gente, è un vero porto di mare. *Our house is always full of people; it's like Grand Central Station.*

---

possibile — *possible*

fare il possibile — *to do one's best.*

Farò il possibile per aiutarti a trovare lavoro. *I'll do my best to help you find a job.*

---

posto — *place*

essere a posto — *to be set.*

Se vendiamo la casa entro dicembre, siamo a posto. *If we sell the house by the end of December, we're set.*

fuori posto — *out of place.*

I tuoi commenti alla riunione erano fuori posto. *Your comments at the meeting were out of place.*

il posto fisso — *a secure job.*
Il posto fisso? Ma di cosa parli? Non esiste più il posto fisso. *A secure
    job? What are you talking about? There are no more secure jobs.*
mettere a posto qualcuno — *to put someone in his/her place.*
Non fare il gradasso o ti metto a posto. *Don't be a braggart or I'll put
    you in your place.*
mettere le cose a posto — *to set things straight.*
Quando verrà la mamma metterà le cose a posto. *When mother comes
    she'll set things straight.*
mettersi a posto — *to settle down.*
Luigi ha trovato un buon lavoro e ha comprato una casa. Si è messo a
    posto, insomma. *Luigi found a good job and bought a house. He
    settled down, I'd say.*

potere — *to be able*
a più non posso — *as fast (strongly) as one can.*
Correva a più non posso per non perdere il treno. *He ran as fast as he
    could so as not to miss the train.*
non poterne più — *to have had it.*
Non ne posso più di questa vita noiosa. *I've had it with this boring life.*

povero — *poor*
povero in canna — *poor as a churchmouse.*
Sono poveri in canna, ma sembra che non gliene importi affatto.
    They're poor as churchmice, but they don't seem to mind it at all.

pozzo — *well*
il pozzo di San Patrizio — *the widow's purse.*
Non pensare di vivere in eterno alle mie spalle, non sono il pozzo di
    San Patrizio. *Don't think you can live off me forever; I'm not the
    widow's purse.*

precipizio — *precipice*
correre a precipizio — *to run at top speed.*
Il bambino gridò e la madre corse a precipizio verso di lui. *The child
    cried and his mother ran toward him at top speed.*

preda — *prey*
in preda a — *in a fit of.*
Quando la soccorsero era in preda a una crisi di nervi. *When they
    came to help her she was in a fit of nerves.*

predicare — *to preach*
  predicare bene e razzolare male — *to talk the talk and [not to] walk the walk.*
  Dopo aver predicato per anni che bisogna pagare le tasse fino all'ultimo centesimo, è stato arrestato per frode fiscale. Quando si dice predicare bene e razzolare male... *After preaching for years that you must pay your taxes to the last cent, he's been arrested for tax evasion! Speaking of talking the talk but not walking the walk...*

pregare — *to pray*
  farsi pregare — *to take persuading.*
  Non farti pregare, vieni con noi. *Come on; come along with us.*

prendere — *to take*
  Che ti prende? *What's the matter with you?*
  O prendere o lasciare. *Take it or leave it.*
  prendersela — *to take offense.*
  Dài, non prendertela, scherzava soltanto! *Come on, don't take offense! He was only joking.*

presa — *grip*
  alle prese — *wrestling with.*
  Sono alle prese con questo problema da tempo. *I've been wrestling with this problem for a long time.*
  far presa — *to catch.*
  Quell'argomento ha fatto presa su di me. *That argument convinced me.*

presente — *present*
  far presente — *to draw someone's attention.*
  Faccio presente alla presidenza che nessuno dei congressisti conosce l'inglese. *I draw the chairman's attention to the fact that none of the participants speaks English.*
  tenere presente — *to bear in mind.*
  Tieni presente che sono già le undici. *Bear in mind that it's already eleven o'clock.*

presenza — *presence*
  [essere] di bella presenza — *to cut a fine figure.*
  Umberto è di bella presenza, ma quanto a cervello... *Umberto cuts a fine figure, but when it come to his brain...*

presenza di spirito — *presence of mind.*
Si è salvato solo grazie alla sua presenza di spirito. *He was saved only by his presence of mind.*

prezioso — *precious*
far il prezioso — *to play hard to get.*
Vieni con noi Stefano, non fare il prezioso. *Come with us Stephen; don't play hard to get.*

prezzemolo — *parsley*
essere come il prezzemolo — *to turn up everywhere.*
Oh, no, c'è anche lui alla conferenza! È impossibile evitarlo: è come il prezzemolo. *Oh, no, he too is at this lecture! It's impossible to avoid him; he turns up everywhere.*

prezzo — *price*
prezzo di favore — *a reduced price.*
Mi ha fatto un prezzo di favore. *He gave me a reduced price.*

prima — *first, before*
quanto prima — *as soon as possible.*
Ti farò sapere quanto prima. *I'll let you know as soon as possible.*

processo — *trial*
fare il processo a qualcuno — *to put someone through hell.*
Non farmi il processo ogni volta che faccio il minimo sbaglio. *Don't put me through hell every time I make the slightest mistake.*

prontezza — *readiness*
prontezza di spirito — *ready wit.*
La sua prontezza di spirito lo ha salvato molte volte. *His ready wit has saved him many times.*

proposito — *resolution*
a proposito — *(1) at the right time.*
Arrivi a proposito: aiutami a raccogliere le mele. *You've arrived at the right time; help me pick the apples.*
(2) by the way.
A proposito, quando parti? *By the way, when are you leaving?*

proprio — *one's own*

dire la propria (opinione) — *to speak one's mind.*

Adesso che hai detto la tua e hai offeso tutti, cosa facciamo? *Now that you've spoken your mind, thus offending just about everyone, what are we going to do?*

prova — *test*

a tutta prova — *which has passed all tests.*

La sua fedeltà è a tutta prova. *Her loyalty has passed all tests.*

la prova del fuoco — *the crucial test.*

La partita di giovedì sarà la prova del fuoco. *Thursday's game will be the crucial test.*

la prova del nove — *the conclusive proof.*

La prova del nove che hai ragione verrà fuori della sua testimonianza. *The conclusive proof that you're right will come from his testimony.*

mettere alla prova — *to put through one's paces (to put to the test).*

Ti assumerò solo dopo averti messo alla prova. *I'll hire you only after putting you through your paces (to the test).*

reggere alla prova — *to stand the test.*

Reggerai alla prova definitiva? *Will you stand the final test?*

provare — *to try*

prova e riprova — *by trial and error.*

Provando e riprovando hanno trovato la soluzione a quel problema di matematica. *By trial and error they found the solution to the mathematical problem.*

pubblicità — *publicity*

farsi pubblicità — *to blow one's own horn.*

Non perde occasione per farsi pubblicità. *He doesn't miss a chance to blow his own horn.*

pugnalata — *stab*

una pugnalata alla schiena — *a stab in the back.*

Non me lo aspettavo proprio di lui; è stata una pugnalata alla schiena. *I didn't expect it from him; it was a stab in the back.*

pugno — *fist*

di proprio pugno — *in one's own hand.*

Hanno trovato uno spartito del grande compositore scritto di suo pugno. *They found a score of the great composer written in his own hand.*

in pugno — *all sewed up.*

Ha la vittoria in pugno. *He has the victory all sewed up.*

rimanere con un pugno di mosche — *to be left empty-handed.*

Si aspettava di prendere quell'eredità, ma è rimasto con un pugno di
   mosche. *He expected to get that inheritance, but he was left empty-
   handed.*

tenere qualcuno in pugno — *to have someone in one's power.*

È molto importante; tiene tutti in pugno. *He's very important; he has
   everyone in his power.*

un pugno in un occhio — *an eyesore.*

Il colore della sua camicia è un pugno in un occhio. *The color of his
   shirt is an eyesore.*

---

pulce — *flea*

fare le pulci a qualcuno — *to tear someone down.*

Le hanno fatto le pulci tutta la sera, ma quando è arrivata erano tutti
   sorrisi e complimenti. *They tore her down the entire evening, but
   when she arrived they were all smiles and compliments.*

mettere una pulce nell'orecchio — *to put a flea in one's ear (a nagging
   suspicion).*

Con quel che hai detto mi hai messo una pulce nell'orecchio. *What
   you said put a flea in my ear (gave me a nagging suspicion).*

---

pulcinella — *Punch*

il segreto di pulcinella — *open secret*

La sanno tutti ormai: è il segreto di pulcinella. *Everyone knows it by
   now; it's an open secret.*

---

pulcino — *chick*

essere un pulcino nella stoppa — *not to know which way to turn.*

Si trova in difficoltà; è un pulcino nella stoppa. *He's in difficulty; he
   doesn't know which way to turn.*

parere un pulcino bagnato — *to be timid and ill at ease.*

Se ne sta in un angolo e non parla con nessuno; sembra un pulcino
   bagnato. *She's sitting in a corner without talking to anyone; she looks
   so timid and ill at ease.*

---

pulito — *clean*

lasciare qualcuno pulito — *to clean someone out.*

Mi ha vinto tutti i soldi a carte e mi ha lasciato pulito. *He won all my
   money playing cards and cleaned me out.*

pulpito — *pulpit*

salire sul pulpito — *to preach.*
Anche se deve dire due sciocchezze sale sempre sul pulpito. *Even if he has to say silly things, he preaches.*

Senti da che pulpito viene la predica! *It's the pot calling the kettle black!*

---

punta — *point*

prendere qualcuno di punta — *to attack someone head on.*
Mi prende sempre di punta e alla fine non ottiene niente. *She always attacks me head on, and in the end she gets nowhere.*

---

puntino — *dot*

a puntino — *to a turn.*
L'arrosto è cotto a puntino. *The roast is done to a turn.*

mettere i puntini sulle i — *to dot one's i's and cross one's t's.*
È un tipo meticoloso che; mette i puntini sulle i. *He's meticulous; he always dots his i's and crosses his t's.*

---

punto — *point, stitch*

a buon punto — *well along.*
La costruzione della nuova casa è a buon punto. *The construction of the new house is well along.*

dare dei punti a qualcuno — *to beat someone soundly.*
Mi ha sempre dato dei punti a scacchi; perchè mi ostino a giocare con lui? *He's always beaten me soundly at chess; why do I keep on playing with him?*

di punto in bianco — *all of a sudden.*
Credevo di essere solo in casa quando è apparso mio figlio di punto in bianco. *I thought I was alone at home, when my son appeared out of the blue.*

di tutto punto — *spiffily dressed.*
La macchina l'ha bagnato completamente. Peccato, era vestito di tutto punto. *The car splashed water all over him. Too bad! He was spiffily dressed.*

fare il punto su — *to sum up.*
Nel suo discorso ha fatto il punto sulla situazione. *In his speech he summed up the situation.*

in punto — *on the dot.*
Ci vediamo alla stazione alle 4 in punto. *We'll meet at the station at 4 on the dot.*

mettere a punto — *(1) to set up.*
Abbiamo messo a punto un programma di scambi con un'università cinese. *We set up an exchange program with a Chinese university.*
(2) to clarify.
Hanno discusso per delle ore, ma almeno hanno messo a punto i termini della questione. *They argued for hours but at least they clarified the issue.*

punto e basta — *period.*
Non lo voglio fare, punto e basta. *I don't want to do it, period.*

punto morto — *dead end.*
Siamo arrivati a un punto morto. *We've come to a dead end.*

un punto fermo — *a non-negotiable point.*
Possiamo parlare di molti dettagli, Generale, ma il ritiro delle sue truppe è un punto fermo. *We can talk about a lot of details, General, but the withdrawal of your troops is not negotiable.*

venire al punto — *to come to the point.*
Non divagare, vieni al punto. *Don't be distracted, come to the point.*

---

pupilla — *pupil*
la pupilla degli occhi — *the apple of one's eye.*
Mia figlia è la pupilla dei miei occhi. *My daughter is the apple of my eye.*

---

puzza, puzzo — *stink*
avere la puzza sotto il naso — *to be snooty.*
Nessun corteggiatore le va bene; ha la puzza sotto il naso! *No suitor is good enough for her; she's really snooty.*

sentir puzzo d'imbroglio (di bruciato) — *to smell a rat.*
È un'ora che parlottano tra di loro; sento puzzo d'imbroglio. *They've been talking secretively for an hour; I smell a rat.*

229

quadrato — *square*

fare quadrato — *to close ranks.*
Gli studenti hanno fatto quadrato intorno al professore per difenderlo dalle accuse. *The students closed ranks around their teacher to defend him from the accusations.*

quadratura — *squaring*

la quadratura del cerchio — *[to try] to square the circle.*
Trovare una soluzione a questa crisi è come trovare la quadratura del cerchio. *Finding a solution to the crisis is like trying to square the circle.*

la quadratura mentale — *level-headedness.*
Ti puoi fidare di lei, ha una notevole quadratura mentale. *You can trust her; she's remarkably level-headed.*

quadro — *picture*

fuori quadro — *ill at ease.*
Mi sento proprio fuori quadro in un ambiente del genere. *I feel ill at ease in that kind of place.*

il quadro della situazione — *the way things stand.*
Dammi il quadro della situazione se vuoi che ti aiuti. *Tell me the way things stand if you want me to help you.*

qualcuno — *anybody*

qualcuno — *important person.*
Tutti quelli che sono qualcuno ci saranno. *Anybody who is anybody will be there.*

quale — *who, that*

non tanto per la quale — *not to be trusted.*
È una persona non tanto per la quale. *He's slightly untrustworthy.*

qualsiasi/qualunque — *anyone*
  una persona qualsiasi/qualunque — *a nobody.*
  Come osi parlargli così? Non è mica una persona qualsiasi! *How dare you talk to him like that? He's not just a nobody.*

---

quando — *when*
  di quando in quando — *every so often.*
  Vado al cinema di quando in quando. *I go to the movies every so often.*

---

quanto — *how much*
  per quanto mi riguarda — *as far as I'm concerned.*
  Per quanto mi riguarda, va benissimo. *As far as I'm concerned, it's fine.*
  quanto mai — *extremely.*
  È una persona quanto mai gentile. *She's extremely kind.*
  questo è quanto — *that's that.*
  "E non ti ha detto nient'altro?" "No, questo è quanto." *"And he didn't say anything else?" "No, that's that."*

---

quarantotto — *forty-eight*
  fare un quarantotto — *to raise Cain.*
  Quando ha visto che non riusciva a ottenere ciò che voleva, ha fatto un quarantotto. *When he saw that he couldn't get what he wanted, he raised Cain.*

---

quaresima — *Lent*
  lungo come la quaresima — *to take forever to do something.*
  Non spiegarmelo un'altra volta, ho capito! Sei davvero lungo come la quaresima. *Stop explaining it to me, I got it. You explain things to death!*

---

quarta — *fourth gear (of an automobile)*
  partire in quarta — *to take off like a bat.*
  Si è offeso; è partito in quarta e non l'abbiamo più visto. *He got offended; he took off like a bat and we haven't seen him since.*

---

quattro — *four*
  dirne quattro — *to give a piece of one's mind.*
  Ero così arrabbiato che gliene ho dette quattro. *I was so angry that I gave him a piece of my mind.*

farsi in quattro — *to knock oneself out.*
Si è fatta in quattro per aiutarti. *She knocked herself out to help you.*

in quattro e quattr'otto — *in short order (right away).*
Avrai molta fame; ti preparo qualcosa in quattro e quattr'otto. *You must be very hungry; I'll make you something to eat in short order (right away).*

Quattro occhi vedono meglio di due. *Two minds work better than one.*

quello — *that*
Ne fa di quelle! *He's such a troublemaker!*

questione — *issue*
farne una questione di lana caprina — *to split hairs.*
D'accordo, il GDP è cresciuto del 3,5%, non del 3,6%! Ne stai facendo una questione di lana caprina! *O.K., the GDP grew by 3.5%, and not by 3.6%. You're splitting hairs!*

quiproquò — *here instead of there*
un quiproquò — *a misunderstanding.*
C'è stato un quiproquò e non ci siamo trovati all'appuntamento. *We had a misunderstanding and we missed our appointment.*

quinta — *wing*
dietro le quinte — *behind the scenes.*
Mi piacerebbe sapere chi sta dietro le quinte; c'è qualcosa di strano qui. *I'd certainly like to know who's working behind the scenes; there's something strange going on.*

quota — *height*
riprendere quota — *for one's situation to improve.*
Le mie quotazioni con il principale stanno riprendendo quota; magari mi darà la promozione. *My standing with the boss has improved; maybe he'll give me the promotion.*

raccapezzarsi — *to get it*
  non raccapezzarsi — *not to get it.*
  Li ho visti passeggiare nel parco mano nella mano. Non avevano
    divorziato? Non mi raccapezzo più. *I saw them stroll hand in hand
    in the park. Hadn't they divorced? I don't get it.*

raccomandarsi — *to implore*
  mi raccomando — *to implore.*
  Mi raccomando, non dire niente a nessuno. *I implore you not to tell
    anyone anything about it.*

raccomandato — *recommended*
  raccomandato di ferro — *to have friends in high places.*
  È un raccomandato di ferro; è il figlio del sottosegretario del Ministro
    della Pubblica Istruzione. *He's got friends in high places; he's the son
    of the Undersecretary of the Ministry of Education.*

raccontare — *to tell*
  A chi la racconti? *Whom are you trying to kid?*

radiografia — *X-ray*
  fare la radiografia — *to examine in detail.*
  Hanno passato molte ore a fare la radiografia della situazione. *They
    spent many hours examining their situation in detail.*

radice — *root*
  mettere radici — *to settle.*
  Sono nata a Torino, ma poi mi sono trasferita a Roma e ci ho messo
    radici. *I was born in Turin, but then I moved to Rome and settled
    down there.*

233

raggio — *ray*

a vasto raggio — *far-reaching.*
Hanno fatto un'indagine a vasto raggio. *They conducted a far-reaching investigation.*

raggio d'azione — *range.*
Il missile ha un raggio d'azione di 3.000 chilometri. *The missile has a 3,000-kilometer range.*

---

ragione — *reason*

a maggior ragione — *all the more reason.*
È andata male, ma a maggior ragione dobbiamo ricontrollare tutto e provare ancora. *It went badly, but all the more reason for us to check it out and try again.*

a ragione o a torto — *rightly or wrongly.*
A ragione o a torto si è impegnato; è giusto che vada fino in fondo. *Rightly or wrongly he's gotten involved; it's right that he see it through to the end.*

a ragion veduta — *after due consideration.*
Non voglio decidere subito. Ho bisogno di tempo per fare le cose a ragion veduta. *I don't want to decide right away. I need time to do things after due consideration.*

aver ragione di qualcuno — *to get the better of.*
Erano in quattro e hanno avuto ragione di lui. *There were four of them and they got the better of him.*

avere ragione da vendere — *to be absolutely right.*
Ha protestato energicamente e ha ragione da vendere. *He protested strongly, and he's absolutely right.*

dare ragione a — *to admit that someone is right.*
Ti dò ragione; mi ero sbagliato. *I admit that you're right; I was wrong.*

darle di santa ragione — *to give a beating.*
Suo padre si è arrabbiato e gliele ha date di santa ragione. *His father got angry and gave him a beating.*

essere dalla parte della ragione — *to be in the right.*
È dalla parte della ragione, ma perderà la causa perchè la compagnia petrolifera è troppo potente. *He's in the right, but he'll lose the lawsuit because the oil company is too powerful.*

farsi ragione da sé — *to take justice in one's own hands.*
Credevo scherzasse, invece ha preso il fucile e si è fatto ragione da sé.
*I thought he was joking; instead he took a gun and took justice into
his own hands.*

farsi una ragione di — *to resign oneself to.*
Finalmente si è fatto una ragione della morte di sua madre. *At last he's
resigned himself to his mother's death.*

non esserci ragione che tenga — *for nothing to be done about it.*
Non c'è ragione che tenga; non mi sento di esaminare una persona se
non conosco bene la materia. *There's nothing to be done about it; I
don't feel I can test a person if I don't know the subject well.*

non sentir ragione — *not to listen to reason.*
Tutti gli davano contro, ma non voleva sentire ragione e insisteva nel
suo punto di vista. *Everyone was against him, but he wouldn't listen
to reason, and he insisted on his point of view.*

rendere di pubblica ragione — *to make public knowledge.*
Intendo rendere di pubblica ragione quello che ho sentito qui oggi. *I
intend to make public knowledge what I heard here today.*

---

ragno — *spider*
non cavare un ragno dal buco — *to get nowhere.*
Senza un esperto che ci aiuti non cavaremo un ragno dal buco.
Without an expert to help us, we'll get nowhere.

---

rallentatore — *slow-motion camera*
procedere al rallentatore — *to go slowly.*
Faceva così caldo che tutti si muovevano al rallentatore. *It was so hot
that everyone moved in slow motion.*

---

ramengo — *ruin*
andare a ramengo — *to go to the dogs.*
A causa dell'aumento dei prezzi delle materie prime, gli affari stanno
andando a ramengo. *Because of the increase in the prices of raw
materials, business is going to the dogs.*

Ma va' a ramengo! *Get lost! Go to hell!*

---

ramo — *branch*
un ramo di pazzia — *a streak of madness.*
C'è un ramo di pazzia nella famiglia. *There's a streak of madness in the
family.*

235

un ramo secco — *a dead branch.*

Se ascolti lei, tre reparti su dieci sono rami secchi da tagliare. *If you
listen to her, three departments out of ten are dead branches that must
be cut.*

---

rampante — *rampant*
i rampanti — *the yuppies.*
Gli anni ottanta sono stati gli anni dei giovani rampanti. *The eighties
were the years of the yuppies.*

---

rango — *rank*
rientrare nei ranghi — *to return to the ranks.*
Hai voluto fare di testa tua e sei rimasto senza lavoro; rientra nei
ranghi e vedrai che ti troverai bene! *You wanted to do as you
pleased and you're left without a job; return to the ranks and you'll
see you'll be fine!*

---

rapa — *turnip*
essere una testa di rapa — *to be a dunce.*
Sei proprio una testa di rapa in matematica. *You're really a dunce at
math.*

---

rasoio — *razor*
camminare sul filo del rasoio — *to walk on a razor's edge.*
Non ti preoccupare; ha sempre camminato sul filo del rasoio con quel
suo mestiere. Anche questa volta se la caverà. *Don't worry; he's
always walked on a razor's edge with his job. He'll make out fine this
time too.*

---

razza — *race*
che razza di? — *what kind of?*
Che razza di scherzo è questo? Non lo trovo per niente divertente!
What kind of joke is this? I don't find it one bit funny!

di razza — *first-rate.*
È un attore di razza, ma non ha mai avuto l'occasione buona. *He's a
first-rate actor, but he never got the right chance.*

fare razza a sè — *to be standoffish.*
I Brunialti non si mescolano alla folla, fan razza a sè. Mi dici perchè si
danno tante arie? *The Brunialtis don't mix with the crowd, they're
standoffish. Why do they put on so many airs?*

razzo — *rocket*
  come un razzo — *like a shot.*
  È partito come un razzo; ha ricevuto una brutta notizia? *He went off like a shot; did he get some bad news?*

  essere un razzo — *to be as quick as lightning.*
  Hai già finito? Ma sei un razzo! *Have you finished already? You're as quick as lightning!*

re — *king*
  da re — *fit for a king.*
  Mi son fatta un pranzo da re; dopo venti giorni di dieta ne avevo proprio bisogno. *I had a dinner fit for a king; after twenty days of dieting I really needed it.*

reagire — *to react*
  reagire [bene o male] — *to take something [well or badly].*
  Ha reagito bene quando le hanno detto che non era stata ammessa a medicina. *She took it well when they told her she had not been admitted to medical school.*

  senza reagire — *without showing any emotion.*
  Ha accolto la notizia della morte di suo figlio senza reagire. *She received the news of her son's death without showing any emotion.*

recitare — *to act*
  recitare — *to play a part.*
  Recita sempre la parte dell'intellettuale per attirare l'attenzione. *He always plays the part of the intellectual to attract attention.*

recitare — *to act*
  recitare [la commedia] — *to playact.*
  Ma se lo sanno tutti che recita! Solo tu gli credi ancora. *Everyone knows he's playacting! You're the only one who still believes him.*

redine — *rein*
  Vedi lasciare le briglie sul collo.

reggere — *to bear*
  non reggere — *not to stand up to.*
  I tuoi argomenti non reggono a una critica serrata. *Your arguments don't stand up to strong criticism.*

regime — *regime*
  mettersi a regime — *to go on a diet.*
  Il dottore le ha elencato tutte le malattie legate al sovrappeso e
  finalmente si è messa a regime. *The doctor enumerated all the
  diseases linked with obesity and finally she went on a diet.*

registro — *register*
  cambiare registro — *to change one's behavior.*
  Ha passato due notti in carcere e da allora ha cambiato registro. *He
  spent two nights in jail and since then he's changed his behavior.*

regola — *rule*
  a regola d'arte — *perfectly.*
  Quel falegname è caro, ma fa i lavori a regola d'arte. *That carpenter is
  expensive, but he does his job perfectly.*

  essere in regola con qualcuno — *to be even with someone.*
  Ho pagato tutti i debiti; adesso sono in regola con tutti. *I've paid all
  the debts; now I'm even with everyone.*

  in regola — *in order.*
  I documenti sono in regola; possiamo partire. *The papers are in order;
  we can leave.*

regolamento — *settlement*
  regolamento di conti — *settling of old scores.*
  È stato ucciso per un regolamento di conti; è un delitto mafioso. *He
  was killed in a settling of old scores; it was a Mafia murder.*

regolare — *to regulate*
  sapersi regolare — *to know how to behave.*
  Guarda che lui ha dei precedenti penali. Te lo dico solo perché tu ti
  sappia regolare. *I warn you that he's got a rap sheet. I'm telling you
  so you can take some precautionary measures.*

regolata — *adjustment*
  darsi una regolata — *to mend one's ways.*
  Fumava e beveva troppo, ma ultimamente s'è data una regolata. *She
  was smoking and drinking too much, but lately she has mended her
  ways.*

religione — *religion*
  Non c'è più religione! *Nothing is sacred!*

relitto — *wreck*
  un relitto della società — *a social outcast.*
  Si è rovinato con la droga: adesso non è nient'altro che un relitto della società. *He destroyed himself with drugs; now he's just a social outcast.*

remare — *to row*
  remare — *to flounder.*
  Ha cercato di rispondere alla domanda del professore, ma remava come un pazzo. *He tried to answer the teacher's question, but he was floundering.*

remo — *oar*
  tirare i remi in barca — *to draw in one's horns.*
  Ho settant'anni e ho lavorato tutta la vita; è ora che tiri i remi in barca e vada in pensione. *I'm seventy and I've worked all my life; it's time I drew in my horns and retired.*

rendere — *to render*
  A buon rendere! *My turn next time!*

rendita — *revenue*
  vivere di rendita — *(1) to live off one's interest.*
  È ricchissimo; vive di rendita e non fa un cavolo dal mattino alla sera. *He's really rich; he lives off his interest and doesn't do a thing all day long.*
  (2) to coast.
  Ha studiato molto l'anno scorso; ora vive di rendita e non apre più un libro. *He studied a lot last year; this year he's coasting and hasn't opened a book.*

rene — *kidney*
  avere le reni rotte — *to be very tired.*
  Ho le reni rotte dalla stanchezza. *I'm dead tired.*

renitente — *reluctant*
  essere renitente alla leva — *to dodge the draft.*
  È stato arrestato perchè è renitente alla leva. *He was arrested for dodging the draft.*

repentaglio — *danger*
  mettere a repentaglio — *to put at risk.*
  Con i suoi investimenti spregiudicati ha messo a repentaglio la carriera. *With his risky investments he put his career at risk.*

---

requie — *rest*
  non dare requie — *to give no peace.*
  Non mi ha dato un minuto di requie. Voleva che mi occupassi solo di
  lei e smettessi di lavorare. *She didn't give me a minute's peace. She
  wanted me just to take care of her and to stop working.*

  senza requie — *incessantly.*
  È stato un continuo andirivieni di gente, senza requie per tutta la
  mattina. Volevano congratularsi tutti con te. *It was an incessant
  coming and going of people all morning long. Everyone wanted to
  congratulate you.*

---

residuato — *remainder*
  un residuato bellico — *war surplus.*
  Come fai ad andare in giro con quella macchina? Sembra un residuato
  bellico. *How can you go around in that car? It looks like a wreck.*

---

respiro — *breath*
  di ampio respiro — *broad-ranging.*
  È un'opera di ampio respiro che cambierà il dibattito storiografico. *It's
  a broad-ranging work which will change the historiographical
  debate.*

  un attimo di respiro — *a moment's rest.*
  Abbiamo lavorato senza un attimo di respiro, e siamo riusciti a finire
  appena in tempo. *We worked without a moment's rest, and we
  managed to finish just in time.*

---

resto — *remainder*
  del resto — *(1) after all.*
  Lui contava su di me e l'ho aiutato. Del resto, è il mio migliore amico.
  *He was counting on me and I helped him. After all, he's my best
  friend.*
  (2) on the other hand.
  Gliel'ho detto che non potevo aiutarlo; del resto lui lo sapeva che non
  sono un esperto nel campo. *I told him that I couldn't help him; on
  the other hand, he knew I'm not an expert in the field.*

per il resto — *apart from that.*
È un po' pigro e non gli piace studiare, ma per il resto è un bravo ragazzo. *He's a bit lazy and doesn't like going to school, but apart from that he's a good kid.*

rete — *net*
essere preso nelle proprie reti — *to be caught in one's own trap.*
Ha teso tranelli a tutti, ma è stato preso nelle sue proprie reti. *He played tricks on everybody, but he was caught in his own trap.*

retro — *behind*
Vedi retro. *See overleaf. (Please turn over.)*

retroguardia — *defense*
stare nella retroguardia — *to hang back.*
Preferiva stare nella retroguardia e fare un lavoro di tipo organizzativo. *He preferred to hang back and do an organizational type of work.*

retta — *(only in the expression)*
dare retta a — *to listen to.*
Da' retta a tuo padre; ti consiglia bene. *Listen to your father; he gives you good advice.*

ribalta — *front of the stage*
alla ribalta — *in the limelight.*
È venuto da poco alla ribalta, ma è già famoso come cantautore. *He's just come into the limelight but he's already famous as a singer-songwriter.*
tornare alla ribalta — *(1) to come up again.*
Questo problema torna sempre alla ribalta; bisogna risolverlo. *This problem always comes up again; it must be solved.*
(2) to make a comeback.
È tornata alla ribalta dopo tanti anni ed ha ottenuto un grandissimo successo. *She made a comeback after many years and had a huge success.*

ribasso — *fall*
essere in ribasso — *to be on the decline.*
L'ho vista dopo tanto tempo; è piuttosto in ribasso. Quasi non la riconoscevo. *I saw her after a long time; she's rather on the decline. I almost didn't recognize her.*

ricamare — *to embroider*
    ricamare molto — *to embellish.*
La sua idea era una cretinata, ma ci ha ricamato sopra talmente che tutti lo ascoltavano approvando. *His idea was stupid, but he embellished it so much that everybody was listening approvingly.*

ricco — *rich*
    ricco sfondato — *rolling in money.*
Lui può permettersi di non lavorare; suo padre è ricco sfondato. *He can afford not to work; his father is rolling in money.*

ridere — *to laugh*
    fare solo per ridere — *only joking.*
Ma dài, non prendertela, facevo solo per ridere! *Don't take it personally! I was only joking.*

    farsi ridere dietro — *to be a laughing stock.*
Se continuerai a parlare di argomenti che conosci poco, finirai di farti ridere dietro da tutti. *If you keep talking about subjects you know nothing about, you'll be the laughing stock of town.*

    ridendo e scherzando — *to merrily while the time away.*
Ridendo e scherzando, abbiamo fatto le tre del mattino. *We merrily whiled the time away until three in the morning!*

    tutto da ridere — *good for a laugh.*
È tutto da ridere! *That's good for a laugh!*

rientrare — *to return*
    rientrare in sé — *to regain hold of one's senses.*
Adesso che è rientrata in sé si pente di avergli parlato in quel modo. *Now that she's regained hold of her senses, she's sorry she talked to him the way she did.*

rifarsi — *to redo/remake*
    rifarsi con un altro — *to make someone pay (for something bad that happened).*
Marco non è responsabile delle tue perdite in borsa. Perché vuoi rifarti con lui? *Marco isn't responsible for your losses in the stock market. Why do you want to make him pay for them?*

riffa — *violence*
  di riffa o di raffa — *by hook or by crook.*
  Vuol arrivare sempre primo, di riffa o di raffa. *He always wants to be first, by hook or by crook.*

rifiuto — *rubbish*
  un rifiuto della società — *the dregs of society.*
  Dopo una carriera di fallimenti, ormai non è altro che un rifiuto della società. *After a career of failures, he's among the dregs of society.*

riflesso — *reflection*
  di riflesso — *automatically.*
  Il problema riguardava lei, ma di riflesso anche suo marito. *The problem was hers, but automatically also her husband's.*

riga — *line*
  leggere tra le righe — *to read between the lines.*
  "Come hai fatto a capire che non ti avrebbe appoggiato alla riunione?" "Semplice, basta saper leggere tra le righe." *"How did you realize that he wouldn't support you at the meeting?" "Easy, you just need to be able to read between the lines."*

  mandare due righe — *to drop a line.*
  Mandami due righe appena puoi; non mi piace stare senza notizie. *Drop me a line as soon as you can; I don't like to be without news.*

  rimettersi in riga — *to get into line.*
  Da quando hanno minacciato di licenziarlo si è rimesso in riga. *After they threatened to dismiss him, he got back into line.*

  sopra le righe — *pompously.*
  Dice cose interessanti, ma sempre con un tono un po' sopra le righe. *He has interesting things to say, but he's always a bit pompous.*

rigore — *rigor*
  a rigor di termini — *strictly speaking.*
  A rigor di termini, la risposta che Lei ha dato non è completa. *Strictly speaking, sir, the answer you've given is not complete.*

  di rigore — *de rigueur.*
  Alla prima della stagione al Met lo smoking è di rigore. *Black tie is de rigueur at the Met on opening night.*

243

riguardo — *care, regard*
  a questo riguardo — *on that score.*
  L'oratore ha parlato della crisi economica, ma non ha saputo dare
    consigli precisi a questo riguardo. *The speaker talked about the
    economic crisis, but he wasn't able to give precise advice on that
    score.*

  aver riguardo di — *to take care of.*
  Abbi riguardo della tua salute; sei ancora troppo debole. *Take care of
    your health; you're still weak.*

  di riguardo — *very important.*
  Personalmente non mi è molto simpatico, ma è una persona di
    riguardo. *I don't like him very much personally, but he's a very
    important person.*

  mancare di riguardo — *to be disrespectful.*
  Lo scusi, è molto giovane; non intendeva mancarle di riguardo.
    Forgive him, he's very young; he didn't mean to be disrespectful.

  usar riguardo a — *to show respect for.*
  È buona educazione usar riguardo alle persone anziane. *It's good
    manners to show respect for older people.*

---

rilievo — *relief*
  di rilievo — *significant.*
  Le sue ricerche non hanno prodotto dei risultati di rilievo. *His
    research didn't produce any significant results.*

  mettere in rilievo — *to stress, to emphasize.*
  La sconfitta di ieri ha messo in rilievo i difetti della squadra.
    Yesterday's defeat emphasized the team's defects.

  muovere dei rilievi a qualcuno — *to criticize someone.*
  Le sue maniere sono pessime, ma ha avuto ragione a muoverti dei
    rilievi. *His manners are horrible, but he was right in criticizing you.*

---

rima — *rhyme*
  rispondere a qualcuno per le rime — *to answer in kind.*
  Ha provato a darmi contro, ma gli ho risposto per le rime. *He tried to
    go against me, but I answered him in kind.*

---

rimanere — *to remain*
  rimanere — *to leave off.*
  Dove siamo rimasti? *Where did we leave off?*

rimanerci — *to be floored.*
Ma sai che Riccardo ce l'ha con me perché gli ho detto che la sua nuova casa non mi entusiasma? Ci sono rimasta. *Can you believe it? Riccardo is still angry at me because I said I wasn't thrilled with his new house. I was floored.*

rimanerci male — *to take something badly.*
Pensavi di farle un favore dandole tutti quei consigli per il suo libro, ma lei c'è rimasta male. *You thought you were doing her a favor by giving her a lot of advice about her book, but she took it badly.*

Rimanga fra noi. *Don't breathe a word of it.*

rinfusa — *confusion*
alla rinfusa — *randomly.*
Ha gettato le sue cose alla rinfusa sul pavimento e non trovava più le chiavi. *She threw her things randomly on the floor and she couldn't find her keys any longer.*

riparo — *remedy*
correre ai ripari — *to take measures.*
Se l'inflazione continua di questo passo bisognerà correre ai ripari. *If inflation continues at this rate, measures will have to be taken.*

ripetere — *to repeat*
Paganini non ripete. *I never plant my cabbage twice.*

ripetizione — *repetition*
andare a ripetizione (prendere ripetizioni) — *to take private lessons.*
Vado a ripetizione di matematica, perchè non riesco a tener dietro alla mia insegnante a scuola. *I'm taking private lessons in mathematics because I can't keep up with my teacher at school.*

riposo — *rest*
di tutto riposo — *quite easy.*
Al lavoro mi hanno assegnato un incarico di tutto riposo. *They gave me a very easy assignment at work.*

mettersi a riposo — *to retire.*
Si è messo a riposo in anticipo per motivi di salute. *He retired early for reasons of health.*

ripresa — *restarting*

    a più riprese — *over and over again.*

    Gliel'ho detto a più riprese di guidare piano, ma non mi vuole ascoltare. *I told him over and over again to drive slowly, but he doesn't want to listen to me.*

risata — *laugh*

    scoppiare dalle risate — *to crack up.*

    C'è da scoppiare dalle risate a vederlo cucinare; è così maldestro! *You crack up watching him cook; he's so clumsy!*

rischio — *risk*

    correre il rischio — *to run the risk.*

    Chiudi la finestra. Non voglio correre il rischio di fargli prendere un raffreddore prima delle vacanze. *Close the window. I don't want to run the risk of having him catch a cold before vacation.*

risma — *ream*

    essere della stessa risma — *to be all of a kind.*

    Vanno d'accordo perchè sono della stessa risma. *They get along because they're all of a kind.*

    gente d'ogni risma — *all kinds of people.*

    È il quartiere più pericoloso della città: ci vive gente d'ogni risma. *It's the most dangerous area in town; all kinds of people live there.*

riso — *laughter*

    sbellicarsi dalle risa/risate — *to split one's sides with laughter.*

    Cercavano di fare le persone serie, ma c'era da sbellicarsi dalle risa. *They tried to act seriously, but it was a situation to split your sides with laughter.*

risparmio — *savings*

    senza risparmio — *[to go] all out.*

    Si sono dedicati senza risparmio alla campagna per debellare la malaria. *They went all out in the campaign to eradicate malaria.*

rispetto — *respect*

    con rispetto parlando — *excuse me for mentioning it.*

    Con rispetto parlando, ho vomitato tutta la notte. *Excuse me for mentioning it, but I threw up all night long.*

di tutto rispetto — *not to be underestimated.*
Vuoi giocare a poker con lui? Guarda che è un giocatore di tutto
rispetto. *Do you want to play poker with him? Watch out, he's not to
be underestimated as a player.*

rispetto a — *compared to.*
Rispetto a quello che facevamo prima, questo è un lavoro da niente.
Compared to what we were doing before, this work is simple.

ritaglio — *cutting*
un ritaglio di tempo — *a free moment (spare time).*
Cercherò di finire questo lavoro nei ritagli di tempo. *I'll try to finish
this work in my free moments (spare time).*

ritirata — *retreat*
battere in ritirata — *to pull back, to retreat.*
Fa tanto il coraggioso, ma appena vede un pericolo batte in ritirata. *He
acts courageous, but as soon as he sees danger he pulls back.*

ritornare — *to return*
ritornare in sé — *to come to.*
Sta ritornando in sé, non credo si sia fatta male seriamente. *She's
coming to, I don't think she hurt herself seriously.*

ritornello — *refrain*
ripetere sempre lo stesso ritornello — *to keep harping on the same
subject.*
Vedi cantilena

ritrovarsi — *to find oneself [in a place you don't want to be]*
Si sono ritrovati in un bel pasticcio. *They found themselves in a fine
mess.*

rivedere — *to meet again*
Chi non muore si rivede. *How strange to see you again.*
Chi si rivede! *Look who's here!*

roba — *stuff*
Bella roba! — *a fine thing!*
Bella roba; ci ha lasciato la macchina senza le chiavi! *A fine thing; he's
left the car with no key!*

Che roba! — *How weird!*

Vivono in una cascina senza luce e acqua potabile, mangiano solo quello che coltivano e si rifiutano di usare il denaro. Che roba! *They live in a farmhouse without electricity and running water, they eat only what they grow, and they refuse to use money. How weird!*

roba da chiodi/matti — *a crazy thing to do.*

Fanno le gare in macchina a mezzanotte sul corso principale del paese. Roba da matti! *They race at midnight on the town's main street. That's crazy!*

Sai che roba! — *Big deal!*

Mi ha regalato tre fazzolettini per Natale. Sai che roba! *She gave me three handkerchiefs for Christmas. Big deal!*

---

roccia — *rock*

fare roccia — *to go rock climbing.*

Nostro padre ci ha insegnato a fare roccia quando avevamo meno di dieci anni. *Our father taught us to go rock climbing when we weren't even ten.*

---

rogna — *itch*

cercar rogna — *to look for trouble.*

Il tuo atteggiamento è quello classico di uno che cerca rogna. *Your attitude is typical of someone who's looking for trouble.*

---

romano — *Roman*

fare alla romana — *to go Dutch.*

Facciamo alla romana. *Let's go Dutch.*

---

rondine — *swallow*

Una rondine non fa primavera. *One swallow does not make a summer.*

---

rosa — *rose*

Non sono tutte rose e fiori. — *It's not all it's cracked up to be.*

Ha un lavoro ben pagato, nel settore petrolifero, ma in un paese politicamente instabile, insomma, non sono tutte rose e fiori. *She has a well-paid job in the oil sector, but in a politically unstable country, it's not all it's cracked up to be.*

---

rosa — *pink*

vedere tutto rosa — *to see through rose-colored glasses.*

Beato il tuo ottimismo; vedi tutto rosa tu. *You lucky optimist; you always see the world through rose-colored glasses.*

rospo — *toad*
  ingoiare un rospo — *to eat crow.*
  Non mi piace questo lavoro, ma devo il rospo se voglio far carriera. *I don't like this work, but I have to eat crow if I want to get ahead.*

  sputare il rospo — *Vedi* sputare l'osso

rosso — *red*
  in rosso — *in the red.*
  Vedi in passivo.

  passare col rosso — *to jump the light.*
  È passato col rosso e a momenti provocava un incidente. *He jumped the light and almost caused an accident.*

  rosso come un peperone — *(as) red as a beet.*
  Quando ha capito che non le credevamo, è diventata rossa come un peperone. *When she realized we didn't believe her, she turned as red as a beet.*

  vedere rosso — *to see red.*
  Non puoi credere quanto mi faccia rabbia. Vedo rosso tutte le volte che lo vedo montare in cattedra, quell'ignorante! *You can't believe how angry it makes me. I see red every time I see him get on his high horse, that ignoramus!*

rotella — *small wheel*
  avere una rotella fuori posto (mancare una rotella a qualcuno) — *to have a screw loose.*
  Non ti puoi fidare di quel che dice; ha una rotella fuori posto. *You can't trust what he says; he has a screw loose.*

rotolo — *roll*
  andare a rotoli — *to go downhill (to the dogs).*
  Sono tempi duri e i miei affari stanno andando a rotoli. *These are bad times; my business is going downhill (to the dogs).*

rotta — *break*
  a rotta di collo — *at breakneck speed.*
  Appena siamo arrivati in cima al colle è scoppiato un temporale e siamo ridiscesi a rotta di collo. *As soon as we got to the top of the hill a storm broke and we raced down at breakneck speed.*

in rotta con — *at odds with.*
Sono in rotta con mia sorella; se non mi chiede scusa per prima, non la perdonerò. *I'm at odds with my sister; if she doesn't apologize first, I won't forgive her.*

rotto — *broken*
e rotti — *and change.*
La camicetta mi è costata ottantamila lire e rotti. *The shirt cost me eighty thousand lire and change.*
per il rotto della cuffia — *by the skin of one's teeth.*
Ha fatto bene l'ultimo compito in classe ed è stato promosso per il rotto della cuffia. *He did well in the last test and passed the course by the skin of his teeth.*
rotto a — *to have seen everything and to be prepared for anything.*
È un uomo che ha girato il mondo, rotto a tutte le esperienze. *He's been everywhere, he's seen everything, and he's prepared for anything.*

rovescio — *wrong side*
a rovescio — *(1) the wrong way.*
Oggi mi va tutto a rovescio; è una giornata storta. *Today everything's going the wrong way; it's a bad day.*
(2) inside out.
Ha messo la maglia al rovescio. *He put on the sweater inside out.*

rovina — *ruin*
andare in rovina — *to go to rack and ruin.*
Ha giocato il tutto per tutto ed è andato in rovina; le sue previsioni economiche erano del tutto sballate. *He played all his cards and went to rack and ruin; his economic forecasts were all wrong.*

rovinare — *to ruin*
rovinarsi — *to lose one's shirt.*
Si sono rovinati investendo i soldi sui mercati dei paesi emergenti. *They lost their shirts by investing their money in emerging markets.*

ruba — *robbery*
andare a ruba — *to sell like hotcakes.*
I biglietti per il balletto vanno a ruba. *The tickets for the ballet are selling like hotcakes.*

ruggine — *rust*
  avere della vecchia ruggine con qualcuno — *to bear a grudge against
    someone.*
  Non andremo mai veramente d'accordo; c'è della vecchia ruggine tra
    di noi. *We'll never really get along; we bear old grudges against each
    other.*

rumore — *noise*
  fare molto rumore — *to cause a stir.*
  Il suo libro ha fatto molto rumore tra i politici. *Her book caused quite
    a stir among the politicians.*

ruolo — *role*
  di ruolo — *permanent, with tenure.*
  In Italia, quando un impiegato passa di ruolo diventa molto più
    difficile licenziarlo. *In Italy, when an employee is put on permanent
    staff, it becomes much more difficult to dismiss him.*

ruota — *wheel*
  a ruota libera — *mindlessly.*
  Parla a ruota libera: non credere a tutto quello che dice. *He speaks
    mindlessly; don't believe everything he says.*

  fare la ruota — *to show off.*
  Appena si è sentito osservato ha cominciato a fare la ruota; non ho
    mai visto un uomo tanto vanitoso. *As soon as he felt he was being
    watched, he began to show off; I've never seen such a vain man.*

  l'ultima ruota del carro — *a fifth wheel.*
  Chi comanda è la moglie; lui è l'ultima ruota del carro. *It's the wife
    who's in charge; he's only a fifth wheel.*

  seguire a ruota — *to follow right behind.*
  I bambini sono già qui e i grandi seguono a ruota. *The children are
    already here and the adults are following right behind.*

  ungere le ruote — *to grease palms.*
  Per essere eletto sindaco ha dovuto ungere molte ruote. *To get elected
    mayor he had to grease a lot of palms.*

sabbia — *sand*
  costruire sulla sabbia — *to build on sand.*
  Giuliano ha un nuovo progetto? Vedrai, sarà un altro castello costruito
  sulla sabbia. *Giuliano has a new project? You'll see, it'll be another
  castle built on sand.*

sacco — *sack*
  mettere nel sacco qualcuno — *to cheat someone.*
  Credevi di essere più bravo tu, ma ti ha messo nel sacco e ha vinto due
  volte. *You thought you were the clever one, but he cheated you and
  won twice.*

  un sacco di — *a lot of.*
  Ci hanno causato un sacco di grane. *They caused us a lot of trouble.*

  un sacco e una sporta — *a lot (of something).*
  Ne ha prese un sacco e una sporta fuori dalla discoteca. *They beat him
  up badly outside the disco.*

  vuotare il sacco — *(1) to own up.*
  Vuota il sacco e dimmi dove l'hai presa; si vede benissimo che non è
  tua! *Own up and tell me where you got it; it's obviously not yours.*

sacramento — *sacrament*
  con tutti i sacramenti — *with the greatest care.*
  Abbiamo assicurato il pacco e l'abbiamo mandato via raccomandata
  con ricevuta di ritorno; insomma, abbiamo fatto le cose con tutti i
  sacramenti. *We insured the package and sent it registered mail with
  proof of delivery. We followed the safest procedures.*

saetta — *arrow*
  partire come una saetta — *to go off like a shot.*
  Quando ha saputo la notizia è partito come una saetta e non si è più
  visto. *When he heard the news he went off like a shot and hasn't been
  seen since.*

sagoma — *shape*
una sagoma — *a character.*
Quell'uomo è una bella sagoma! *That man is quite a character!*

salame — *salami*
fare il salame — *to behave like a silly goose.*
La rivedrai presto; non fare il salame! *You'll see her again soon; don't behave like a silly goose!*

salato — *salted*
un conto salato — *a high bill.*
In quel ristorante non abbiamo mangiato bene ed abbiamo pagato un conto salato. *At that restaurant we didn't eat well, but we paid a high bill.*

pagarla salata — *to pay very dearly for something.*
Per questa volta è riuscito a sfuggirmi, ma la pagherà salata. *This time he succeeded in escaping me, but he'll pay very dearly for it.*

una risposta salata — *a sharp retort.*
Credevo di essere riuscita a rabbonirla, ma mi ha dato una risposta salatissima. *I thought I had succeeded in winning her over, but she made a very sharp retort.*

sale — *salt*
non avere sale in zucca — *not to be very intelligent.*
Quel ragazzo non ha sale in zucca. *That boy isn't very intelligent.*

prendere le cose con un grano di sale — *to take things with a grain of salt.*
Lui dice tante cose! Prendile con un grano di sale. *He says so many different things! Take them with a grain of salt.*

rimanere di sale — *to be dumbfounded.*
Quando gli ho detto che ero riuscito a passare l'esame, è rimasto di sale. *When I told him that I had passed the test, he was dumbfounded.*

tutto sale e pepe — *lively.*
Era una ragazza allegrissima, tutta sale e pepe. *She was a very cheery, lively girl.*

salsa — *sauce*
   in tutte le salse — *in every possible way.*
   Ti ho detto in tutte le salse di non frequentare quel ragazzo. *I told you
   in every possible way not to hang around with that boy.*

saltare — *to jump*
   far saltare — *to blow up.*
   Hanno fatto saltare la sede del partito fascista; non ne è rimasta pietra
   su pietra. *They blew up the headquarters of the fascist party and not
   a stone was left standing.*

salto — *jump*
   fare i salti mortali — *to bend over backwards.*
   Ho fatto i salti mortali per arrivare in tempo. *I bent over backwards to
   arrive in time.*

   fare quattro salti — *to go dancing.*
   Di solito il sabato sera andiamo a fare quattro salti al "Barracuda." *We
   usually go dancing at the "Barracuda" on Saturday night.*

   fare un salto a — *to pop over.*
   Facciamo un salto a Milano. *Let's pop over to Milan.*

   fare un salto da — *to stop by.*
   Facciamo un salto dal giornalaio a prendere il giornale. *Let's stop by
   the newsstand to pick up the paper.*

   un salto di qualità — *a quantum leap.*
   L'istituzione di una banca centrale rappresenta un enorme salto di
   qualità per lo sviluppo di questo piccolo paese. *Establishing a
   central bank represents a quantum leap for this small country's
   development.*

   un salto nel buio — *a leap in the dark.*
   Una simile politica economica è un vero salto nel buio. *An economic
   policy such as that is a real leap in the dark.*

salute — *health*
   scoppiare di salute — *to be in the best of health.*
   A novantacinque anni la nonna scoppia di salute! *At ninety-five
   grandma is really in the best of health!*

salvabile — *salvageable*
    salvare il salvabile — *to salvage all that one can.*
    Non c'è più niente da fare ormai; salviamo il salvabile e andiamocene.
        There's nothing we can do about it at this point; let's salvage all that
        we can and get out of here.

---

salvare — *to save*
    Si salvi chi può! *Every man for himself!*

---

sangue — *blood*
    a sangue freddo — *(1) straight off.*
    Bisogna che glielo dica a sangue freddo, senza arrabbiarmi. *I'll have to*
        tell him straight off, without getting angry.
    (2) in cold blood.
    L'ha ucciso a sangue freddo. *He killed him in cold blood.*

    al sangue — *rare.*
    Preferisco le bistecche al sangue. *I prefer my steak rare.*

    all'ultimo sangue — *to the death.*
    È stato un combattimento all'ultimo sangue. *It was a fight to the death.*

    avere nel sangue — *to have an inborn aptitude.*
    È un vero artista. Ha la pittura nel sangue. *He's a true artist. He's got*
        an inborn aptitude for painting.

    cavar sangue da una rapa — *to get blood out of a stone.*
    Che cosa vuoi farci, è mezzo scemo. Non si può cavar sangue da una
        rapa. *What do you want to do about it? He's half crazy. You can't get*
        blood out of a stone.

    farsi cattivo sangue (guastarsi il sangue) — *to fret and fume.*
    Non farti cattivo sangue per una così, non ne vale la pena. *Don't fret*
        and fume over her; she isn't worth it.

    Il sangue non è acqua. *Blood is thicker than water.*

    montare il sangue alla testa — *to make someone's blood boil.*
    Non ricordargli che hai sfasciato la macchina, che gli monta il sangue
        alla testa. *Don't remind him that you destroyed his car; it makes his*
        blood boil.

    non aver sangue nelle vene — *to have no guts.*
    È obiettore di coscienza perché ha paura di combattere, non perché è
        contrario alla guerra. Non ha sangue nelle vene. *He's a conscientious*
        objector because he's afraid of fighting, not because he's against the
        war. He doesn't have the guts.

sentirsi gelare il sangue — *to panic.*

Quando mi sono reso conto che l'acqua ormai arrivava al primo piano, mi sono sentito gelare il sangue nelle vene. *When I realized that water had reached the second floor, I panicked.*

sentirsi rimescolare/ribollire il sangue — *for something to make one's blood boil.*

Quando penso a tutti i soldi che buttano dalla finestra, mi sento ribollire il sangue. *Whenever I think of all the money they throw out of the window, it makes my blood boil.*

---

sano — *healthy*

sano come un pesce — *fit as a fiddle.*

Ma perchè vai sempre dal dottore? Sei sano come un pesce! *Why are you always going to the doctor? You're fit as a fiddle!*

sano e salvo — *safe and sound.*

Dopo essersi persi nel bosco i bambini sono stati trovati sani e salvi. *After getting lost in the woods the children were found safe and sound.*

---

santarellina — *little saint*

fare la santarellina — *butter wouldn't melt in one's mouth.*

Fa la santarellina, ma ne sa una più del diavolo. *Butter wouldn't melt in her mouth, but she's a little devil.*

---

santo — *saint*

avere dei santi in paradiso — *to know influential people.*

Ho anch'io santi in paradiso! *I know some influential people too!*

avere qualche santo dalla propria parte — *to have a guardian angel.*

Gli van sempre tutte dritte; deve avere qualche santo dalla sua parte. *He's always lucky; he must have a guardian angel.*

non c'è santo che tenga — *at all costs.*

Tu questo lavoro lo devi fare; non c'è santo che tenga. *You must do this work at all costs.*

non essere uno stinco di santo — *to be no saint.*

È tutta la vita che corre dietro alle donne: non è certo uno stinco di santo. *He's been a womanizer all his life; he's no saint for sure.*

non sapere più a che santo votarsi — *not to know which way to turn.*

Era buio, ero sola ed un uomo mi seguiva. Non sapevo più a che santo votarmi! *It was dark, I was alone, and a man was following me. I didn't know which way to turn!*

---

sapere — *to know*

non sapere di niente — *to be flavorless.*
Queste mele sono bellissime, ma non sanno di niente. *These apples are beautiful, but they're flavorless.*

non volerne sapere — *not to want to have anything to do with something (or someone).*
Non ne ha voluto sapere di fare quel lavoro con lei. *He adamantly refused to do that job with her.*

saperci fare — *to know how to handle things (or people).*
Lascia che le parli lui che ci sa fare. *Let him talk to her; he knows how to handle her.*

saputo e risaputo — *so well known as to be obvious.*
È una cosa saputa e risaputa che lui ha un'amante. *It's well known he has a lover.*

sardina — *sardine*

pigiati come sardine — *packed in like sardines.*
Siamo riusciti a salire sull'autobus, ma eravamo pigiati come sardine. *We managed to get on the bus, but we were packed in like sardines.*

sasso — *stone*

far piangere anche i sassi — *to make the very stones weep.*
La storia della sua vita è così triste che farebbe piangere anche i sassi. *His life story is so sad it would make stones weep.*

restare di sasso — *to stand aghast.*
Alla brutta notizia sono restata di sasso. *I stood aghast at the bad news.*

tirare il sasso e nascondere la mano — *to attack from under cover.*
Tu sei brava a tirare il sasso e nascondere la mano, ma un giorno ti scopriranno. *You're good at attacking from under cover, but one of these days you'll be discovered.*

sbafo — *(only in the expression)*

a sbafo — *without paying.*
Approfittino un po' troppo della sua generosità. A pranzo mangiano sempre a sbafo! *They take too much advantage of his generosity. They never pay for lunch.*

sbandata — *skid*
  prendersi una sbandata per — *to fall head over heels in love with.*
  Ha preso una sbandata per quella ragazza. *He fell head over heels in love with that girl.*

sbaraglio — *root*
  buttarsi allo sbaraglio — *to risk everything.*
  Si è buttato allo sbaraglio e ha rischiato forte, ma ce l'ha fatta. *He risked everything, but he made it.*

sbrigare — *to hasten to finish*
  sbrigarsela — *to see to someone.*
  Te la sbrighi tu con lui? Non so più cosa fare. *Can you see to him? I don't know what to do with him.*

sbrogliare — *to disentangle*
  sbrogliarsela da sè — *to get out of difficulty by oneself.*
  Sbrogliatela da solo, per favore; ormai sei grande! *Get yourself out of the difficulty; you're a big boy now!*

scacco — *check*
  subire uno scacco — *to suffer a defeat.*
  L'Italia ha subìto uno scacco nella partita con la Germania. *Italy suffered a bad defeat in the game with Germany.*
  tenere in scacco — *to hold in check.*
  È riuscito a tenerli in scacco per più di due giorni da solo, poi si è arreso. *He managed to hold them in check for two days by himself, then he surrendered.*

scalpore — *fuss*
  fare scalpore — *to cause a sensation.*
  La notizia ha fatto scalpore; nessuno se l'aspettava. *The news caused a sensation; no one expected it.*

scanso — *(only in the expression)*
  a scanso di equivoci — *to avoid misunderstandings.*
  A scanso di equivoci, è meglio dirle che siamo al corrente dei loro problemi finanziari. *In order to avoid misunderstandings, we'd better tell her that we know about their financial troubles.*

scappare — *to escape*
di qui non si scappa — *not to get around it.*
Il lavoro dev'essere finito oggi e di qui non si scappa. *The job must be finished today, and there's no getting around it.*

scaramanzia — *superstitious practice*
per scaramanzia — *to avoid bad luck.*
Oggi ne abbiamo 17. Per scaramanzia comincerò domani. *Today is the 17th. To avoid bad luck I'll start tomorrow.*

scaricabarili — *children's game of lifting each other back to back.*
fare a scaricabarile — *to pass the buck.*
Era colpevole come gli altri, ma ha fatto a scaricabarile. *He was as much to blame as the others, but he passed the buck.*

scaricare — *to unload*
essere scaricato — *to get the bounce.*
È stata scaricata dal suo ragazzo perchè l'ha vista al cinema con un altro. *She got the bounce from her boyfriend because he saw her at the movies with another man.*

scarpa — *shoe*
essere una scarpa — *to be a dead loss.*
Come pianista è proprio una scarpa; non riesce neanche a fare le scale. *As a pianist he's really a dead loss; he can't even play the scales.*

fare le scarpe a — *to double-cross.*
Mi hanno fatto le scarpe e mi son trovato licenziato in tronco. *They double-crossed me and I found myself fired.*

lustrare le sude delle scarpe — *to flatter.*
È riuscito a far carriera a forza di lustrare le scarpe al direttore. *He managed to get ahead by flattering the director.*

rimetterci anche le suole delle scarpe — *to lose everything.*
Ho cercato di aiutarli e ci ho rimesso anche le suole delle scarpe. *I tried to help them and I lost everything.*

scarpetta — *small shoe*
fare la scarpetta — *to mop up (the sauce).*
Ha mangiato l'arrosto, ha fatto la scarpetta, c'è mancato poco che leccasse anche il piatto. *He ate the roast and mopped up the sauce; he came close to licking the plate!*

scartoffia — *paperwork*
le scartoffie [burocratiche] — *red tape*.
Il venti per cento del nostro lavoro consiste nella compilazione di
scartoffie. *Twenty per cent of our work consists of red tape.*

scatola — *box*
a scatola chiusa — *sight unseen*.
Stimo molto quelle persone, e quindi ho accettato di partecipare al
loro progetto a scatola chiusa. *I respect those people, so I agreed to
participate in their project sight unseen.*

averne piene le scatole — *to be fed up*.
Ne ho piene le scatole dei vostri progetti: non concludete mai nulla!
I'm fed up with your plans; they always come to nothing!

rompere le scatole — *to bother*.
Ho da fare; non mi rompere le scatole. *I'm busy; don't bother me!*

scena — *scene*
fare scena muta — *not to say one word*.
Si era preparata bene per l'esame, ma davanti al professore ha fatto
scena muta. *She had prepared well for the exam, but in front of the
professor she didn't say one word.*

scherzo — *joke*
giocare un brutto scherzo — *to play a cruel trick on*.
Il mare delle volte gioco dei brutti scherzi: sembra tranquillo e poi
s'ingrossa nel giro di un quarto d'ora. *Sometimes the sea plays cruel
tricks on you; it seems calm and then it gets rough in a quarter of an
hour.*

schiena — *back*
piegare la schiena — *to admit defeat*.
Era un uomo molto orgoglioso, ma ha dovuto piegare la schiena. *He
was a very proud man, but he had to admit defeat.*

schiuma — *foam*
avere la schiuma alla bocca — *to be foaming at the mouth with rage*.
Vedi avere la bava alla bocca.

scia — *wake*
seguire la scia di qualcuno — *to follow in someone's footsteps.*
Vedi seguire le orme.

Scilla — *Scilla*
tra Scilla e Cariddi — *between the devil and the deep blue sea.*
Non sapevamo come tirarci fuori dei guai. Eravamo tra Scilla e
  Cariddi e qualsiasi decisione comportava dei pericoli. *We didn't
  know how to get out of trouble. We were between the devil and the
  deep blue sea, and any decision would have been dangerous.*

---

sciroppare — *to pour syrup*
siropparsi qualcuno — *to put up with.*
Si è sciroppato quel gran saccente tutta la sera. *He put up with that
  know-it-all for the entire evening.*

---

scongiuro — *exorcism*
fare gli scongiuri — *to knock on wood.*
L'esame è difficilissimo; facciamo gli scongiuri e speriamo che vada
  bene. *The exam is really difficult; we'll knock on wood and hope it
  goes well.*

---

sconquasso — *shattering*
fare uno sconquasso — *to make a mess, to upset the apple cart.*
I dimostranti hanno attaccato l'ambasciata e dato fuoco alle macchine
  pacheggiate. Hanno fatto veramente uno sconquasso. *The
  demonstrators attacked the embassy and set fire to the cars parked
  nearby. They really made a mess.*

---

scontato — *discounted, obvious*
dare per scontato — *to take for granted.*
Non si può dare per scontato il suo consenso. *You can't take his
  consent for granted.*

---

scoppiato — *burst*
essere scoppiato — *to be burned out.*
Dopo 150 chilometri in bici sono proprio scoppiato. *After biking for
  150 kilometers I'm totally burned out.*

scornare — *to dishorn (to put to shame)*
  scornarsi — *to make a fool of oneself.*
  Credeva di farcela, ma è rimasto scornato. *He thought he'd make it, but he made a fool of himself.*

scorpacciata — *bellyful (in the expression)*
  fare una scorpacciata di — *to stuff oneself.*
  Abbiamo raccolto le fragole nei boschi e la sera abbiamo fatto una scorpacciata. *We picked strawberries in the woods and that evening we stuffed ourselves.*

scorza — *peel*
  avere la scorza dura — *to have a tough hide.*
  Vedi pelle.

scottatura — *burn*
  prendere una scottatura — *to get burned.*
  S'è preso una tale scottatura con i progetti strampalati del suo amico che non lavorerà mai più con lui. *He got burned so badly by his friend's incoherent projects that he'll never work with him again.*

scrocco — *sponging*
  mangiare a scrocco — *to sponge.*
  Vedi sbafo

scucito — *unstitched*
  un discorso scucito — *a rambling speech.*
  Ha fatto un discorso tutto scucito, ma pare che voglia dare le dimissioni. *He made a rambling speech, but it seems he wants to quit.*

scudo — *shield*
  alzata/levata di scudi — *outcry.*
  Quando ha proposto di eleggere lui come segretario, c'è stata una generale alzata di scudi e tutti si sono opposti. *When he proposed electing him secretary, there was a general outcry; everyone opposed it.*

scuola — *school*
  fare scuola — *to set an example.*
  È stato il primo a fare causa a quell'ospedale, ma il suo esempio ha fatto scuola. *He was the first to sue the hospital, but he set an example which many followed.*

marinare/tagliare la scuola — *to play hookey.*

Non hanno voglia di studiare; marinano la scuola un giorno sì e uno
no. *They don't want to study; they play hookey every other day.*

---

sé — *self*

parlare fra sé e sé — *to talk to oneself.*

Quando lavora parla spesso fra sé e sé. *He often talks to himself while
he works.*

tornare in sé — *(1) to regain consciousness (to come to).*

Dopo il colpo in testa ci sono voluti cinque minuti perchè rientrasse in
sé. *After the blow to his head it took him five minutes to regain
consciousness (to come to).*

(2) to regain one's sanity.

Dopo che lei lo ha lasciato ha minacciato di ucciderla, ma adesso è
tornato in sé. *After she left him, he threatened to kill her, but now he
has regained his sanity.*

---

secca — *shoal*

lasciare qualcuno nelle secche — *to leave someone in the lurch.*

---

secco — *dry*

fare secco qualcuno — *to kill someone.*

Ha tradito la mafia e l'hanno fatto secco a colpi di lupara. *He betrayed
the Mafia and they killed him with a shotgun.*

restarci secco — *to die.*

Dei cacciatori l'hanno preso per una lepre e gli hanno sparato: a
momenti ci restava secco. *Some hunters mistook him for a hare and
shot him; he almost died.*

---

secolo — *century*

da secoli — *for ages.*

Non lo vedo da secoli; chissà com'è cambiato. *I haven't seen him for
ages; I wonder how he's changed.*

---

sede — *seat*

in separata sede — *in private.*

Non posso spiegartelo adesso. Ne parliamo in separata sede. *I can't
explain it to you right now. We'll talk about it in private.*

segno — *sign*

   colpire nel segno — *to hit the nail on the head.*

   Questa volta hai proprio colpito nel segno. *This time you really hit the nail on the head.*

   essere fatto segno a — *to be the target of.*

   È fatta segno al ridicolo perchè è grassa e non vuole mettersi in costume da bagno. *She's the target of ridicule because, since she's fat, she doesn't want to wear a bathing suit.*

   mettere a segno — *to score.*

   La cosiddetta "banda delle banche" ha messo a segno la sua ventestima rapina! *The so-called "bank-gang" scored its twentieth robbery!*

segreto — *secret*

   il segreto di Pulcinella — *an open secret.*

   Nessuno doveva sapere del suo matrimonio, ma è il segreto di Pulcinella. *No one was supposed to know about his wedding, but it's an open secret.*

seguito — *following*

   di seguito — *in a row.*

   Ha parlato per tre ore di seguito. *He spoke for three hours in a row.*

   in seguito — *in the future.*

   Mi manderà altri libri in seguito. *He'll send me other books in the future.*

seminare — *to sow*

   seminare qualcuno — *to shake someone off.*

   I ladri riuscirono a seminare la polizia. *The robbers managed to shake off the police.*

seminato — *sown*

   uscire dal seminato — *to go off on a tangent.*

   Non uscire dal seminato; rispondi esattamente alla mia domanda. *Don't go off on a tangent; reply to my question exactly.*

sempre — *always*

   per sempre — *for good.*

   Me ne vado per sempre. So che non tornerò mai più in questa città. *I'm leaving for good. I know I'll never come back to this city.*

sempre che — *provided that.*
Lo puoi fare, sempre che tu lo voglia. *You can do it, provided that you really want to.*

sensazione — *sensation*
fare sensazione — *to cause a stir.*
La notizia che il procuratore distrettuale era cliente di un giro di prostitute ha fatto sensazione. *The news that the district attorney was a client of a prostitute ring has caused a stir.*

senso — *sense*
fare senso — *to make someone sick.*
Non posso mangiare il pesce, mi fa senso. *I can't eat fish; it makes me sick.*

riprendere i sensi — *to recover consciousness.*
Ha ripreso i sensi poco fa, dopo essere stato in coma per due giorni. *He recovered consciousness a short time ago after being in a coma for two days.*

sentenza — *verdict, maxim*
sputar sentenze — *to be on one's high horse.*
Che tipo insopportabile! È sempre lì che sputa sentenze. *What an unbearable character! He's always on his high horse.*

sentire — *to feel, to hear*
per sentito dire — *by hearsay.*
Conosco i fatti solo per sentito dire. *I only know the facts by hearsay.*

sentirsela di — *to feel up to.*
Te la senti di arrivare in cima? *Do you feel up to going all the way to the top?*

serie — *series*
fuori serie — *custom-built.*
Questo è un modello fuori serie. *This model is custom-built.*

serio — *serious*
fare sul serio — *to mean business.*
Non scherzo affatto; faccio sul serio, e ve ne accorgerete. *I'm not joking at all; I mean business, you'll see.*

sul serio — *(1) seriously.*
Diceva sul serio. *He meant it.*
(2) really.
L'ha dipinto lui, sul serio. *He painted it, really.*

tra il serio e il faceto — *half-seriously, half-jokingly.*
L'ha detto tra il serio e il faceto, ma temo che voglia licenziarsi
davvero. *He said it half-seriously, but I'm afraid he really wants to
quit his job.*

---

serpe — *serpent*
una serpe in seno — *a snake in the grass.*
Sua cognata, in apparenza così cordiale, si è rivelata una serpe in seno.
*Her sister-in-law, who seemed to be so friendly, turned out to be a
snake in the grass.*

---

sesto — *order*
fuori sesto — *out of kilter.*
Che cosa avete fatto alla mia moto? È tutta fuori sesto. *What did you
do to my motorcycle? It's all out of kilter.*

rimettere in sesto — *to put one back on one's feet.*
Quella cura mi ha rimesso in sesto; mi sento benissimo. *That cure put
me back on my feet; I feel great.*

---

setaccio — *sieve*
passare al setaccio — *to go over something with a fine-toothed comb.*
Abbiamo passato tutta la casa al setaccio, ma non abbiamo trovato il
testamento. *We searched the house with a fine-toothed comb, but we
didn't find the will.*

---

sette — *seven*
farsi un sette nei calzoni — *to get a tear in one's trousers.*
Hai comprato quei calzoni ieri e ci hai già fatto un sette! *You bought
those trousers yesterday and you've already got a tear in them!*

---

settimana — *week*
la settimana bianca — *a weeklong skiing vacation.*
Siamo andati a fare la settimana bianca in Colorado. *We took a
weeklong skiing vacation in Colorado.*

---

sfera — *sphere*
  le alte sfere — *the powers that be.*
  Ha grossi appoggi nelle alte sfere; ecco perchè ha tanta carriera! *He has a lot of support from the powers that be; that's why he's so successful in his career!*

sfidare — *to challenge*
  sfido io! — *naturally!*
  Sfido io che ti hanno bocciato: non avevi neanche comprato i libri. *Of course they failed you; you didn't even buy the books.*

sfogo — *vent*
  dare sfogo a — *to give vent to.*
  Ha bisogno di dar sfogo alla sua rabbia; per questo lo sto ad ascoltare. *He needs to give vent to his anger; that's why I'm listening to him.*

sfondare — *to smash through.*
  sfondare — *to make it.*
  Non ha mai sfondato come pianista, ma è un bravissimo organizzatore di concerti. *He never made it as a pianist, but he's an excellent concert organizer.*

sfuggito — *escaped*
  di sfuggita — *a glimpse.*
  L'ho vista di sfuggita mentre passava. *I caught a glimpse of her as she went by.*

sgambetto — *trip*
  fare lo sgambetto a qualcuno — *to oust someone.*
  Al momento di appoggiarlo in facoltà gli ha fatto lo sgambetto e non è più riuscito a farsi rinnovare il contratto. *When it came time to help him in the department, they ousted him and he wasn't able to renew his contract.*

sgocciolo — *dripping (in the expression)*
  essere agli sgoccioli — *to be at the very end of.*
  L'estate è agli sgoccioli; cadono già le foglie. *We're at the very end of summer; the leaves are falling.*

267

sgonfiare — *to deflate*

sgonfiarsi — *to come down a peg or two.*

Faceva il saputone, ma quando ha perso i soldi in borsa si è sgonfiato. *He was playing the know-it-all, but since he lost his money on Wall Street he's come down a peg.*

sguardo — *look*

non degnare qualcuno neanche di uno sguardo — *not to give someone the time of day.*

Ho fatto trecento chilometri per vederlo e non mi ha neanche degnata di uno sguardo! *I traveled three hundred kilometers to see him, and he didn't even give me the time of day!*

sicuro — *sure*

andare sul sicuro — *to play it safe.*

Prima di fare affari con te chiederà informazioni molto dettagliate. È uno che ama andare sul sicuro. *Before he goes into business with you he'll ask detailed information. He's the type of person who loves to play it safe.*

silenzio — *silence*

silenzio di tomba — *deathlike silence.*

C'era un silenzio di tomba durante la trasmissione; nessuno osava parlare. *There was deathlike silence during the show; no one dared talk.*

sillaba — *syllable*

non dire una sola sillaba — *not to say a word.*

Vedi non dire una parola.

non perdere una sillaba — *not to lose one word.*

Stai attenta a quello che dici. Lo sai che lei non perde una sillaba. *Watch what you're saying. You know she doesn't miss a word.*

simpatia — *sympathy*

andare a simpatie — *to be partial.*

Quell'insegnante conosce bene la materia, ma va a simpatie nel giudicare gli studenti. *That teacher knows his subject well, but he's partial in evaluating his students.*

singhiozzo — *hiccup*
a singhiozzo — *by fits and starts.*
La macchina procedeva a singhiozzo perchè aveva il carburatore
    sporco. *The car was going by fits and starts because the carburetor
    was dirty.*

sistemare — *to put*
sistemare qualcuno — *(1) to fix someone.*
Sta' attento o ti sistemo io. *Watch your step or I'll fix you.*
(2) to get married.
Le sue figlie sono tutte sistemate. *Her daughters are all married.*

smalto — *enamel*
perdere lo smalto — *to lose one's shine.*
Era ingegnoso e brillante, ma dopo la malattia ha perso tutto il suo
    smalto. *He was brilliant and ingenious, but after the illness he lost all
    his shine.*

smania — *craving*
avere la smania di fare qualcosa — *to be eager to do something.*
Ha la smania di far soldi e non smette mai di lavorare. *He's eager to
    make money and he never stops working.*

dare in smanie — *to go into a frenzy.*
Ha sfasciato la macchina e suo padre ha dato in smanie. *He destroyed
    his car and his father went into a frenzy.*

smosso — *loose*
Datti una smossa! *Shape up or ship out.*

sodo — *hardboiled, firm*
darle sode — *to strike someone hard.*
Gliele ho date sode perchè l'aveva fatta troppo grossa. *I struck him
    hard because he had done something too bad.*

lavorare sodo — *to work hard.*
Abbiamo bisogno di una lunga vacanza perchè abbiamo lavorato sodo
    tutto l'anno. *We need a long vacation because we've worked hard all
    year.*

269

venire al sodo — *to get down to brass tacks.*
Abbiamo chiacchierato abbastanza; ora veniamo al sodo! *We've
chatted enough; now let's get down to brass tacks!*

---

soffio — *puff*
in un soffio — *in an instant.*
Credevo che fosse difficile, ma l'ho fatto in un soffio! *I thought it was
difficult, but I finished it in an instant!*

per (di) un soffio — *by a hair's breadth.*
È arrivato primo nella gara dei duecento metri per un soffio. *He came
in first in the two-hundred-meter race by a hair's breadth.*

---

soffrire — *to suffer*
non poter soffrire — *not to stand.*
Non lo posso soffrire; si dà troppe arie. *I can't stand him; he puts on
too many airs.*

---

soggetto — *subject*
un cattivo soggetto — *a bad character.*
Suo figlio non è un cattivo soggetto, ma frequenta gente pericolosa.
*Her son is not a bad character, but he hangs around with a dangerous
crowd.*

---

sogno — *dream*
manco per sogno — *by no means.*
Non te lo dò manco per sogno! Mi è costato troppo caro. *I won't give it
to you, by any means! It cost me too much.*

---

soldi — *money*
fare soldi a palate — *to make money hand over fist.*
Ha inventato un metodo per battere la roulette al casino. Sostiene che
farà soldi a palate. *He invented a method to beat the roulette at the
casino. He says he'll make money hand over fist.*

cacciare/mettere/tirare fuori i soldi — *to cough up the money.*
Ho tirato fuori io i soldi e adesso non vuoi che dica la mia?! *I'm the
one who coughed up the money and now you don't want me to have
my say?!*

soldo — *penny*
  al soldo di — *in the pay of.*
  È al soldo di quei criminali. *He's in the pay of those crooks.*

  un soldo (bucato) — *a coin (with a hole in it/worthless).*
  Vedi lira

---

sole — *sun*
  prendere il sole — *to sunbathe.*
  I medici dicono che fa male prendere troppo il sole. *Physicians say that it's harmful to sunbathe too much.*

  vedere il sole a scacchi — *to be in jail.*
  Quel poveraccio vedrà il sole a scacchi per un bel po'. *The poor guy will be in jail for a long time.*

---

solfa — *scale*
  la solita solfa — *the same old story.*
  Vedi cantilena

---

solito — *usual*
  come al solito — *as usual.*
  Tutto va come al solito. *Everything is going as usual.*

  di solito — *usually.*
  A quest'ora di solito prendo un caffè. *At this time I usually have a cup of coffee.*

  essere alle solite — *to be back in the same old unpleasant situation.*
  Siamo alle solite; prometti cose che non puoi mantenere. *We're back in the same old unpleasant situation; you make promises you can't keep.*

---

solo — *alone*
  farsi da solo — *to be a self-made man.*
  È vero, è molto duro, ma capita spesso con un uomo che si è fatto da solo. *It's true that he's harsh, but that often happens with a self-made man.*

  parlare da solo — *to talk to oneself.*
  Pensi che sia un po' matto? Parla sempre da solo. *Do you think he's a bit mad? He's always talking to himself.*

  parlare da solo a solo — *to speak in private.*
  Potrei parlarti da solo a solo? *Could I speak to you in private?*

solo soletto — *all by oneself.*
Se ne stava solo soletto a guardare il tramonto. *He was all by himself watching the sunset.*

---

somma — *sum*
tirare le somme — *to sum up.*
È ora di tirare le somme e vedere un po' a che punto siamo. *It's time to sum up and see where we stand.*

---

sommare — *to sum*
tutto sommato — *all things considered.*
Tutto sommato, non è stata una cattiva idea. *On the whole, it wasn't a bad idea.*

---

sonnellino — *nap*
schiacciare un sonnellino — *to catch forty winks.*
Vedi pisolino

---

sonno — *sleep*
conciliare il sonno — *(1) to bore.*
La sua musica concilia il sonno; non la direi interessante. *His music bores me; I wouldn't call it interesting.*
(2) to help someone fall asleep.
Una bella tisana mi concilia il sonno. *A nice herbal tea helps me fall asleep.*

dormire sonni tranquilli — *to have no qualms/worries.*
Puoi dormire sonni tranquilli; hanno accettato il tuo articolo. *Don't have any qualms; they've accepted your article.*

---

soppiatto — *stealthily*
di soppiatto — *on the sly.*
È entrata di soppiatto e li ha colti con le mani nel sacco. *She stole in and caught them red-handed.*

---

sopra — *on, over*
passarci sopra — *(1) to gloss over.*
Può sembrare un dettaglio, ma non possiamo passarci sopra. *It might seem like a detail, but we can't gloss over it.*

(2) to let it go.
Lei è stata maleducata, ma per questa volta passaci sopra. *She's been impolite, but let it go this time.*

tornarci sopra/su — *to reopen a discussion.*
Hai accettato la divisione dell'eredità. Adesso perché vuoi tornarci sopra? *You agreed to dividing the inheritance that way. Why do you want to reopen the discussion?*

sopravvento — *windward*
prendere il sopravvento — *to get the upper hand.*
I rivoluzionari presero il sopravvento e cacciarono i militari. *The revolutionaries got the upper hand and chased the junta away.*

soqquadro — *confusion*
mettere a soqquadro — *to turn upside down (topsy-turvy).*
I ladri mi hanno messo a soqquadro la casa. *The thieves turned my house topsy-turvy.*

sorcio — *mouse*
far vedere i sorci verdi — *to give a hard time.*
Se ci capita ancora a tiro, gli faremo vedere i sorci verdi. *If he shows up again, we'll give him a hard time.*
fare la fine del sorcio — *to be caught.*
È scappato alla vecchia miniera ed ha fatto la fine del sorcio. *He ran off to the old mine and was caught.*

sordina — *mute*
in sordina — *(1) softly.*
Si sentiva cantare in sordina; Maia si era già svegliata e stava giocando. *We could hear soft singing; Maia had awakened and was playing.*
(2) stealthily.
Hanno fatto le cose in sordina e sono riusciti a firmare il contratto prima dei concorrenti. *They acted stealthily and managed to sign the contract before their competitors.*

sordo — *deaf*
sordo come una campana — *deaf as a post (doorknob).*
Devi urlare quando parli con lui; è sordo come una campana. *You have to yell when you talk to him; he's deaf as a post (doorknob).*

sottana — *skirt*

   attaccato alle sottane della madre — *tied to one's mother's apron strings.*

   Guarda che Vincenzo è attaccato alle sottane di sua madre. Sei sicura di volerlo sposare? *Realize that Vincenzo is tied to his mother's apron strings. Are you sure you want to marry him?*

   correre dietro alle sottane — *to chase after skirts.*

   Ha settant'anni e corre ancora dietro alle sottane; è ridicolo. *He's seventy years old and still chases after skirts; it's ridiculous.*

sottile — *thin*

   guardare troppo per il sottile — *to be over-particular.*

   Non guardare troppo per il sottile; è una stoffa da poco prezzo, ma è simpatica e serve allo scopo. *Don't be over-particular; it's cheap cloth, but it's nice and it'll serve the purpose.*

sottinteso — *hint*

   parlare per sottintesi — *to speak in a roundabout way.*

   Chissà cos'ha in testa? Parla sempre per sottintesi. *Who knows what he has in mind? He's always speaking in a roundabout way.*

sotto — *under*

   esserci sotto qualcosa — *to be something behind this.*

   Qui c'è sotto qualcosa. *There's something behind this.*

   farsi sotto — *to push oneself forward.*

   Dài, non fare il timido. Fatti sotto e invitala a ballare. *Come on, don't be shy. Push yourself forward and invite her to dance.*

   mettere sotto qualcuno — *(1) to get someone to work.*

   L'ho messo sotto a lavorare e in due mesi ha preparato quattro esami. *I got him to work, and in two months he prepared four exams.*

   (2) to run someone over.

   Andava ai 100 all'ora e ha messo sotto un cane randagio. *He was doing 100 km an hour and he ran over a stray dog.*

   mettersi sotto — *to pitch in.*

   Vedi **dentro**

   sotto sotto — *deep down.*

   Ha detto di sì sorridendo, ma sotto sotto non era convinto. *He said yes and smiled, but deep down he wasn't convinced.*

sottogamba — *(in the expression)*.
  prendere sottogamba — *to underestimate*.
  Lo prendi sottogamba, ma guarda che lui è pericoloso. *You're underestimating him, but he's dangerous.*

sottordine — *(only in the expression)*
  passare in sottordine — *to become less important*.
  Quel problema è passato in sottordine da quando lui si è ammalato. *That problem has become less important since he fell ill.*

sottosopra — *upside down*
  mettere sottosopra — *(1) to turn something upside down*.
  Ha messo tutto sottosopra per cercare le chiavi. *He turned the whole house upside down looking for his keys.*
  (2) to upset.
  Il suo arrivo improvviso ci ha messi tutti sottosopra. *His sudden arrival upset all of us.*

sottoterra — *underground*
  volersi nascondere sottoterra — *to wish that the earth would open and swallow one*.
  Avrei voluto nascondermi sottoterra dalla vergogna. *I wished the earth would open and swallow me from the shame.*

spada — *sword*
  a spada tratta — *with all one's might*.
  Mi ha difeso a spada tratta perchè sapeva che avevo ragione. *He defended me with all his might because he knew I was right.*

spaghetto — *little string*
  prendersi un bello spaghetto — *to get a good fright*.
  Si è preso un bello spaghetto quando la trave è crollata alle sue spalle. *He got a good fright when the beam fell behind him.*

spago — *string*
  dare spago — *to give someone rope*.
  Non dargli spago, sennò non la smetterà più di parlare. *Don't give him any rope, or else he'll never stop talking.*

spalla — *shoulder*

alzare le spalle — *to shrug one's shoulders.*
Non ha risposto; ha semplicemente alzato le spalle. *He didn't answer; he just shrugged his shoulders.*

avere le spalle larghe — *to have broad shoulders.*
Ho le spalle larghe e posso sopportare anche le tue insinuazioni. *I have broad shoulders and can take your insinuations.*

buttarsi alle spalle — *to put something behind one.*
Mi son buttato il passato alle spalle e ho ricominciato daccapo. *I put my past behind me and started over again.*

dietro le spalle — *behind someone's back.*
Fanno critiche negative dietro le spalle, ma non osano parlare apertamente. *They criticize everyone behind their backs, but they don't dare say anything openly.*

essere con le spalle al muro — *to have one's back to the wall.*
La polizia ha trovato la pistola nella sua macchina: quando è stato con le spalle al muro, ha confessato. *The police found the gun in his car. When he had his back against the wall, he confessed.*

fare da spalla — *to act as a foil.*
Gli fa da spalla tutte le volte che vuol tentare un colpo; prima o poi lo beccheranno. *He acts as his foil every time they try to make a hit; sooner or later they'll catch him.*

guardarsi le spalle — *to watch one's back (to be ready for anything).*
Con tipi come lui bisogna guardarsi le spalle. *With fellows like him you've got to watch your back (be ready for anything).*

mettere con le spalle al muro — *to corner.*
L'ho messo con le spalle al muro e non ha potuto negare le sue responsabilità. *I cornered him, and he wasn't able to deny his responsibility.*

vivere alle spalle di — *to sponge off.*
Ha sempre vissuto alle spalle di sua moglie. *He's always sponged off his wife.*

voltare le spalle — *to give the cold shoulder.*
Mi ha voltato le spalle da tempo, e non capisco perchè. *He gave me the cold shoulder a long time ago, and I don't understand why.*

spanna — *span*
    alto una spanna — *tiny.*
    È alto una spanna! Come vuoi che arrivi allo scaffale più alto! *He's*
    tiny! How do you expect him to reach the top shelf!

spartire — *to share*
    non avere niente da spartire con — *to have nothing in common with.*
    Non ha niente da spartire con quel delinquente! *He has nothing in*
    common with that criminal!

spasso — *fun*
    andare a spasso — *to go for a walk.*
    Andiamo a spasso nel parco. *Let's go for a walk in the park.*

    essere a spasso — *to be out of work.*
    È a spasso da tre anni ormai e ha paura di non trovare mai più un
    lavoro. *He's been out of work for three years, and he's afraid he'll*
    never find another job.

    mandare a spasso — *to send packing.*
    L'hanno mandato a spasso perchè sospettavano che rubasse. *They sent*
    him packing because they suspected him of stealing.

specchio — *mirror*
    arrampicarsi sugli specchi — *to clutch at straws.*
    Ha detto cose assurde per convincere il giudice della sua innocenza,
    ma era chiaro che si arrampicava sugli specchi. *He said absurd*
    things to convince the judge he was innocent, but it was obvious he
    was grasping at straws.

specie — *kind*
    far specie — *to surprise.*
    Mi fa specie che tu, come amico, non mi abbia difeso. *I'm surprised*
    that you, as a friend, didn't defend me.

spendere — *to spend*
    spendere e spandere — *to squander.*
    Se continua a spendere e spandere in questo modo, l'eredità non gli
    durerà molto. *If he continues to squander his money, his inheritance*
    will not last long.

speranza — *hope*

accarezzare la speranza — *to cherish the hope.*

Accarezzava la speranza di costruirsi una casa in montagna. *He cherished the hope of building himself a house in the mountains.*

con la vaga speranza — *on the off chance.*

Aspettavo con la vaga speranza di vederlo arrivare con l'ultimo treno. *I waited on the off chance of seeing him arrive on the last train.*

di belle speranze — *promising.*

Era un ragazzo di belle speranze, ma ha finito per non combinare nulla di buono. *He was a promising young man, but in the end he came to nothing.*

---

spesa — *expense*

a proprie spese — *at one's expense.*

Ho fatto un viaggio di lavoro a mie spese. *I made a business trip at my own expense.*

fare le spese — *to pay for.*

Ti sei lasciato convincere e ne hai fatto le spese. *You let yourself be convinced and you paid for it.*

---

spiaggia — *beach*

l'ultima spiaggia — *the last chance.*

Il partito è all'ultima spiaggia. Se non vincono almeno il 5% dei voti, sono finiti. *This is the party's last chance. If they don't win at least 5% of the vote, they're finished.*

un tipo da spiaggia — *a party boy.*

Sembra un tipo da spiaggia, invece lavora per Medici Senza Frontiere! *He looks like a party boy; instead he works for Doctors Without Borders.*

---

spiano — *open space*

a tutto spiano — *without interruption.*

Urlava a tutto spiano, ma nessuno le badava. *She was yelling without interruption, but no one paid any attention to her.*

---

spiccio — *quick*

andare per le spicce — *to be too quick.*

Quel dottore va troppo per le spicce. Non mi pare coscienzioso. *That doctor is too quick with his diagnosis. He doesn't seem very conscientious to me.*

spicciolato — *scattered*
  alla spicciolata — *a few at a time.*
  La gente entrava alla spicciolata. *People entered a few at a time.*

spicco — *relief*
  di spicco — *leading.*
  È un personaggio di spicco nel mondo dello spettacolo. *He's a leading figure in show business.*

spigolo — *edge*
  smussare gli spigoli — *to patch things up.*
  Vedi smussare gli angoli.

spina — *spine, thorn*
  senza spina dorsale — *spineless, with no backbone.*
  È un essere senza spina dorsale; si lascerebbe insultare da chiunque. *He's a spineless individual; he'd let himself be insulted by anyone.*

  sulle spine — *on pins and needles.*
  Sono stato sulle spine tutto il pomeriggio ad aspettarlo. *I've been on pins and needles all afternoon waiting for him.*

  una spina nel fianco — *a thorn in the flesh.*
  Suo figlio è la sua spina nel fianco: ha scoperto che si droga. *Her son is a thorn in her side; she found out he's on drugs.*

spiraglio — *air hole*
  uno spiraglio — *a glimmer of hope.*
  La sua idea geniale ha aperto uno spiraglio nei negoziati di pace. *His brilliant idea was a glimmer of hope in the peace negotiations.*

spirito — *spirit*
  calmare i bollenti spiriti — *to calm down.*
  Calma i bollenti spiriti e vedrai tutto più chiaro. *Calm down and you'll see everything more clearly.*

  fare dello spirito — *to be witty.*
  Questo non è il momento di fare dello spirito. *This is not the right moment to be witty.*

spizzico — *bit*
    a spizzichi — *in bits and snatches.*
    Mangio sempre a spizzichi e mi rovino lo stomaco. *I always eat in bits and snatches and I'm ruining my stomach.*

spola — *spool*
    fare la spola — *to commute.*
    Fa la spola tra Torino e Trieste per tenere il posto all'Università. *He commutes from Turin to Trieste to keep his job at the University.*

spolveratina — *a little brushing*
    dare una spolveratina — *to brush up on.*
    Vuole dare una spolveratina al suo francese. *He wants to brush up on his French.*

sporco — *dirty*
    farla sporca — *to play dirty.*
    Lei gli ha detto che aveva avuto una storia con un altro e lui l'ha raccontato a tutti. L'ha fatta proprio sporca. *She told him that she had had an affair, and he divulged it to the entire world. He played really dirty.*

sport — *sport*
    per sport — *for fun.*
    Non lo fa sul serio, solo per sport. *He's not doing it seriously, just for fun.*

sprazzo — *splash*
    a sprazzi — *off and on.*
    È piovuto a sprazzi tutto il giorno. *It rained on and off all day.*

sproposito — *blunder*
    costare uno sproposito — *to cost a mint.*
    È una bella macchina, ma costa uno sproposito. *It's a nice car, but it costs a mint.*

    fare uno sproposito — *to do something awful.*
    Era così disperato che i suoi temevano che facesse uno sproposito. *He was so desperate that his family feared he'd do something awful.*

parlare a sproposito — *to put one's foot in one's mouth.*
Parla sempre a sproposito; è meglio che stia zitto se vogliamo ottenere
   qualcosa. *He always puts his foot in his mouth; he'd better keep quiet
   if we want to get anywhere.*

sprovvisto — *lacking*
prendere alla sprovvista — *to catch off guard.*
Mi ha preso alla sprovvista e non ho saputo dire di no. *He caught me
   off guard and I wasn't able to say no.*

spugna — *sponge*
bere come una spugna — *to drink like a fish.*
Beve come una spugna e prima o poi si ammalerà di cirrosi. *He drinks
   like a fish and sooner or later he'll get cirrhosis.*

gettare la spugna — *to throw in the sponge (the towel).*
Quando si è accorto che nessuno gli credeva più, ha gettato la spugna
   e si è dato per vinto. *When he realized that no one believed him
   anymore, he threw in the sponge and gave up.*

passare la spugna su qualcosa — *to say no more about.*
Passiamo la spugna su quanto è successo, e non parliamone più. *We'll
   say no more about what happened.*

spuntare — *to sprout*
spuntarla — *to end up by winning.*
Io e papà abbiamo discusso per giorni e giorni, ma alla fine l'ho
   spuntata: vado a fare un Master negli Stati Uniti! *Dad and I
   discussed it for days, but I end up by winning: I'll go do a Master's in
   the States!*

sputare — *to spit*
Non sputare nel piatto dove mangi. *Don't bite the hand that feeds you.*

squagliare — *to melt*
squagliarsela — *to duck out.*
Se l'è squagliata perchè aveva una gran fifa! *He ducked out because he
   was so afraid!*

squarciagola — *out loud*

    gridare a squarciagola — *to yell at the top of one's voice.*

    Gridava a squarciagola, ma nessuno lo stava a sentire. *He yelled at the top of his voice, but no one listened to him.*

staffa — *stirrup*

    il bicchiere della staffa — *one for the road.*

    Dài, bevine ancora uno; è il bicchiere della staffa. *Come on, drink one more glass; it's one for the road.*

    perdere le staffe — *to fly off the handle (to lose one's temper).*

    Quando si arrabbia perde le staffe. *When he gets angry he flies off the handle (loses his temper).*

stalla — *stable*

    chiudere la stalla quando i buoi sono scappati — *to shut the barn door after the horse has bolted.*

    È inutile che chiuda la stalla quando i buoi sono scappati; doveva pensarci prima e non dargli manco un soldo. *It's useless to shut the barn door after the horse has bolted; he should have thought first and not given him a cent.*

stampino — *stencil*

    fatto con lo stampino — *mass-produced.*

    I suoi quadri sembrano fatti con lo stampino. *His paintings look as if they were mass-produced.*

stampo — *mold*

    dello stesso stampo — *of the same kind.*

    Vedi della stessa risma.

    di vecchio stampo — *of the old school.*

    È una donna di vecchio stampo e non sopporta le parolacce. *She's a lady of the old school and can't stand swearing.*

stanco — *tired*

    stanco morto — *dead tired.*

    Ho lavorato per tre ore di vanga e zappa; sono stanco morto. *I worked for three hours with the spade and hoe; I'm dead tired.*

stare — *to stay*

  non stare né in cielo né in terra — *to be absurd.*
La possibilità di una default del debito pubblico è un'idea che non sta
  né in cielo né in terra. *The possibility that the state will default on its
  national debt is an absurd idea.*

  non stare plù in sè — *to be beside oneself.*
Ha accettato di sposarlo e lui non sta più in sè dalla gioia. *She agreed
  to marry him, and he's beside himself with joy.*

  stare a — *to be up to.*
Non sta a te raccontarle delle scappatelle di suo marito. *It's not up to
  you to tell her about her husband's affairs.*

  stare per — *to be about to.*
Stiamo per comprare una casa. *We're about to buy a house.*

  stare sulle proprie — *to keep to oneself.*
Sarebbe anche uno simpatico, se non stesse sempre sulle sue. *He'd be
  a nice man if he didn't always keep to himself.*

  Ti sta bene! (Ben ti sta!) *It serves you right!*

stecchetto — *small stick*
  a stecchetto — *(1) on short rations.*
Mi ha tenuta a stecchetto per un mese col pretesto che dovevo
  dimagrire. *He kept me on short rations for a month, with the pretext
  that I had to lose weight.*
  (2) on a short allowance.
Ha un padre molto severo che la tiene a stecchetto. *She has a very
  strict father who keeps her on a tight budget.*

stella – *star*
  alle stelle — *sky high.*
I prezzi sono andati alle stelle; non so come ce la caveremo. *Prices
  have gone sky high; I don't know how we'll make it.*

  portare qualcuno alle stelle — *to praise someone to the skies.*
Il suo professore l'ha sempre portato alle stelle e gli farà avere un
  posto all'università. *His professor has always praised him to the skies
  and will get him a position at the university.*

stento — *hardship*
  a stento — *hardly.*
Vedi a malapena.

vivere di stenti — *to lead a hard life.*

Ha vissuto di stenti per anni; è giusto che ora viva meglio. *He led a hard life for years; it's fair that he's better off now.*

---

stesso — *same*

fare lo stesso — *to be all the same.*

Tè o caffè? Fa lo stesso. *Tea or coffee? It's all the same.*

---

stinco — *shin bone*

essere uno stinco di santo — *to be a saint.*

Non è uno stinco di santo, ma è un gran lavoratore. *He's no saint, but he's a hard worker.*

---

stivale — *boot*

dei miei stivali — *third-rate.*

Scrittore dei miei stivali. Faresti meglio a cambiar mestiere! *Third-rate writer! You'd do better to change jobs!*

---

stoccata — *thrust*

dare una stoccata a — *to make a sarcastic remark about.*

Le ha dato una stoccata a cena che la farà star zitta per un pezzo! *He made a sarcastic remark about her at dinner that will keep her quiet for a while.*

---

stoffa — *cloth*

avere la stoffa — *to have the stuff.*

Ha la stoffa dell'avvocato, ma bisogna che studi ancora molto. *He has the stuff to be a lawyer, but he still needs to study a lot.*

---

stomaco — *stomach*

avere qualcuno sullo stomaco — *not to stand.*

Quel tale l'ho sullo stomaco da quando mi ha ingannato. *I can't stand him since he deceived me.*

dare allo stomaco — *to turn one's stomach.*

Quell'odore mi dà allo stomaco. *That smell turns my stomach.*

dare di stomaco — *to throw up.*

Ho dato di stomaco tutta la notte. *I threw up all night.*

rimanere sullo stomaco — *not to be able to stomach someone or something.*
I suoi commenti su Anna mi sono proprio rimasti sullo stomaco. *I couldn't stomach his remarks about Anna.*

volerci stomaco — *to have guts.*
Ci vuole stomaco a frequentare certi ambienti. *You need guts to move in certain circles.*

---

storia — *story*
fare delle storie — *to be fussy.*
A far compere con lui non ci vado più; fa tante di quelle storie! *I'm not going shopping with him any more; he's so fussy!*

---

straccio — *rag*
ridursi come uno straccio — *to wear oneself out.*
A forza di lavorare a quel modo si è ridotto come uno straccio. *By working so hard he's worn himself out.*

uno straccio di marito — *any husband.*
Non è mai riuscita a trovare neanche uno straccio di marito. *She never got within striking distance of any husband.*

---

strada — *street, road*
cambiare strada — *to change one's ways.*
È meglio che tu cambi strada, se vuoi combinare qualcosa di buono. *You'd better change your ways if you want to make something of yourself.*

divorare la strada — *to eat up the road.*
È arrivato in meno di tre ore; ha divorato la strada. *He got here in less than three hours; he ate up the road.*

essere fuori strada — *to be mistaken (on the wrong track).*
Sei proprio fuori strada se credi che lui ti abbia ingannato. *You're totally mistaken if you believe he cheated you.*

fare molta strada — *to go far.*
Ha fatto molta strada da quando studiavamo insieme all'università; è arrivato dove voleva. *He's gone far since we studied together at the university; he's gotten where he wants to be.*

fare strada — *to lead the way.*
Faccio strada se permetti. *I'll lead the way if it's all right with you.*

farne di strada — *to come a long way.*

Il lavoro nei campi era molto duro senza le macchine. Ne abbiamo fatta di strada! *Farming was very hard without machines. We've come a long way!*

farsi strada — *to make one's way.*

Si è fatto strada nel mondo degli affari grazie allo zio. *He made his way in the business world thanks to his uncle.*

fuori strada — *out of the way.*

Vedi fuori mano.

mettere fuori strada — *to throw someone off the track.*

Le sue informazioni non mi hanno aiutato affatto; anzi, mi hanno messo fuori strada completamente. *His information didn't help me at all; as a matter of fact it threw me off the track completely.*

spianare la strada — *to pave the way.*

Gli hanno sempre spianato la strada e lui non sa affrontare le difficoltà. *His way has always been paved for him, and he doesn't know how to face difficulties.*

tagliare la strada — *to stand in someone's way.*

Non è facile fare carriera qui dentro. C'è sempre qualcuno che ti taglia la strada. *It's not easy to get ahead here. There's always someone standing in your way.*

trovare la propria strada — *to find oneself.*

Ha finalmente trovato la sua strada. È felice! *He finally found himself. He's happy!*

---

straforo — *tunnel*

  di straforo — *on the sly.*

  Vedi di nascosto

strapazzo — *strain, exertion*

  da strapazzo — *third-rate.*

  Non fidarti di lui; è un avvocato da strapazzo. *Don't trust him; he's a shyster.*

strappo — *tear*

  fare uno strappo alla regola — *to make an exception.*

  Non accetto mai inviti a cena, ma per te faccio uno strappo alla regola. *I never accept dinner invitations, but for you I'll make an exception.*

strappo — *tear*
  uno strappo — *a ride.*
  Mi dai uno strappo? Se no arrivo in ritardo a scuola. *Can you give me
    a ride? Otherwise I'll be late for school.*

stravedere — *to see wrongly.*
  stravedere per qualcuno — *to see someone through rose-colored glasses.*
  Non puoi fare la minima critica a suo figlio: stravede per lui! *You can't
    criticize her son in the least: she sees him through rose-colored glasses.*

stregua — *rate*
  alla stessa stregua — *(1) just like.*
  Mi tratta alla stessa stregua di sua figlia, non lo sopporto. *He treats me
    just like his daughter, I can't stand him.*
  (2) by the same standards.
  È sbagliato giudicare tutti alla stessa stregua. *It's wrong to judge
    everyone by the same standards.*

stretta — *grasp*
  essere alle strette — *to be in a tight spot.*
  L'imputato, messo alle strette, confessò tutto. *The accused, put in a
    tight spot, confessed everything.*
  mettere qualcuno alle strette — *to put someone with his (her) back to
    the wall.*
  Vedi mettere qualcuno con le spalle al muro.

stretto — *tight , narrow*
  stare, andare stretto — *for something to be choking.*
  Questo lavoro mi sta stretto. Mi licenzio e cerco qualcos'altro. *This job
    is choking me. I'll quit and look for something else.*

stringere — *to squeeze*
  stringi stringi — *to sum up.*
  Stringi stringi, non ha detto niente di nuovo. *To sum up, he didn't say
    anything.*

struzzo — *ostrich*
  fare lo struzzo — *to bury one's head in the sand.*
  È inutile che tu faccia lo struzzo: i problemi economici non si
    risolvono da soli. *It's no use burying your head in the sand; financial
    problems don't solve themselves.*

stucco — *stucco*
  di stucco — *dumbfounded.*
  Vedi restare di sale.

---

su — *up, on*
  non andare né su né giù — *for something to be hard to take.*
  I tuoi discorsi non mi vanno né su né giù. *I find your views hard to take.*

  su e giù — *coming and going.*
  Per la strada era un continuo su e giù di gente. *There was a constant bustle of people in the street.*

  su per giù — *more or less.*
  Sono su per giù due chilometri fino alla stazione. *It's more or less two kilometers to the station.*

  saltare su — *to jump up.*
  Sono saltata su e l'ho difeso. *I jumped up and defended him.*

  tirare su — *(1) to bring up.*
  Ha tirato su i figli di sua sorella. *She brought up her sister's children.*
  (2) to cheer up.
  Tirati su, vedrai che l'anno prossimo le cose andranno meglio! *Cheer up! You'll see that things will work out better next year.*

  venire su bene — *to grow up well.*
  Tua figlia sta venendo su proprio bene. Hai di che esserne orgogliosa! *Your daughter is growing up very well. You have reason to be proud!*

  venire su dal nulla — *to be a self-made man.*
  È venuto su dal nulla. In dieci anni è diventato miliardario. *He's a self-made man. He became a multi-millionaire in ten years.*

---

succo — *juice*
  il succo del — *the crux of the matter.*
  Questo è il succo del discorso; voleva più soldi. *This is the crux of the matter; he wanted more money.*

---

sugo — *sauce*
  senza sugo — *insipid.*
  Marisa dice che lui è eccezionale, ma a me pare uno proprio senza sugo. *Marisa says he's outstanding, but I find him really insipid.*

---

suonare — *to ring*
  suonarle a qualcuno — *to give someone a good thrashing.*
  Gliele ha suonate perchè non ha obbedito. *He gave him a good
    thrashing because he was disobedient.*

tabula rasa — *a clean slate*
  fare tabula rasa — *to make a clean sweep.*
  Ho fatto tabula rasa: adesso ricomincio da capo. *I made a clean sweep;
    now I'll start from scratch.*

tacca — *notch*
  di mezza tacca — *shoddy.*
  È un personaggio di mezza tacca: molto, molto mediocre. *He's a
    shoddy person: very, very mediocre.*

tacco — *heel*
  alzare i tacchi — *to take to one's heels.*
  Aveva paura e decise di alzare i tacchi. *He was afraid and took to his
    heels.*

tacere — *to be silent*
  mettere a tacere — *to hush up.*
  La cosa è stata messa a tacere, altrimenti lo avrebbeo rovinato
    finanziariamente. *The thing was hushed up, otherwise it would have
    ruined him financially.*

tagliare — *to cut*
  tagliato per — *to be cut out for.*
  È tagliato per fare l'architetto. *He's cut out to be an architect.*

taglio — *cut*

dare un taglio — *to cut it out.*
Ti sei lamentata del tuo ragazzo tutto il giorno. Dacci un taglio! *You've been complaining about your boyfriend all day. Cut it out!*

essere un'arma a doppio taglio — *to cut both ways.*
Diminuire le tasse si rivela un'arma a doppio taglio perchè bisogna pagare di più di tasca propria per i servizi. *Lowering taxes cuts both ways because you'll have to pay more for services out of pocket.*

venire a taglio — *to come in handy.*
La tua abilità nel cucinare è proprio venuta a taglio; non so come avrei fatto senza il tuo aiuto. *Your cooking ability has come in handy; I don't know how I could have managed without your help.*

tale — *so, such*

il tale — *so-and-so (such and such).*
Devo parlare con quel tale, sai, quello che ha il negozio. *I must talk to so-and-so, you know, the one who owns the store.*

il tal dei tali — *that person [better left unnamed].*
L'ho saputo dal tal dei tali, sai di chi parlo. *I heard it from that person, you know who I'm talking about.*

tale e quale — *(1) identical.*
Fabrizio è tale e quale suo padre. *Fabrizio is identical to his father.*
(2) in so many words.
Mi ha detto tale e quale che per lui ero una da portare a letto, ma niente di più. *He told me in so many words that I was good for a one-night stand, and nothing more.*

un tale — *one.*
Ha telefonato un tale, ma non ha lasciato il nome. *Someone called, but didn't leave his name.*

tamburo — *drum*

a tambur battente — *at once.*
La sua richiesta fu esaudita a tambur battente. *His request was granted immediately.*

tandem — *tandem*

fare qualcosa in tandem — *to work together.*
Fanno sempre tutto in tandem; quando uno è stanco si fa sotto l'altro. *They always work together; when one's tired the other one pitches in.*

tangente — *tangent*
  partire per la tangente — *to take off on a tangent.*
  Parlava della dimensione spirituale della vita, dei benefici della
    meditazione, poi è partita per la tangente mettendosi a parlare di
    fantasmi e sedute spiritiche... Mah! *She was talking about life's*
    spiritual dimension, the benefits of meditation, then she took off on a
    tangent and started to talk about ghosts and seances.....Bah!

tanto — *as (so) much*
  con tanto di... — *overdoing it.*
  Si è presentato al matrimonio con tanto di tight e cappello a cilindro.
    He overdid it when he turned up at the wedding wearing a morning
    suit and a top hat.

  di tanto in tanto — *now and then.*
  Anch'io vado in campagna di tanto in tanto. *I go to the country now*
    and then too.

  dirne tante — *to talk a lot of nonsense.*
  Oggi era proprio svanito; ne ha dette tante! *Today he was really out of*
    it; he talked a lot of nonsense!

  dirne tante e poi tante — *to tell someone where to get off.*
  Gliene ha dette tante e poi tante! *He really told him where to get off!*

  ogni tanto — *every now and then.*
  Ci vediamo ogni tanto. *We see each other every now and then.*

  tant'è — *one might as well.*
  Ci sono andati tutti, tant'è che ci vada anch'io. *They all went there; I*
    might as well go too.

  tanto meno — *let alone, least of all.*
  Non ho abbastanza soldi per comprare una bicicletta, tanto meno una
    macchina. *I don't have enough money to buy a bicycle, let alone a*
    car.

  tanto per cambiare — *(1) what else is new?*
  Quest'anno andiamo di nuovo in montagna, tanto per cambiare. *This*
    summer we'll go to the mountains again. What else is new? (2) just
    for a change. Perché non andiamo in vacanza al mare, tanto per
    cambiare? *Why don't we go on vacation to a sea resort, just for a*
    change?

  tanto più — *all the more so.*
  È inutile avvisarlo, tanto più che è probabile che non venga. *It's no use*
    telling him, all the more so because he's not likely to come.

tanto vale — *it's worth our while.*
Se vuoi fare 500 chilometri per andare a vedere una gara di vela, tanto vale che ci facciamo una settimana di vacanza. *If you want to drive 500 kilometers to go see a sailboat race, it's worth our while to take a week off.*

tappa — *stopping place*
bruciare le tappe — *to make lightning progress.*
Sta bruciando le tappe; ha veramente una brillante carriera di fronte a sè. *He's making lightning progress; he really has a brilliant career ahead of him.*

tappeto — *carpet*
battere a tappeto — *to beat the bushes.*
Hanno battuto il quartiere a tappeto per raccogliere firme contro il nuovo inceneritore. *They beat the bushes all over the neighborhood looking for signatures against the new incinerator.*

mandare qualcuno al tappeto — *to knock someone out.*
Non è che lui l'ha sconfitto nel torneo di scacchi. L'ha mandato al tappeto. *He didn't just defeat him in the chess tournament; he knocked him out.*

mettere sul tappeto — *to bring into the open.*
Ha messo il problema sul tappeto. *He brought the question into the open.*

tappezzeria — *wallpaper*
far tappezzeria — *to be a wallflower.*
Faceva pena; ha fatto tappezzeria tutta la sera. Nessuno l'ha invitata a ballare o ha parlato con lei. *She was pitiful; she was a wallflower all evening. No one invited her to dance or spoke with her.*

tara — *tare*
fare la tara — *to take a story with a grain of salt.*
Il racconto di Massimo ti ha spaventato? Ma devi farci la tara! *Massimo's story scared you? You should take it with a grain of salt.*

tasca — *pocket*
averne le tasche piene — *to be fed up with.*
Ne ho le tasche piene di questa storia; o la smetti o ti denuncio. *I'm fed up with this story; stop it or I'll report you.*

conoscere come le proprie tasche — *to know like the back of one's hand.*
Conosco la città come le mie tasche. *I know this city like the back of my hand.*

non venire niente in tasca a — *not to get anything out of.*
Io ti ho dato un buon consiglio, poi tu fai come vuoi. A me non me ne viene niente in tasca. *I gave you good advice, but you do as you please. I get nothing out of it either way.*

tasto — *key*

battere sullo stesso tasto — *to harp on.*
Batte sempre sullo stesso tasto. Non ha capito che è controproducente? *He's always harping. Doesn't he understand that it's worse that way?*

toccare un tasto delicato — *to touch on a sore subject.*
Quando ha parlato della suocera ha toccato un tasto delicato. *When he talked about her mother-in-law he touched on a sore subject.*

tastoni (tentoni) — *gropingly*

procedere a tastoni (tentoni) — *to grope one's way.*
Procedeva a tastoni (tentoni) nel buio. *He groped his way in the dark.*

tavola — *table*

amare la buona tavola — *to be fond of eating.*
Ha sempre amato la buona tavola e adesso deve stare a dieta! *He's always been fond of eating and now he must stay on a diet!*

tavoletta — *small board*

andare a tavoletta — *to floor it (to press the accelerator).*
Vedi andare a tutto gas.

tavolino — *little table*

vincere a tavolino — *to win by appeal.*
Ha vinto il match, ma a tavolino, per decisione degli arbitri. *He won the match by appeal, by decision of the judges.*

tegola — *roof tile*

cadere come una tegola sulla testa — *as if one were struck by lightning.*

La notizia che il capitano della squadra era coinvolto in un caso di doping ci è caduta come una tegola sulla testa. *When we heard that the team's captain was involved in doping, it was as if we had been struck by lightning.*

---

tema — *theme*

fuori tema — *beside the point.*

Hai scritto quattro magnifiche pagine, ma sei andato fuori tema. *You wrote four beautiful pages, but it's all beside the point.*

---

tempesta — *storm*

una tempesta in un bicchier d'acqua — *a tempest in a teapot.*

Ci sono state urla e pianti, ma è stata una tempesta in un bicchier d'acqua. *There were shouts and cries, but it was only a tempest in a teapot.*

---

tempo — *time*

a tempo perso — *in one's spare time.*

A tempo perso prendo lezioni d'inglese. *In my spare time I take English lessons.*

anticipare i tempi — *to speed up.*

Bisogna anticipare i tempi, altrimenti arriveranno le piogge appena finita la semina. *We have to speed up; otherwise the rainy season will come as soon as the planting is done.*

aver fatto il proprio tempo — *to have seen one's day.*

Ormai queste gomme hanno fatto il proprio tempo. *These tires have seen their day.*

battere qualcuno sul tempo — *to beat someone to it.*

Mi ha battuto sul tempo ed ha comprato il vestito che volevo io. *She beat me to it and bought the dress I wanted.*

con i tempi che corrono — *nowadays.*

Non è il caso di spendere tanto con i tempi che corrono. *It's better not to spend too much nowadays.*

darsi al bel tempo — *to relax.*

Ha lavorato sodo e adesso si dà al bel tempo. *He worked hard and now he can relax.*

fare a tempo e luogo — *at the right time.*

Ne parliamo a tempo e luogo, non ora. *We'll talk about it at the right time, not now.*

fare il bello e il cattivo tempo — *to lay down the law.*
Lui fa il bello e il cattivo tempo in famiglia e nessuno protesta. *He lays down the law in his family and no one argues with that!*

in tempo utile — *by the deadline.*
Devo finire in tempo utile. *I have to finish by the deadline.*

lascia il tempo che trova — *without results.*
Predica sempre, ma lascia il tempo che trova. Nessuno lo ascolta. *He's always preaching, but without results. No one listens to him.*

prendere tempo — *(1) to take time.*
Non fargli fretta, è un lavoro che prende tempo. *Don't hurry him; it's a job that takes time.*
(2) to mark time.
Prendi tempo e dagli la tua risposta solo quando sei pronto. *Mark time, and give him your answer only when you're ready.*

tempi magri — *hard times.*
Son tempi magri, questi! Non puoi pretendere di guadagnare di più. *These are hard times! You can't expect to earn more.*

Tempo da lupi! *Foul weather!*

volerci il suo bravo tempo — *to take time.*
Non aspettarlo presto; ci vorrà il suo bravo tempo prima che arrivi. *Don't expect him early; it will take him time to get here.*

---

tenda — *curtain*
levare le tende — *to leave a place.*
Mi sembra di essere di peso qui; è ora di levare le tende. Andiamocene. *It seems we're unwanted here; it's time to leave. Let's go.*

piantare le tende — *to plunk oneself down.*
L'abbiamo invitato a stare da noi qualche giorno e lui ha piantato le tende. Non se ne va più! *We invited him to stay with us for a few days and he plunked himself down and now he's not leaving!*

---

termine — *end, term*
senza mezzi termini — *straight out.*
Le ho detto senza mezzi termini che non credevo a una parola di quello che diceva. *I told her straight out that I didn't believe one word of what she was saying.*

---

terno — *set of three numbers*
  un terno al lotto — *(1) like winning the lottery.*
  Vendendo le azioni al momento giusto abbiamo vinto un terno al
    lotto. *Selling our shares at the right moment was like winning the
    lottery.*
  (2) dicey.
  Far soldi in Russia al giorno d'oggi è un terno al lotto. *Making money
    in Russia nowadays is very dicey.*

---

terra — *earth, land*
  essere a terra — *to be down.*
  Sono proprio a terra; mi va tutto storto oggi. *I'm really down;
    everything's going wrong today.*
  terra terra — *down to earth (to the point of being trivial).*
  È un tipo molto terra terra. Ti piace davvero? *He's quite down to earth;
    do you really like him?*

---

terreno — *land*
  acquistar terreno — *to gain ground (acceptance).*
  Quelle idee stanno acquistando terreno tra i giovani. *Those ideas are
    gaining ground (acceptance) among young people.*
  far mancare il terreno sotto i piedi — *to pull the rug out from under.*
  Hanno svelato il mio segreto e così mi hanno fatto mancare il terreno
    sotto i piedi. *By revealing my secrets they pulled the rug out from
    under me.*
  preparare il terreno — *to prepare things.*
  Bisogna preparare il terreno prima di dargli la notizia. *You have to
    prepare things before telling him the news.*
  sentirsi mancare il terreno sotto i piedi — *to feel insecure.*
  Quando non ho soldi mi sento mancare il terreno sotto i piedi. *When
    I'm short of cash I feel insecure.*
  tastare il terreno — *to sound someone out (to see how the land lies).*
  Sarà meglio tastare il terreno prima di prendere una decisione così
    importante. *It'll be better to sound him out (to see how the land lies)
    before making such an important decision.*

---

terzo — *third*

fare da terzo incomodo — *to be the odd man out.*

Ne ho abbastanza di fare da terzo incomodo per i suoi incontri con
questo e con quello. *I've had enough of being the odd man out in his
meetings with this person and that.*

teso — *taut*

essere teso come una corda di violino — *to be taut as a bowstring.*

È teso come una corda di violino perchè sua figlia non dà più notizie
di sè da due settimane. *He's taut as a bowstring because he hasn't
heard from his daughter in two weeks.*

tesoro — *treasure*

fare tesoro di qualcosa — *(1) to treasure something.*

Questa collana apparteneva alla tua bisnonna: fanne tesoro. *This
necklace belonged to your great grandmother: treasure it.*

(2) to heed.

Non hai fatto tesoro dei suoi consigli e adesso te ne penti. *You didn't
heed his advice and now you're sorry for it.*

testa — *head*

a testa in giù — *headlong (head first).*

Non si è fatto male, nonostante sia caduto da cavallo a testa in giù.
*Even though he fell off his horse head first, he
didn't get hurt.*

alzata di testa — *a reaction.*

Ha avuto un'alzata di testa una volta, poi si è rassegnato. *He had a
reaction once, then he resigned himself.*

avere altro per la testa — *to have other things on one's mind.*

Ci ha dato una mano, ma non è servito a molto: aveva altro per la
testa. *He gave us a hand, but it didn't help much; he had other things
on his mind.*

avere la testa fra le nuvole — *to have one's head in the clouds.*

Ha sempre la testa fra le nuvole. È innamorato? *He's always got his
head in the clouds. Is he in love?*

avere la testa sulle spalle (sul collo) — *to have a good head on one's shoulders.*

È giovane, ma ha la testa sulle spalle (sul collo), e sa benissimo il fatto suo. *He's young, but he has a good head on his shoulders, and he knows what he's doing.*

cacciarsi (ficcarsi, mettersi) in testa — *to get it into one's head.*

Si è ficcata in testa di assomigliare a Marilyn Monroe! *She's got it into her head that she looks like Marilyn Monroe.*

con la testa nel sacco — *like a fool.*

Hai agito con la testa nel sacco: che cosa ti aspettavi? *You behaved like a fool; what did you expect?*

dalla testa ai piedi — *from head to toe.*

Vedi da capo a piedi.

dare alla testa — *to go to one's head.*

Tutti quei complimenti le hanno dato alla testa. *All those compliments went to her head.*

fare di testa propria — *to do something one's own way.*

Fai sempre di testa tua. Come mai stavolta mi chiedi un consiglio? *You're always doing things your own way. Why are you asking me for advice this time?*

far girare la testa — *(1) to make someone's head turn.*

È così carina che fa girare la testa a tutti. *She's so cute that she makes everyone's head turn.*

(2) to make dizzy.

Questo vino mi fa girare la testa. *This wine makes me dizzy.*

in testa — *in the lead.*

È in testa alla classifica. *He's in the lead in the line-up.*

mettere in testa — *to put into one's head.*

Chi te l'ha messa in testa un'idea simile? *Who put an idea like that into your head?*

mettere la testa a partito — *to settle down.*

Mio fratello ha finalmente messo la testa a partito ed ha cominciato a lavorare. *My brother has finally settled down and started to work.*

montarsi la testa — *to get a swelled head.*

Non montarti la testa. Ci vuol altro che un articolo pubblicato per diventare scrittore! *Don't get a swelled head. You need to publish more than one article to become a writer!*

non esserci con la testa — *to have lost one's mind.*
Non ha mai fatto tuffi in vita sua. Di colpo si è gettato da venti metri.
Non c'è con la testa. *He never dived in his entire life. Suddenly he
took a plunge from twenty meters. He lost his mind.*

Non fasciarti la testa prima che sia rotta. *Don't cross your bridges until
you come to them.*

non saper dove sbattere la testa — *to be at one's wits' end.*
Da quando la sua ragazza l'ha lasciato, non sa più dove sbattere la
testa. *Since his girlfriend left him he's at his wits' end.*

passare per la testa — *to cross one's mind.*
Ma cosa dici? L'idea che fossi stato tu a divulgare quella notizia
riservata non mi è mai neanche passata per la testa. *What are you
talking about? The idea that you were behind the leak didn't even
cross my mind.*

perdere la testa — *to go off the deep end.*
Quando ha sentito che suo cugino aveva ereditato tutto ha perso la
testa. *When he heard that his cousin got the whole inheritance he
went off the deep end.*

piegare la testa — *to give in.*
Suo padre è molto autoritario ed è riuscito a fargli piegare la testa; ora
obbedisce sempre. *His father is very authoritarian and has managed
to make him give in; now he's always obedient.*

tagliare la testa al toro — *to settle the question once and for all.*
Non rinnoviamogli il contratto; così tagliamo la testa al toro. *Let's not
renew his contract; that way we'll settle the question once and for all.*

tenere la testa a posto — *to keep one's head.*
Saprai tenere la testa a posto, spero, malgrado i soldi che ti ritrovi in
tasca! *You'll know how to keep your head, I hope, no matter how
much money you find in your pocket!*

tenere testa — *to hold one's own.*
Tiene sempre testa a tutti con la parlantina che ha. *He always holds his
own with his gift of gab.*

una testa di cavolo (rapa) — *a blockhead.*
Che testa di cavolo (rapa) quel ragazzo! Non ne fa mai una buona.
What a blockhead that boy is! He never does anything right.

testardo — *stubborn*
  testardo come un mulo — *as stubborn as a mule.*
  Non gli farai mai cambiare idea. È testardo come un mulo. *You'll never change his mind. He's as stubborn as a mule.*

testo — *text*
  far testo — *to be authoritative.*
  Le tue parole non fanno testo. Mi dispiace, dobbiamo sentire i testimoni. *Your words are not authoritative. I'm sorry but we have to hear the witnesses.*

ticchio — *tic*
  saltare (venire) il ticchio di — *to take into one's head.*
  Gli è saltato (venuto) il ticchio di mettersi a suonare il flauto. *He took it into his head to start playing the flute.*

timone — *tiller*
  essere al timone — *to be at the helm.*
  È lui che è al timone dell'azienda; è un ottimo organizzatore. *He's at the helm of the company; he's a great organizer.*

tinta — *hue*
  caricare le tinte — *to see everything in dark colors.*
  La passione la portava a caricare le tinte, a vedere il tradimento in ogni suo gesto. *Passion led her to see everything in dark colors, to see signs of betrayals in his every gesture.*

tirare — *to pull*
  fare a tira e molla — *to argue back and forth.*
  Fanno a tira e molla per un po', ma poi lei cede. *They argue it back and forth for a while, then she gives in.*

  tirare a campare — *to get along.*
  Hanno tirato a campare per un po' con la pensione della madre; poi i ragazzi hanno trovato lavoro. *They got along for a while with their mother's pension; then the boys found jobs.*

tirata — *pull*
  in un'unica tirata — *in one go.*
  Abbiamo fatto Milano-Roma in un'unica tirata. *We did Milan to Rome in one go.*

tiro — *throw*

   abbassare il tiro — *to lower one's sights.*
   Abbassa il tiro, o nessuno capirà i tuoi discorsi; sono tutti principianti.
     Lower your sights or no one will understand you; they're all
     beginners.

   a un tiro di schioppo — *within a stone's throw.*
   Mia sorella abita a un tiro di schioppo. *My sister lives within a stone's*
     throw away.

   alzare il tiro — *to raise one's sights.*
   Hanno alzato il tiro. Vogliono investire soldi nella ditta solo se gli
     vendiamo il 51% delle azioni. *They raised their sights. They'll put*
     money into the firm only if we sell them 51% of the shares.

   capitare a tiro — *to get hold of.*
   Se mi capita a tiro me la pagherà una volta per tutte. *If I can get hold*
     of him, I'll fix him once and for all.

   giocare un brutto tiro — *to play a mean trick.*
   Nascondergli i libri prima dell'esame è stato proprio un brutto tiro.
     Hiding his books before the exam was a mean trick indeed.

tizio — *chap*

   Tizio, Caio e Sempronio — *Tom, Dick, and Harry.*
   Hanno fatto finta di conoscere Tizio, Caio e Sempronio, ma in realtà
     non conoscevano nessuno. *They pretended to know every Tom, Dick,*
     and Harry, but they really didn't know anyone.

tomba — *tomb*

   essere una tomba — *not to tell a soul.*
   Puoi confidarmi il tuo segreto; sarò una tomba. *You can confide your*
     secret in me; I won't tell a soul.

tono — *tone*

   cambiare tono — *to change one's tune.*
   Cambia tono per favore; non otterrai niente con quel fare de padrone.
     Please change your tune; you won't get anything with that bossy
     attitude.

   darsi un tono — *to keep one's chin up.*
   Lo so che sei preoccupata, ma devi darti un tono se vuoi avere
     successo nel negoziato. *I understand you're worried, but you must*
     keep your chin up if you want to be successful in the negotiations.

essere giù di tono/sotto tono — *to be out of sorts.*

Non credo di essere malata, ma sono giù di tono. *I don't believe I'm ill, but I'm out of sorts.*

rispondere a tono — *to answer to the point.*

Rispondi a tono; non sfuggire alle mie domande. *Answer to the point; don't avoid my questions.*

---

tonto — *dumb*

fare il finto tonto — *to play dumb.*

Non fare il finto tonto; sai benissimo di che cosa sto parlando. *Don't play dumb; you know very well what I'm talking about.*

---

topo — *mouse*

topo d'appartamento — *burglar.*

"Che mestiere fa?" "Ah, è un topo d'appartamento!" *"What's his job?" "Ah, he's a burglar."*

---

torbido — *turbid*

pescare nel torbido — *to fish in troubled waters.*

Può finire in prigione da un giorno all'altro: è uno che pesca nel torbido. *He may end up in jail any day; he fishes in troubled waters.*

---

torchio — *press*

essere sotto il torchio — *to be grilled.*

È sotto il torchio adesso. Quando avranno finito di interrogarlo sapremo qualcosa di più. *He's being grilled right now. When they've finished questioning him we'll know more.*

---

torno — *around*

levare di torno qualcuno — *to get rid of someone.*

Levami di torno quel tipo, o lo denuncio per molestie. *Get rid of that guy or I'll report him as a public nuisance.*

---

toro — *bull*

prendere il toro per le corna — *to take the bull by the horns.*

Se non prendiamo il toro per le corna non riusciremo mai a ottenere niente. *If we don't take the bull by the horns we'll never get anywhere.*

---

torta — *cake*
 spartirsi la torta — *to split the loot.*
 Si spartiranno la torta dopo aver fatto il colpo. *They'll split the loot after making the hit.*

torto — *wrong*
 avere torto marcio — *to be utterly wrong.*
 In genere mi fido della sua opinione, ma questa volta ha torto marcio. *I usually trust his opinion, but this time he's utterly wrong.*
 dare torto a — *to say someone is wrong.*
 Mi dà sempre torto. *He always says I'm wrong.*
 non avere tutti i torti — *to have a point.*
 Non ha mica tutti i torti. È meglio arrivare un po' prima per evitare il traffico. *He's got a point. It's better to arrive a little early to avoid the traffic.*

traguardo — *finish line.*
 tagliare il traguardo — *to make it to the finish line.*
 Mi sono laureata! Finalmente ho tagliato il traguardo! *I got my B.A.! I made it to the finish line!*

tramite — *path*
 far da tramite — *to act as an intermediary.*
 Ha fatto da tramite tra i rapitori e la famiglia. *He acted as a go-between between the kidnappers and the family.*

tramontana — *north wind*
 perdere la tramontana — *not to know whether one's coming or going.*
 Da quando si è innamorato ha perduto la tramontana. *Since he fell in love he doesn't know whether he's coming or going.*

trampolino — *diving board*
 far da trampolino di lancio — *to be a launching pad.*
 L'intervista gli servirà da trampolino di lancio; molta gente comincerà a conoscerlo. *The interview will be his launching pad; people will get to know him.*

trampolo — *stilt*
 reggersi sui trampoli — *to be shaky.*
 La sua situazione finanziaria non è mica tanto buona; si regge sui trampoli. *His economic situation isn't very good; it's shaky.*

tran-tran — *routine*
  il solito tran-tran — *the same old rut.*
  Non facciamo niente di interessante; è il solito tran-tran di tutti i
    giorni. *We don't do anything interesting; it's the same old day-to-day
    rut.*

tratto — *piece, stroke*
  ad un tratto — *all of a sudden.*
  Ad un tratto scomparve, come se non fosse mai esistito. *All of a
    sudden he disappeared, as if he'd never existed.*

traveggole — *seeing double*
  avere le traveggole — *to mistake one thing for another.*
  Mi hai visto a Parigi con un uomo che non era mio marito? Hai le
    traveggole! *You saw me in Paris with a man who isn't my husband?
    You're seeing double!*

traverso — *across*
  andare di traverso — *to go down the wrong way (pipe).*
  Quel boccone mi è andato di traverso. *Something I swallowed went
    down the wrong way (pipe).*

  andare per traverso — *to go wrong.*
  Pare che tutto le vada per traverso. *Everything seems to be going
    wrong with her.*

  guardare di traverso — *to look angrily.*
  Non guardarmi di traverso solo perchè ti ho fatto un'osservazione.
    Don't look at me angrily just because I criticized you.

treno — *train*
  un treno di vita — *a standard of living.*
  Il loro treno di vita non è così alto come vogliono far credere. *Their
    standard of living isn't as high as they make it out to be.*

trito — *minced*
  trito e ritrito — *stale, rehashed.*
  Così non convincerai nessuno, è un argomento trito e ritrito. *You
    won't convince anyone this way; it's a rehashed subject.*

tromba — *trumpet*
  partire in tromba — *to rush off.*
  È partito in tromba dopo la telefonata. Chissà che cosa è successo! *He rushed off after the telephone call. Who knows what happened!*

tronco — *trunk*
  licenziare in tronco — *to axe.*
  Hanno licenziato trecento operai in tronco. *They axed three hundred workers.*

troppo — *too*
  essere di troppo — *to be in the way.*
  Se sono di troppo in cucina, ditemelo, me ne vado di là. *If I'm in the way in the kitchen, let me know, I'll go away.*

  x di troppo — *x too many.*
  Ci sono dieci invitati di troppo. *There are ten guests too many.*

trovare — *to find*
  trovare da ridire — *to find fault with.*
  Trova sempre da ridire su quel che dico. *He always finds fault with what I say.*

tu — *you*
  a tu per tu — *face-to-face.*
  Voglio parlarle a tu per tu; forse con me si confida. *I want to talk to her face-to-face; maybe she'll confide in me.*

  dare del tu — *to use the informal address.*
  Possiamo anche darci del tu, dopo tutto abbiamo la stessa età. *You can use the informal address with me; after all, we're the same age.*

tubo — *pipe*
  un tubo — *a damned thing.*
  Non ho capito un tubo della conferenza. E tu? *I didn't understand a damned thing in his lecture. What about you?*

tuffo — *plunge*
  avere un tuffo al cuore — *for the heart to skip a beat.*
  Credevo che fosse lui e ho avuto un tuffo al cuore. *I thought it was he and my heart skipped a beat.*

turco — *Turk*

   fumare come un turco — *to smoke like a chimney.*
   Fuma come un turco; si ammalerà! *He smokes like a chimney; he'll get sick!*

   parlare turco/in turco — *to speak Turkish*
   Vedi **arabo**

tutto — *all*

   dare il tutto per tutto — *to go for broke.*
   Ha dato il tutto per tutto e ha vinto la corsa negli ultimi dieci metri. *She went for broke and won the race in the last ten meters.*

   di tutto e di più — *anything and everything.*
   In quell'impermercato trovi di tutto e di più. *In that superstore you'll find anything and everything.*

   essere tutto di un pezzo — *to be a man of principle.*
   È un uomo tutto di un pezzo, non ti aiuterà a ottenere quel lavoro se non è sicuro che sei il candidato ideale. *He's a man of principle; he won't help you get that job unless he's certain that you're the ideal candidate.*

   fare di tutto — *(1) to bend over backwards, to go all out for (out of one's way).*
   Abbiamo fatto di tutto per salvare l'impresa, ma non ci siamo riusciti. *We bent over backwards to save the firm, but we failed.*

   in tutto e per tutto — *exactly like.*
   Era come suo padre in tutto e per tutto. *He was exactly like his father.*

   tutto sta nel... — *it all depends on...*
   Tutto sta nel convincerla ad accettare le nostre condizioni. *It all depends on persuading her to accept our terms.*

uccello — *bird*

a volo d'uccello — *bird's-eye view.*
Il corso fornisce una visione a volo d'uccello delle sonate di Mozart,
  ma non ne fa un'analisi dettagliata. *The course provides a bird's-eye
  view of Mozart's sonatas, but it doesn't deal with them in detail.*

uccel di bosco — *on the loose (at large).*
Sebbene tutta la polizia lo cerchi, il bandito rimane ancora uccel di
  bosco. *In spite of the police search, the bandit is still on the loose (at
  large).*

uccello del malaugurio – *bird of bad omen.*
Non fare l'uccello del malaugurio: il tetto va riparato, ma non sta mica
  per crollare! *Don't be a bird of bad omen. The roof needs repairing,
  but it's certainly not about to collapse.*

ufo — *(only in the expression)*

mangiare ad ufo — *to sponge.*
Lo stipendio gli basta perchè mangia ad ufo dagli amici. *His salary is
  enough for him because he sponges off his friends.*

uggia — *boredom*

avere in uggia — *to dislike.*
Quel tizio l'ho in uggia; è troppo noioso. *I dislike that guy; he's too
  boring.*

unghia — *fingernail*

lottare con le unghie e con i denti — *to defend tooth and nail.*
Ha cercato di salvare l'azienda dalla fusione lottando con le unghie e
  con i denti. *He defended his firm tooth and nail against the merger.*

mordersi (rodersi) le unghie — *to kick oneself.*
Mi mordo (rodo) le unghie a pensare al buon affare che ho mancato.
  I'm kicking myself when I think of that good deal I missed.

sull'unghia — *ready cash.*
Ho sganciato venti milioni sull'unghia per questa macchina ed è già
rotta. *I shelled out twenty million lire ready cash for this car and it's
already broken.*

tirare fuori le unghie — *to show one's claws.*
Cosa ti aspettavi? L'hai stuzzicata per ore e alla fine lei ha tirato fuori
le unghie. *What did you expect? You teased her for hours; finally she
showed her claws (and scratched you).*

---

unico — *unique/the only one*
l'unica [soluzione] — *the only solution.*
Guarda, l'unica è raccontargli la verità. *Look, the only solution is to
tell him the truth.*

più unico che raro — *really rare.*
Una persona così onesta è più unica che rara. *A person that honest is
really rare.*

---

uno — *one*
tutt'uno — *all the same.*
Andare? Restare? Per me è tutt'uno. *Going? Staying? It's all the same
to me.*

un po' per uno — *some for each.*
Un po' per uno non fa male a nessuno. *Some for each is good for all.*

uno sì e uno no — *every other.*
Per ottenere questo effetto all'uncinetto devi fare una maglia sì e una
no. *To do this crocheting you have to skip every other stitch.*

---

uomo — *man*
l'uomo della strada — *the man in the street.*
Dev'essere una pubblicità semplice che colpisca l'immaginazione
dell'uomo della strada. *It has to be a simple ad that will strike the
imagination of the man in the street.*

un uomo da poco — *a man of no account.*
Lui si dà molte arie, ma è un uomo da poco. *He puts on airs, but he's a
man of no account.*

un uomo di mondo — *a man of the world.*
È un uomo di mondo e sa come ci si comporta ad un pranzo ufficiale.
*He's a man of the world and knows how to behave at an official
dinner.*

un uomo di punta — *a leading man.*
È un uomo di punta dell'industria chimica. *He's a leading man in the
chemical industry.*

uomo di paglia — *straw man.*
E chi lo sa chi ha messo i soldi? Lui è l'uomo di paglia. *Who knows
who put money into it? He's just the straw man.*

---

uovo — *egg*
camminare sulle uova — *to walk on eggshells.*
Quando c'è lui bisogna sempre camminare sulle uova. *When he's
around we all walk on eggshells.*

È l'uovo di Colombo. *It's as plain as the nose on your face.*

rompere le uova nel paniere — *to upset the applecart.*
Non rompermi le uova nel paniere con le tue chiacchiere. *Don't upset
the applecart with all your talk.*

---

urto — *push*
mettersi in urto — *to have a falling out.*
Si è messo in urto con suo zio e non erediterà niente. *He had a falling
out with his uncle and won't inherit anything.*

---

uscita — *exit*
Che bella uscita! *What a smart line!*

vaglio — *sieve*
passare al vaglio — *to go over with a fine-tooth comb.*

Ho passato al vaglio tutte le possibilità e questa mi sembra la soluzione migliore. *I went over all the possibilities with a fine-tooth comb and this seems to me the best solution.*

---

vago — *vague*
tenersi nel vago — *not to commit oneself.*
Non essere troppo preciso; resta nel vago se vuoi avere la possibilità di fare dei cambiamenti. *Don't be too precise; don't commit yourself if you want to keep open the possibility of making changes.*

---

valere — *to be worth*
farsi valere — *to be assertive.*
Fatti valere e non farti portare via quell'incarico. *Be assertive and don't let them take that assignment away from you.*
Non vale! *That's not fair! (That's cheating!)*
tanto vale che — *one might as well.*
Tanto vale che andiamo. *We'd might as well go.*
vale a dire — *that is to say.*
Dice che verrà quando avrà tempo. Vale a dire mai. *He says he'll come when he has time. That is to say never.*

---

valvola — *valve*
valvola di sfogo — *emotional outlet.*
Lo sport è la sua valvola di sfogo. *Sports are his emotional outlet.*

---

vanvera — *failure*
parlare a vanvera — *to talk through one's hat.*
Non conosci l'argomento e parli a vanvera. *You don't know the subject and you're talking through your hat.*

---

varco — *way*
aprirsi un varco — *to fight (elbow) one's way through.*
Si è aperto un varco tra la folla ed è riuscito a entrare. *He fought (elbowed) his way through the crowd and managed to get in.*
aspettare al varco — *to be out to get one.*
Sta' in campana. Ti aspetterà al varco quando meno te lo aspetti. *Beware. He's out to get you when you least expect it.*

---

vaso — *vase*
portare vasi a Samo — *to carry coals to Newcastle.*
Vedi portare l'acqua al mare

scoperchiare il vaso di Pandora — *to open a can of worms (a Pandora's box).*

Se la provochi al punto da farla parlare, scoperchi il vaso di Pandora. *If you provoke her to speak, you'll open a can of worms.*

---

vecchio — *old*

vecchio come il cucco — *as old as the hills.*

Non è un'idea nuova; è vecchia come il cucco. *It's not a new idea; it's as old as the hills.*

---

vedere — *to see*

avere a che vedere — *to have to do with.*

Non ha niente a che vedere con gli esperimenti di cui parlavamo prima. *It doesn't have anything to do with those experiments we were talking about before.*

Chi s'è visto s'è visto. *That's the end of it.*

dare a vedere — *to let out.*

Era molto nervoso anche se non lo dava a vedere. *He was very nervous, even if he didn't let it out.*

non vederci più — *to be blind with rage.*

Non ci vedo più dalla rabbia: tienimi se no lo meno. *I'm blind with rage. Hold me: otherwise, I'll beat him up.*

vedersela — *to handle something.*

Non pagare ancora le tasse. Poi me la vedo io. *Don't pay the taxes yet. I'll handle it.*

vedersela con qualcuno — *to square up to someone.*

Me la vedo io con quel prepotente. Vedrai, non ti darà più fastidio. *I'll square up to that bully. You'll see, he won't bother you any longer.*

vuoi vedere che? — *How much do you want to bet?*

Vuoi vedere che alla fine vincerà lui? *How much do you want to bet that he'll win in the end?*

---

vela — *sail*

ammainare la vela — *to give up*

Siamo a buon punto, non ammainiamo la vela adesso! *We're a good way along, let's not give up now!*

andare a gonfie vele — *to go at full tilt (to be sailing).*

I suoi affari vanno a gonfie vele. *His business is going at full tilt (is sailing).*

veleno — *poison*
  masticare veleno — *to eat one's heart out.*
  Vedi amaro
  schizzar veleno — *to vent one's spleen.*
  Schizza veleno da tutti i pori. *He's venting his spleen right and left.*

vena — *vein*
  essere/sentirsi in vena — *to be or to feel in the mood.*
  Stasera non sono proprio in vena; è meglio che suoni tu. *I'm not in the
  mood tonight; you'd better play.*

vendere — *to sell*
  avere [qualcosa] da vendere — *more than one needs.*
  A cent'anni infila ancora l'ago senza occhiali. Ha salute da vendere!
  *At 100 she still threads a needle without eyeglasses. She has more
  health than she needs.*

  Questa non me la vendi! *You can't make me buy that!*

venerdì — *Friday*
  mancare un venerdì — *not to be all there.*
  Si comporta in modo molto strano. Non è che gli manchi un venerdì?
  He's been acting strangely. Maybe he's not all there.

venire — *to come*
  come viene viene — *any old way.*
  Finirò quel lavoro come viene viene. Ho troppa fretta. *I'll finish that
  job any old way. I'm in a big hurry.*

  venir da... — *to feel like...*
  Avevo appena fatto riparare la macchina che mio figlio ha bocciato.
  Mi viene da piangere. *I had just had the car repaired when my son
  had an accident. I feel like crying.*

  venir fatto di — *to happen.*
  Se ti vien fatto di convincerlo, sei a posto. *If you happen to be able to
  persuade him, you're set.*

vento — *wind*
  andare col vento in poppa — *to have smooth sailing.*
  Credevamo che fosse difficile organizzarci, ma stiamo andando col
  vento in poppa. *We thought it would be difficult to organize things,
  but we're having smooth sailing.*

gridare ai quattro venti — *to shout from the rooftops.*
Voglio che lo sappiano tutti; lo griderò ai quattro venti. *I want everyone to know it; I'll shout it from the rooftops.*

come tira il vento — *to swim with the tide.*
Seguiamo i suoi consigli. È meglio navigare secondo il vento e non prendere iniziative che lo possano contrariare. *We're following his advice. It's better to swim with the tide and not take initiatives that could anger him.*

parlare al vento — *to waste one's words.*
Vedi muro

verde — *green*

al verde — *broke.*
Non chiedermi soldi; sono al verde. *Don't ask me for money; I'm broke.*

diventare verde — *to get angry.*
È diventato verde dalla rabbia quando ha saputo che ci avevano offerto il contratto. *He got angry when he learned that they'd offered us the contract.*

verme — *worm*

nudo come un verme — *stark naked.*
Andava a dormire nudo come un verme, senza pigiama. *He went to sleep stark naked, without pajamas.*

verso — *cry, way*

fare il verso a — *to mimic.*
Aveva una voce così chioccia che i ragazzini gli facevano il verso. *He had such a raspy voice that the children mimicked him.*

non esserci verso — *no way.*
Non c'è verso di convincerlo. *There is no way of convincing him.*

prendere qualcuno per il verso giusto — *to handle someone tactfully.*
Se lo prendi per il verso giusto, otterrai quello che vuoi. *If you handle him tactfully, you'll get what you want.*

vetrina — *shop window*

mettersi in vetrina — *to show off.*
Una che si veste così ha semplicemente voglia di mettersi in vetrina. *Someone who dresses like that is just trying to show off.*

via — *pathway, away*

  dare via libera — *to give the go-ahead.*
  Ci hanno dato via libera per iniziare quel lavoro. *They gave us the go-ahead to start the work.*

  e così via — *and so on.*
  Gli ho raccontato della casa, del fulmine e dell'incendio, e così via. *I told him about the house, the lightning, the fire, and so on.*

  e via di questo passo — *and so on.*
  Possiamo elencargli tutte le bellezze del posto: il paesaggio, le rovine antiche e via di questo passo. *We can list all the beauties of the place for him: the countryside, the ancient ruins, and so on.*

  in via confidenziale — *off the record.*
  In via del tutto confidenziale le dirò che il suo progetto è stato approvato. *Strictly off the record I'll tell you that the project was approved.*

  in via di guarigione — *on the mend.*
  È in via di guarigione, ma ha ancora bisogno di cure. *He's on the mend, but he still needs a doctor's care.*

  passare alle vie di fatto — *to resort to violence.*
  I due automobilisti si sono messi a litigare e poi sono passati alle vie di fatto. *The two drivers began arguing, then they resorted to violence.*

  per via di — *because of.*
  Mi sono decisa a venire per via di quella lettera che dovevo portarti. *I decided to come because of the letter I had to bring you.*

  sulla retta via — *straight and narrow path.*
  Se vuol essere veramente un onesto cittadino dovrà decidersi a tornare sulla retta via. *If he really wants to be an honest citizen he'll have to return to the straight and narrow path.*

  una via di mezzo — *(1) alternative.*
  Non c'è una via di mezzo. *We have no alternative.*
  (2) compromise.
  Dobbiamo trovare una via di mezzo tra picchiarlo e lasciar correre. *We have to find a compromise between spanking him and letting him get his way.*

  una via di sbocco (scampo, uscita) — *a way out.*
  Non c'è nessuna via di sbocco a questa situazione. *There's no way out of this situation.*

via via che — *as.*
Via via che arrivano, mandali da me. *Send them to me as they arrive.*

---

vigna — *vineyard*
Questa vigna non fa uva! *There's nothing to be gotten out of him!*

---

vinto — *won, defeated*
averla vinta — *to get the better of.*
Vedi [avere la] *meglio*

darla vinta — *to let another have it his/her own way.*
Questa volta non gliela darò vinta e faremo come dico io! *This time I won't let him have it his own way, and we'll do as I say!*
darsi per vinto — *to give up.*
Il campione perdeva, ma rifiutò di darsi per vinto. *The champion was losing, but he refused to give up.*

---

violino — *violin*
un violino — *a brownnose.*
Che violino! Non fa che adulare! *What a brownnose! He's always praising everyone!*

---

virgola — *comma*
non cambiare una virgola — *not to change a single word.*
Non ho cambiato una virgola della mia testimonianza. *I didn't change a single word of my testimony.*

---

viso — *face*
Far buon viso a cattivo gioco. *Make the best of a bad business.*

---

vista — *sight*
a prima vista — *at first glance.*
A prima vista si direbbe che non sia capace e invece ce la fa. *At first glance you would say he's not capable, but then he makes it.*
aguzzare la vista — *to strain to see.*
C'è una luce così fioca che devo aguzzare la vista per cucire. *There's so little light that I have to strain to see my sewing.*
di vista — *only an acquaintance.*
Lo conosciamo solo di vista. *He's only an acquaintance.*
in vista — *prominent.*
Suo zio è un avvocato molto in vista. *Her uncle is a very prominent lawyer.*

mettersi in vista — *to show off.*
Vedi **mostra**

perdere di vista — *(1) to lose touch with.*
L'ho perso di vista; non so che fine abbia fatto. *I lost touch with him; I don't know where he ended up.*
(2) to lose sight of.
L'ho persa di vista tra la folla. *I lost sight of her in the crowd.*

visto — *seen*
chi s'è visto s'è visto — *that's final!*
Si è preso il premio e chi s'è visto s'è visto. Un bel maleducato. *He took the prize and went off. What bad manners.*

vita — *life*
cambiar vita — *to turn over a new leaf.*
Da quando ha cambiato vita, è un marito modello! *Since he turned over a new leaf, he's been a model husband!*

conoscere vita, morte e miracoli di qualcuno — *to know everything there is to know about someone.*
Chiedilo a lui; conosce vita, morte e miracoli di tutti. *Ask him; he knows everything there is to know about everybody.*

da una vita — *forever.*
Ci conosciamo da una vita. *We've known each other forever.*

darsi alla bella vita — *to live it up.*
Appena finiti gli esami si dà alla bella vita. *As soon as he finishes his exams he lives it up.*

fare una vita da galera — *to lead a dog's life.*
Laggiù non ci torno per tutto l'oro del mondo; mi hanno fatto fare una vita da galera. *I wouldn't go back there for anything; they made me lead a dog's life.*

la dolce vita — *to have it easy.*
Abbiamo fatto la dolce vita negli anni sessanta, ma adesso è finita. *We had it easy in the sixties, but now it's over.*

metterci una vita — *to take forever.*
Che barba! Ci mette una vita a scrivere una paginetta. *What a bore! It takes him forever to write a page.*

stare su con la vita — *to keep one's chin up.*
Sta' su con la vita; andrà tutto bene, vedrai! *Keep your chin up; everything will be okay, you'll see!*

vite — *screw*
dare un giro di vite — *to crack down.*
Il regime ha dato un giro di vite arrestando centinaia di oppositori. *The junta cracked down on its opponents, arresting hundreds of them.*

vivere — *to live*
sul chi vive — *on one's guard.*
È meglio stare sul chi vive. Non si sa mai che cosa gli passa per la testa. *You'd better stay on your guard. You never know what's going on in his head.*

vivo — *alive*
farsi vivo — *to show up.*
Non si è più fatto vivo da quando sua moglie l'ha lasciato. *He hasn't shown up since his wife left him.*

mangiare vivo qualcuno — *to bite someone's head off.*
Se non la smetti, piccolo mostro, ti mangio vivo. *If you don't stop it, you little monster, I'm going to bite your head off.*

pungere sul vivo — *to sting to the quick.*
Quando le ho detto che non era stata gentile si è sentita punta sul vivo. *When I told her she hadn't been nice, she felt stung to the quick.*

vivo e vegeto — *alive and kicking.*
Macchè scomparso. È vivo e vegeto e fa un sacco di soldi. *What do you mean disappeared. He's alive and kicking and he's making lots of money.*

voce — *voice*
a voce — *in person.*
Preferisco parlartene a voce. *I prefer talking to you about it in person.*

avere voce in capitolo — *to have a say in the matter.*
Non fidarti delle sue promesse; non ha nessuna voce in capitolo. *Don't believe his promises; he has no say in the matter.*

chiedere a gran voce — *to ask all together.*
Hanno chiesto a gran voce di aggiornare la seduta. *They all asked together to adjourn the meeting.*

correre voce — *to be rumored.*
Corre voce che tu stia per sposarti. *It's rumored that you're about to be married.*

dare sulla voce — *to drown someone out.*
Lei mi è proprio antipatica, mi dà sempre sulla voce. *I really dislike her; she always drowns me out.*

dare una voce — *to call for.*
Dammi una voce quando arrivi; il citofono non funziona. *Call for me when you arrive; the buzzer doesn't work.*

fare la voce grossa — *to act tough.*
Fa la voce grossa, ma non è arrabbiato sul serio. *He acts tough, but he's not really angry.*

spargere la voce — *to spread the rumor.*
Hanno sparso la voce che stava per essere arrestato. *They spread the rumor that he was about to be arrested.*

voci di corridoio — *rumors.*
Secondo le voci di corridoio, il governo sta per cadere. *According to rumors, the government is about to fall.*

---

voglia — *longing*
aver voglia di — *to feel like.*
Hai voglia di fare quattro passi? *Do you feel like taking a walk?*

morire dalla voglia di — *to be dying to.*
Muoio dalla voglia di andare in acqua, ma ho appena mangiato. *I'm dying to go in the water, but I just ate.*

---

volano — *fly-wheel*
fare da volano — *to set the ball rolling.*
L'apertura del nuovo centro commerciale ha fatto da volano alla ripresa economica nella zona. *The opening of the new commercial center set the ball rolling for the economic recovery of the area.*

---

volata — *flight*
fare una volata — *to rush.*
Ho fatto una volata fino a casa perchè mia madre stava poco bene. *I rushed home because my mother wasn't feeling well.*

volente — *willing*

    volente o nolente — *like it or not, willy-nilly*
    Nell'esercito si deve obbedire agli ordini, volenti o nolenti. *In the army one must obey orders, like it or not.*

---

volere — *to want*

    ce n'è voluto [di tempo e fatica] — *to take a lot [of time and effort].*
    Ce n'è voluto, ma alla fine l'abbiamo convinto a venire a casa con noi. *It took a lot [of time and effort], but we finally convinced him to come home with us.*

    quello che ci vuole — *just what the doctor ordered.*
    Una bella birra ghiacciata: ecco quello che ci vuole per calmare la sete. *A nice cold beer: just what the doctor ordered to quench my thirst.*

    Se l'è voluta. *He asked for it.*

    senza volere — *not on purpose.*
    Ho pestato la coda al gatto, ma l'ho fatto senza volere. *I stepped on the cat's tail, but I didn't do it on purpose.*

    volerci molto/poco — *to take a lot/very little.*
    Ci vuole poco a spaventarla. *It doesn't take much to scare her.*

    volere e non potere — *to have the will but not the power/ability; to have desires that exceed one's resources.*
    Se li guardi, pensi che i rubinetti siano tutti di ottone massiccio, invece sono di plastica. Quando si dice volere e non potere... *At first sight, the faucets look like they're solid brass; instead they're all plastic. That's a classic case of your desires exceeding your resources.*

    Volere o volare! *There's no getting away from it.*

    volerne a qualcuno — *to hold it against someone.*
    Non volermene se ho dovuto vendere la collana che mi avevi regalato. *Don't hold it against me if I had to sell the necklace you gave me.*

---

volo — *flight*

    capire al volo — *to catch on immediately.*
    Credevo che fosse troppo difficile per lei, ma ha capito al volo. *I thought it was too difficult for her, but she caught on immediately.*

    prendere (cogliere) al volo — *to jump at.*
    Mi hanno offerto di comprare delle azioni di una rete televisiva: ho colto l'occasione al volo. *They offered me a chance to buy shares of a TV network, and I jumped at it.*

prendere il volo per altri lidi — *to set out for foreign parts.*
S'è stufato del suo lavoro e ha preso il volo per altri lidi. *He got tired of his job and set out for foreign parts.*

spiccare il volo — *to go places.*
È pronta a spiccare il volo, ora che ha preso la laurea e ha tovato un posto. *She's ready to go places, now that she's graduated and gotten a job.*

---

volta — *time, turn*
dare di volta il cervello — *to be out of one's senses (to take leave of one's senses).*
Spegni quel fiammifero, scemo. Ti dà di volta il cervello? Se c'è una fuga di gas saltiamo per aria. *Put out that match, stupid. Are you out of (have you taken leave of) your senses? If there's a gas leak we'll all blow up.*

una buona volta — *once and for all.*
Finiscila una buona volta! *Stop it once and for all!*

---

vulcano — *volcano*
un vero vulcano — *a mine.*
È un vero vulcano di idee; ci aiuterà senz'altro. *He's a real mine of ideas; he'll surely help us.*

---

vuoto — *empty, emptiness*
cadere nel vuoto — *to fall flat.*
La sua proposta è caduta nel vuoto; nessuno ne ha capito l'importanza. *His proposal fell flat; no one understood its importance.*

fare il vuoto intorno — *to make oneself very unpopular.*
Quando lui ha incominciato ad insultarla alla festa gli si è fatto il vuoto intorno. *He made himself very unpopular at the party when he started insulting her.*

girare a vuoto — *to be doing nothing.*
Perchè non fai qualcosa? È tutto il giorno che giri a vuoto. *Why don't you do something? You've been doing nothing all day.*

---

zampa — *paw, leg*
camminare a quattro zampe — *to walk on all fours.*
Abbiamo dovuto camminare a quattro zampe per entrare nella ca-
verna. *We had to walk on all fours to enter the cave.*

zampa — *paw*
zampe di gallina — *crow's feet.*
E va bene, ho le zampe di gallina, ma a me non me ne importa niente.
All right, I have crow's feet, but I couldn't care less.

zampino — *little paw*
metterci lo zampino — *to have a hand in.*
Suo padre ci ha messo lo zampino; non ce l'avrebbe fatta da solo. *His
father had a hand in it; he couldn't have done it by himself.*

zappa — *hoe*
darsi la zappa sui piedi — *to put one's foot in one's mouth.*
Ha raccontato cose orribili di Olga e lei è venuta a saperlo, così si è
dato la zappa sui piedi da solo. *He spread around horrible rumors
about Olga and she got wind of it. He really put his foot in his mouth.*

zecca — *mint*
nuovo di zecca — *brand new.*
Queste scarpe sono nuove di zecca e mi fanno male ai piedi. *These are
brand new shoes and they hurt my feet.*

zero — *zero*
rasare a zero — *to shave someone's head.*
Era una spia nazista e i partigiani l'hanno rasato a zero. *She was a
Nazi spy and the partisans shaved her head.*

sparare a zero — *to fire at zero degrees elevation; to shoot from the hip.*
Pensavo che attaccassero la mia proposta, ma non mi aspettavo che
sparassero a zero. *I thought they would attack my proposal, but I
didn't expect them to shoot from the hip.*

zio — *uncle*
lo zio d'America — *rich uncle.*
Ma dove prende tutti quei soldi? Ha uno zio d'America? *Where does
she get all that money? Does she have a rich uncle?*

zitto — *silent*
zitto zitto — *as quiet as a mouse.*
È uscito dalla stanza zitto zitto. *He left the room as quiet as a mouse.*

zizzania — *darnel*
seminare zizzania — *to sow discord.*
Perchè le hai raccontato quelle cose? Vuoi seminare zizzania? *Why
did you tell her those stories? Do you want to sow discord?*

zonzo — *(only in the expression)*
andare a zonzo — *to wander around.*
Appena disfatte le valige, sono andata a zonzo per il paese. *As soon as
I unpacked my bag, I wandered around the town.*

zoppicare — *to limp*
zoppicare — *to be halting.*
Il suo inglese zoppica. *His English is halting.*

zuppa — *soup*
Se non è zuppa è pan bagnato. *It's six of one and half a dozen of the
other.*

Guida alla pronuncia dell'inglese

Lettera o combinazione di lettere	Pronuncia	Esempio in inglese	Esempio in italiano
VOCALI			
a	ae	man	bène
a	ei	may	sei
a	o	ball	collo
ai	ei	sail	sei
au	o	nautical	molto
aw	o	saw	no
e	e	men	vérde
ea	i	seal	lino
ee	i	feet	pino
ei	ei	eighteen	sei
eu	iu	Europe	chiuso
i	i (corta)	hit	facile
i	ai	site	bai
ie	i (lunga)	pierce	riso
o	o	dog	collo
o	a	come	pallina
o	ou	bone	—
oa	ou	boat	—
oi	oi	toy	poi
oo	u (lunga)	book	busto
ow	ou	know	—
u	u (corta)	put	urtare
u	a	butler	battere
u	iu	cute	chiuso
u	a	buy	sai

Lettera o combinazione di lettere	Pronuncia	Esempio in inglese	Esempio in italiano
CONSONANTI			
b	b	ball	ballo
c	s	ceiling	silenzio
c	ch	call	chilo
ch	ci	chair	ciao
d	d	doll	dado
f	f	fit	fosso
g	gh	goat	ghiro
g	gi	germ	gioco
h	[aspirata]	have	—
k	ch	kill	casa
l	l	lost	ladro
m	m	many	molti
n	n	no	no
ny	gn	canyon	gnomo
p	p	pit	piccolo
q	qu	quick	quadro
r	r	roll	rosa
s	s	sea	sano
s	sz	is	rosa
sh	sci	show	sciocco
t	t	tall	torto
th	tf	third	—
th	vz	the	—
v	v	vow	voto
x	ecs	ex	ex
z	s	zero	rosa
SEMIVOCALI			
j	gi	joy	gioia
w	u + vocale	wall	uovo
y	i + vocale	yes	ieri
y	ai	cry	sai

Italian Pronunciation Guide

The pronunciation of Italian is, compared to many other languages, a rather easy task. The following charts will help you understand the letter/sound associations that will allow you to read the idioms properly.

Italian	Italian Example	English Equivalent	Approximate Pronunciation
VOWELS			
a	ca<u>sa</u>	h<u>a</u>rd	ah
e	b<u>e</u>n<u>e</u>	b<u>e</u>t	eh
i	f<u>i</u>l<u>i</u>	s<u>ee</u>m	ee
o	v<u>o</u>l<u>o</u>	b<u>o</u>ne	oh
u	<u>u</u>va	l<u>u</u>nar	oo

The *i* and *u* can also represent "y" and "w" sounds respectively. This feature has to do with syllable considerations; i.e., the *i* and *u* are in the same syllable with another vowel.

Italian	Italian Example	English	Pronunciation
i	<u>i</u>eri	<u>y</u>et	y
u	<u>u</u>omo	<u>w</u>ork	w

Speakers in different parts of Italy will pronounce *e* and *o* in slightly different ways, but not enough to make a substantial difference to the meaning.

CONSONANTS

With only a few minor differences (as indicated), the following consonants correspond to English equivalents.

Italian	Italian Example	English Equivalent
b	<u>b</u>ere	<u>b</u>et
d	<u>d</u>are	<u>d</u>ate
f	<u>f</u>are	<u>f</u>act
l	<u>l</u>atte	<u>l</u>ove
m	<u>m</u>ano	<u>m</u>an
n	<u>n</u>ome	<u>n</u>ame
p	<u>p</u>ane	<u>p</u>et
q	<u>q</u>ui	<u>q</u>uick
r	<u>R</u>oma	<u>R</u>ome
t	<u>t</u>u	<u>t</u>oo
v	<u>v</u>ino	<u>v</u>ine

The following consonants require special consideration:

Italian	Italian Example	English Equivalent
c	<u>c</u>ane	<u>c</u>at
or	<u>c</u>ena	<u>ch</u>at
ch	<u>ch</u>i	<u>k</u>it
ci	<u>ci</u>ao	<u>ch</u>at
g	<u>g</u>atto	<u>g</u>et
or	<u>g</u>ita	<u>j</u>et
gh	spa<u>gh</u>etti	<u>g</u>et
gi	<u>gi</u>à	Bel<u>gi</u>an
gli	fo<u>gli</u>a	mi<u>lli</u>on
gn	se<u>gn</u>o	can<u>y</u>on
s	<u>s</u>uo	<u>s</u>oon
or	ca<u>s</u>a	pha<u>s</u>e
z	<u>z</u>io	lo<u>ts</u>

326

The sequences *sc* and *sci* also require special consideration:

Italian	Italian Example	English Equivalent
sc	s<u>c</u>uola	<u>sk</u>ip
or	s<u>ci</u>	<u>sh</u>e
sci	s<u>ci</u>enza	<u>sh</u>in

The sequence *sch* (as in *schiena*) always stands for *sk*.

Most consonants can be doubled, and these are normally repre-sented with double letters (*tetto*, *pezzo*).

The letter *h* is used for the present indicative forms *ho, hai, ha, hanno* of the verb *avere* (to have), but it is not pronounced. This is analogous to the silent *h* of English (as in *hour*).

Knowing where to put the main accent on an Italian word of more than two syllables is not always easy. Here are some very general guide-lines:

- In most words consisting of more than two syllables, the accent falls on the nest-to-last syllable.

  amico (friend) = a-mí-co, *nazione* (nation) = na-zió-ne

- But be careful! This is not always the case:

  lampada (lamp) = lám-pa-da

Words accented in this way will have to be memorized individually.

- If a word shows the accent mark on the final vowel, then, of course, this is where to put the main stress:

  virtù (virtue) = vir-tú

Abbreviazioni—Inglese-Italiano
(Abbreviations—English-Italian)

Abbreviazione	Significato	Equivalente italiano	Abbr. italiana

A

A.B.	Bachelor of Arts	Laureato in Lettere	dott.
a.c.	alternating current	corrente alternate	c.a.
A.D.	Anno Domini	dopo Cristo	d.C.
ADC	aide-de-camp	aiutante di campo (addetto)	
ad lib	at will; without restraint	a volontà	ad lib
AIDS	Acquired Immuno-deficiency Syndrome	Sindrome da immunodeficienza acquisita	AIDS
A.M., a.m.	ante meridiem; before noon	del mattino; della mattina	a.m.
anon.	anonymous	anonimo	
Apr.	April	aprile	apr.
apt.	apartment	appartamento	
assn.	association	associazione	A
asst.	assistant	assistente	
att(n)	(to the) attention (of)	attenzione	
atty.	attorney	avvocato	avv
at. wt.	atomic weight	peso atomico	pA
Aug.	August	agosto	ag.

B

b.	born	nato (-a)	
B.A.	Bachelor of Arts	Laureato in Lettere	dott.
B.C.	Before Christ	avanti Cristo	a.C.
bldg.	building	edificio	
Blvd.	Boulevard	corso	

Abbreviazione	Significato	Equivalente italiano	Abbr. italiana
Br.	British	britannico	
B.Sc.	Bachelor of Science	Laureato in Scienze	dott.

C

C.A.	Central America	America Centrale	
Can.	Canada	Canada	
Capt.	Captain	Capitano	
cf.	compare	confronta	cfr.
ch., chap.	chapter	capitolo	cap.
cm.	centimeter	centimetro	cm.
c/o	in care of	presso	
Co.	Company	Ditta; Azienda	
C.O.D.	Cash on Delivery	Pagamento alla consegna	
Col.	Colonel	Colonnello	
Comdr.	Commander	Comandante	
Corp.	Corporation	Società per Azioni	S.p.A.
C.P.A.	Certified Public Accountant	Ragioniere iscritto all'albo professionale	Rag.
cu.	cubic	cubico	

D

D.A.	District Attorney	Procuratore	P.R.
d.c.	direct current	corrente continua	c.c.
Dec.	December	dicembre	dic.
dept.	department	reparto	
dist.	district	distretto	
do.	ditto	idem	id.
doz.	dozen	dozzina	
Dr.	Doctor	Dottore	Dott.

329

Abbreviazione	Significato	Equivalente italiano	Abbr. italiana

E

ea.	each	ciascuno	
ed.	editor	redattore (-trice)	
e.g.	for example	per esempio	e.g.; per es.
enc.	enclosure	allegato	all.
Eng.	English	inglese	ingl.
et al.	and others	autori vari	et al.; AA. VV.
etc.	et cetera	eccetera	ecc.
ext.	extension	estensione	

F

F	Fahrenheit	Fahrenheit	F
F.B.I.	Federal Bureau of Investigation	Ufficio Federale Investigativo	F.B.I.
Feb.	February	febbraio	frb.
fed.	federal	federale	
fem.	feminine	femminile	f.
fig.	figurative	figurato	fig.
F.M.	Frequency Modulation	Modulazione di frequenza	F.M.
for.	foreign	straniero	
Fri.	Friday	venerdì	ven.
ft.	foot	piede	

G

gen.	gender	genere	
Ger.	Germany	Germania	Ger.
govt.	government	governo	

Abbreviazione	Significato	Equivalente italiano	Abbr. italiana
gr.	gram	grammo	g.
Gr. Brit.	Great Britain	Gran Bretagna	GB
gro. wt.	gross weight	peso lordo	p.l.

H

Abbreviazione	Significato	Equivalente italiano	Abbr. italiana
HQ	headquarters	quartiere generale	QG
H.M.	Her/His Majesty	Sua Maestà	
Hon.	Honorable	Onorevole	
h.p.	horsepower	cavallo vapore	c.v.
hr.	hour	ora	

I

Abbreviazione	Significato	Equivalente italiano	Abbr. italiana
id.	the same	idem, lo stesso	id.
i.e.	that is	cioè	i.e.
in.	inch	pollice	
Inc.	incorporated	Società per Azioni	S.p.A.
Inst.	Institute	Istituto	
I.Q.	intelligence quotient	quoziente d'intelligenza	Q.I.
It.; Ital.	Italy; Italian	Italia; italiano	I; It.
ital.	italics	corsivo	cors.

J

Abbreviazione	Significato	Equivalente italiano	Abbr. italiana
Jan.	January	gennaio	gen.
Jap.	Japan	Giappone	J
J.C.	Jesus Christ	Gesù Cristo	G.C.
J.P.	Justice of the Peace	Magistrato	
Jr.	junior	figlio (-a)	
Jul.	July	luglìo	lug.
Jun.	June	giugno	giu.

Abbreviazione	Significato	Equivalente italiano	Abbr. italiana

K

k.g.	kilogram	chilogrammo	kg.
km.	kilometer	chilometro	km.
kw.	kilowatt	kilowatt	kw.

L

lab.	laboratory	laboratorio	
lat.	latitude	latitudine	
Lat.	Latin	latino	La.
lb.	pound	libbra	lb.
l.c.	lower case	minuscola	
Lieut., Lt.	Lieutenant	Tenente	
Lit. D.	Doctor of Letters	Dottore in Lettere	Dott.
LL.D.	Doctor of Laws	Dottore in Legge	Dott.
loc. cit.	in the place cited	passo citato	
long.	longitude	longitudine	
Ltd.	Limited	Società a responsabilità limitata	

M

Maj.	Major	Maggiore	
Mar.	March	marzo	mar.
masc.	masculine	maschile	m.
M.C.	Master of Ceremonies	Maestro di cerimonie	
M.D.	Doctor of Medicine	Dottore in Medicina	Dott.
Messrs.	plural of Mr.	Signori	Sigg.
Mex.	Mexico	Messico	Mex.
mfg.	manufacturing	fabbricazione	
mfr.	manufacturer	fabbricante	
mg.	milligram	milligrammo	mg.

Abbreviazione	Significato	Equivalente italiano	Abbr. italiana
min.	minute	minuto	min.
misc.	miscellaneous	miscellaneo	
mm.	millimeter	millimetro	mm.
mo.	month	mese	
Mon.	Monday	lunedì	lun.
M.P.	Military Police	Polizia Militare	P.M.
m.p.h.	miles per hour	miglia all'ora	
Mr.	Mister	Signore	Sig.
Mrs.	Mistress	Signora	Sig.ra
Ms.	Miss or Mrs.	Signorina/Signora	Sig.na/ Sig.ra
ms.	manuscript	manoscritto	ms.
Mt.	mountain	monte, montagna	Mt.

N

Abbreviazione	Significato	Equivalente italiano	Abbr. italiana
n.	number, noun	numero; nome	n.
N.A.	North America	America del Nord	
nat., nat'l.	national	nazionale	
N.E.	New England	New England	N.E.
neut.	neuter	neutro	
No.	number	numero	n.
Nov.	November	novembre	nov.
nt. wt.	net weight	peso netto	p.n.

O

Abbreviazione	Significato	Equivalente italiano	Abbr. italiana
Oct.	October	ottobre	ott.
O.K.	all right	va bene	O.K.
oz.	ounce	oncia	oz.

P

Abbreviazione	Significato	Equivalente italiano	Abbr. italiana
p.	page	pagina	p.
Pac.	Pacific	Pacifico	
par.	paragraph	paragrafo	par.

Abbreviazione	Significato	Equivalente italiano	Abbr. italiana
p.c.	percent	percento	
pd.	paid	pagato	
Ph.D.	Doctor of Philosophy	Philosophiae Doctor	Ph.D.
P.I.	Philippine Islands	Le Isole Filippine	
pl., plur.	plural	plurale	pl.
P.M., p.m.	post meridiem; in the afternoon	del pomeriggio/della sera	p.m.
P.O.	post office	ufficio postale	
P.O. Box	Post Office Box	Casella Postale	C.P.
pp.	pages	pagine	pp.
ppd.	prepaid	franco di porto	
p.p.	parcel post	servizio dei pacchi postali	
pr.	pair	paio	
P.R.	Puerto Rico	Puerto Rico	P.R.
pres.	present	presente	pres.
Prof.	Professor	Professore (-essa)	Prof.
pron.	pronoun	pronome	pro.
P.S.	Postscript	Poscritto	P.S.
pt.	pint	pinta	pt.
pvt.	private	privato	
POW	Prisoner of War	Prigionero di Guerra	
pub., publ.	publisher	editore, casa editrice	ed.

Q

qt.	quart	quarto	

R

R.A.F.	Royal Air Foce	Reale Aviazione Militare	
R.C.	Roman Catholic	Cattolico	
Rd.	Road	Strada	

334

Abbreviazione	Significato	Equivalente italiano	Abbr. italiana
ref.	reference	riferimento	
reg.	registered	raccomandata	racc.
regt.	regiment	reggimento	
Rep.	Representative	Rappresentante	
Rep.	Republic	Repubblica	
Rev.	Reverend	Reverendo	Rev.
Rev.	Revolution	rivoluzione	
riv.	river	fiume	
R.N.	Registered Nurse	Infermiere (-a) Professionale	
r.p.m.	revolutions per minute	rivoluzioni al minuto	
R.R.	Railroad	Ferrovia	Ferr.
Ry.	Railway	Ferrovia	Ferr.
R.S.V.P.	Please answer	Si Prega di Rispondere	

S

Abbreviazione	Significato	Equivalente italiano	Abbr. italiana
S.A.	South America	America del Sud	
Sat.	Saturday	sabato	sab.
sec.	second; section	secondo; paragrafo	sec.; par.
secy.	secretary	segretario (-a)	
Sen.	Senator	Senatore	
Sept.	September	settembre	sett.
Sgt.	Sergeant	Sergente	
sing.	singular	singolare	s.
So.	South	Sud	
Soc.	Society	Società	
Sp.	Spain; Spanish	Spagna; spagnolo	
sq.	square	quadrato; piazza	
Sr.	Sister	Suora, Sorella	
S.S.	steamship	nave a vapore	s/s
St.	Saint	San (Santo, Santa, Sant')	
St.	Street	Via, Corso, Viale	

Abbreviazione	Significato	Equivalente italiano	Abbr. italiana
subj.	subject	soggetto	sogg.
Sun.	Sunday	domenica	dom.
supp.	supplement	supplemento	
Supt.	Superintendent	sovrintendente	

T

tbs.	tablespoon	cucchiaio	
tel.	telephone; telegram	telefono; telegramma	
Test.	Testament	Testamento	
Thurs.	Thursday	giovedì	giov.
trans.	transitive; transportation	transitivo; trasporto	
tsp.	teaspoon	cucchiaino	
Tue.	Tuesday	martedì	mar.
TV	Television	Televisione	TV

U

U., Univ.	University	Università	Univ.
u.c.	upper case	maiuscola	
U.K.	United Kingdom	Regno Unito	
U.N.	United Nations	Nazioni Unite	N.U.
U.S.A.	United States of America	Stati Uniti d'America	U.S.A./ S.U.A.
U.S.A.F.	United States Air Force	Aviazione Militare degli Stati Uniti	

V

v.	verb; volt	verbo; potenziale elettrico	v.
V.D.	venereal disease	malattia venerea	
Ven.	Venerable	Venerabile	Ven.
Visc.	Viscount	Visconte	

Abbreviazione	Significato	Equivalente italiano	Abbr. italiana
viz.	namely	vale a dire	viz.
vol.	volume	volume	vol.
V.P.	Vice President	Vicepresidente	V.P.
vs.	versus; against	versus; contro	vs.

W

w.	watt	watt	w.
W.C.	water closet	gabinetto di decenza	
Wed.	Wednesday	mercoledì	merc.
wk.	week	settimana	
wt.	weight	peso	

Y

yd.	yard	iarda	yd.
yr.	year	anno	A.

Z

Z.	Zone	Zona	

Abbreviations—Italian-English
(Abbreviazioni—Italiano-Inglese)

Abbreviation	Meaning	English Equivalent	English Abbreviation

A

AA.VV.	autori vari	and others;	et al.
a.C.	avanti Cristo	Before Christ	B.C.
ad. lib.	a volontà	freely	ad. lib.
a.f.m.	a fine mese	by the end of the month	

Abbreviation	Meaning	English Equivalent	English Abbreviation
ag.	agosto	August	
AIDS	Sindrome da immunodeficienza acquisita	Acquired Immunodeficiency Syndrome	AIDS
ALITALIA	Aerolinee Italiane Internazionali	International Italian Airlines	
all.	allegato	enclosure	enc.
a.m.	della mattina; del mattino	in the morning	a.m.
Amme.re	amministratore	administrator	
apr.	aprile	April	Apr.
Ass.	assicurazione	insurance	ins.
A.T.	Antico Testamento	Old Testament	O.T.

B

barr.	Barriera	barrier	

C

c.	centigrado	centigrade	C.
c.a.	corrente alternata	alternating current	a.c.
cap.	capitolo	chapter	ch., chap.
c.c.	corrente continua	direct current	d.c.
c/c	conto corrente	current account	
CD	Compact disc	compact disc	CD
cg.	centrigrammo	centigram	cent.
cm.	centimetro	centimeter	cm.
c/o	presso	care of	c/o
cors.	corsivo	italics	ital.
C.p.r.	Con preghiera di restituzione	Please return	
C.P.	Codice Penale	Penal Code	
c.s.	come sopra	as above	
C.V.	cavallo vapore	horsepower	h.p.

Abbreviation	Meaning	English Equivalent	English Abbreviation

D

Abbreviation	Meaning	English Equivalent	English Abbreviation
D.C.	da capo	from the beginning	
dic.	dicembre	December	Dec.
D.J.	Disk Jockey	disk jockey	D.J.
dom.	domenica	Sunday	Sun.
dott., dott.ssa	dottore, dottoressa	Doctor	Dr.

E

Abbreviation	Meaning	English Equivalent	English Abbreviation
ed.	editore	publisher	publ.
ed. f.c.	edizione fuori commercio	out of print	
e.g.	a titolo di esempio	for example	e.g.
etc. (ecc.)	eccetera	et cetera	etc.

F

Abbreviation	Meaning	English Equivalent	English Abbreviation
F.	Fahrenheit	Fahrenheit	F.
fasc.	fascicolo	issue	
feb.	febbraio	February	Feb.
Ferr.	Ferrovia	Railroad	R.R.
fig.	figura	figure	fig.
F.O.B.	Franco Bordo	Free on Board	F.O.B.
ft.	piede	foot	ft.
ft.o	firmato	signed	

G

Abbreviation	Meaning	English Equivalent	English Abbreviation
g.	grammo	gram	gr.
gal.	gallone	gallon	gal.
GB	Gran Bretagna	Great Britain	G.B.
G.C.	Gesù Cristo	Jesus Christ	J.C.
gen.	gennaio	January	Jan.
giov.	giovedì	Thursday	Thurs.
giu.	giugno	June	Jun.

Abbreviation	Meaning	English Equivalent	English Abbreviation

H

H	Ospedale	hospital	H
ha	ettaro	hectare	ha.
hg.	ettogrammo	hectogram	hg.

I

I	Italia	Italy	It.
ibid.	stesso passo	in the same place	ibid.
id.	lo stesso	the same	id.
Ill.mo	Illustrissimo	most illustrious	
ind.	indice	index	

K

kg.	chilogrammo	kilogram	kg.
km.	chilometro	kilometer	km.
kw.	chilowatt	kilowatt	kw.

L

L	Lira	Lira	
l.	litro	liter	l.
lb.	libbra	pound	lb.
libr.	libreria	bookstore	
lib.	libro	book	bk.
ll.	linee	lines	ll.
lug.	luglio	July	Jul.
lun.	lunedì	Monday	Mon.

M

m.	miglia	miles	mi.
mag.	maggio	May	
mar.	marzo; martedì	March; Tuesday	Mar.; Tues.
m.d.	mano destra	right hand	

Abbreviation	Meaning	English Equivalent	English Abbreviation
mer.	mercoledì	Wednesday	Wed.
mg.	millogrammo	milligram	mg.
mm.	millimetro	millimeter	mm.
ms.	manoscritto	manuscript	ms.

N

n.	numero	number	n.
N.B.	nota bene	nota bene	N.B.
nov.	novembre	November	Nov.
N.S.	Nostro Signore	Our Lord	
N.T.	Nuovo Testamento	New Testament	N.T.

O

ott.	ottobre	October	Oct.
oz.	oncia	ounce	oz.

P

p.	pagina	page	p.
par.	paragrafo	paragraph; section	par.; sec.
p.es.	per es.	for example	for ex.
P.F.	per favore	please	
plur.	plurale	plural	pl.
pp.	pagine	pages	pp.
Prof., Prof.ssa	Professore (-essa)	Professor	Prof.
P.S.	Poscritto	Postscript	P.S.

Q

Q.I.	Quoziente d'Intelligenza	Intelligence Quotient	I.Q.

R

racc.	raccomandata	registered	reg.
R.A.I.	Radio Televisione Italiana		

Abbreviation	Meaning	English Equivalent	English Abbreviation
red.	redattore (-trice)	editor	ed.
reg.	regolamento	regulation	
R.P.	Relazioni Pubbliche	public relations	P.R.

S

Abbreviation	Meaning	English Equivalent	English Abbreviation
sab.	sabato	Saturday	Sat.
sett.	settembre	September	Sept.
sg.	seguente	following	f.
Sig.	Signore	Mister	Mr.
Sigg.	Signori	Sirs	
Sig.na	Signorina	young lady	Miss, Ms.
Sig.ra	Signora	Mistress	Mrs.
S.p.A.	Società per Azioni	Company	Co., Inc.

T

Abbreviation	Meaning	English Equivalent	English Abbreviation
t.	tomo	volume	vol.
TV	televisione	television	TV

U

Abbreviation	Meaning	English Equivalent	English Abbreviation
U.S.A./S.U.A.	Stati Uniti d'America	United States of America	U.S.A.

V

Abbreviation	Meaning	English Equivalent	English Abbreviation
v.	vedi	see	
ven.	venerdì	Friday	Fri.
V.M.	Vostra Maestà	Your Majesty	
vol.	volume	volume	vol.
v.s.	vedi sopra	see above	
vs.	vostro	yours	

W

Abbreviation	Meaning	English Equivalent	English Abbreviation
w.	watt	watt	w.
W.P.	Elaborazione dei Testi	word processing	W.P.

Pesi e misure
(Weights and Measures)

U.S.		Italian	

Pesi
Weights

grain	0.064 g.	grano	0.064 g.
ounce	28.35 g.	oncia	28.35 g.
pound	0.453 kg.	libbra	0.453 kg.
short ton	907.0 kg.	tonnellata americana	907.0 kg.
long ton	1,016.0 kg.	tonnellata inglese	1,016.0 kg.

Misure di lunghezza
Linear Measures

inch	2.54 cm.	pollice	2.54 cm.
foot	30.48 cm.	piede	30.48 cm.
yard	91.44 cm.	iarda	91.44 cm.
mile	1.609 km.	miglio terrestre	1.609 km.
nautical mile	1.852 km.	miglio marino	1.852 km.

Misure di capacità per liquidi
Measures of Capacity (liquid)

fluid ounce	29.57 ml.	oncia liquida	29.57 ml.
pint	0.473 l.	pinta	0.473 l.
quart	0.946 l.	quarto	0.946 l.
gallon	3.785 l.	gallone	3.785 l.
barrel	1.192 hl.	barile	1.192 hl.

Misure di volume
Cubic Measures

cubic inch	16.387 cm.^{3}	pollice cubico	16.387 cm.^{3}
cubic foot	0.028 m.^{3}	piede cubico	0.028 m.^{3}
cubic yard	0.764 m.^{3}	iarda cubica	0.764 m.^{3}

U.S.		Italian	

Misure di superficie
Square Measures

	U.S.		Italian
square inch	6.451 cm.^{2}	pollice quadrato	6.451 cm.^{2}
square foot	929.0 cm.^{2}	piede quadrato	929.0 cm.^{2}
square yard	8361.0 cm.^{2}	iarda quadrata	8361.0 cm.^{2}
acre	0.404 ha	acro	0.404 ha
square mile	259.0 ha	miglio quadrato	259.0 ha

Weights and Measures
(Pesi e misure)

Italian		U.S.	

Weights
Pesi

Italian		U.S.	
tonnellata	2204.6 lb.	ton	2204.6 lbs.
chilogrammo	2.2046 lb.	kilogram	2.2046 lbs.
grammo	15.432 grani	gram	15.432 grains
centigrammo	0.1543 grani	centigram	0.1543 grains
oncia	28.35 g.	ounce	28.35 grams
libbra	0.4536 kg.	pound	0.4536 kg.
grano	0.0648 g.	grain	0.0648 grams

Linear Measures
Misure lineari

Italian		U.S.	
chilometro	0.62137 m.	kilometer	0.62137 mi.
metro	39.37 pollici	meter	39.37 in.
decimetro	3.937 pollici	decimeter	3.937 in.
centimetro	0.3937 pollici	centimeter	0.3937 in.
millimetro	0.03937 pollici	millimeter	0.03937 in.
miglio	1.6093 km.	mile	1.6093 km.
iarda	0.9144 metri	yard	0.9144 m.
piede	0.3048 metri	foot	0.3048 m.
pollice	2.54 cm.	inch	2.54 cm.

Italian		U.S.	

Capacity Measures
Misure di capacità

ettolitro	2.838 staia./	hectoliter	2.838 bu./
	26.418 galloni		26.418 gal.
litro	0.9081 quarti ar./	liter	0.9081 dry qt./
	1.0567 quarti liq.		1.0567 liq. qt.
quarto liquido	0.9463 l.	liquid quart	0.9463 liters
quarto arido	1.101 litri	dry quart	1.101 liters
gallone	3.785 litri	gallon	3.785 liters
stano	35.24 litri	bushel	35.24 liters

Cubic Volume
Volume cubico

metro cubico	1.308 iarde cu.	cubic meter	1.308 cu. yd.
decimetro cubico	61.023 pollici cu.	cubic dec.	61.023 cu. in.
centimetro cubico	0.0610 pollici cu.	cubic cm.	0.0610 cu. in.
pollice cubico	16.387 cm. cu.	cubic inch	16.387 cu. cm.
piede cubico	0.0283 m. cu.	cubic foot	0.0283 cu. meters
iarda cubica	0.7646 m. cu.	cubic yard	0.7646 cu. meters

Square Measures
Misure di superficie

chilometro quadrato	247.104 acri	square km.	247.104 acres
ettaro	2.471 acri	hectare	2.471 acres
metro quadrato	1550 poll. quadrati	sq. meter	1550 sq. in.
decimetro quadrato	15.50 poll. quad.	sq. dm.	15.50 sq. in.
centimetro quadrato	0.155 pollici	sq. cm.	0.155 sq. in.
acro	0.4453 ettari	acre	0.4453 hectares
miglio quadrato	259 ettari	square mile	259 hectares
iarda quadrata	0.8361 m. quad.	sq. yd.	0.8361 sq. meters
piede quadrato	929.03 c. quad.	sq. ft.	929.03 sq. cm.
pollice quadrata	6.4516 c. quad.	sq. in.	6.4516 sq. cm.

Common English Idioms

The Italian words in parentheses indicate the entry word under which the reader will find the English idiom.

A

a backbiter 142 (*lingua*)
a bed of roses 140 (*letto*)
a big shot 210 (*pesce*)
a bird's-eye view 307 (*uccello*)
a bitter pill 35 (*boccone*)
a blot on one's honor 147 (*macchia*)
a chip off the old block 102 (*figlio*)
a damned thing 305 (*tubo*)
a devil of a job 46 (*cane*)
a door mat 212 (*pezza*)
a double-edged sword 15 (*arma*)
a drop 88 (*dito*)
a drop in the bucket 124 (*goccia*)
a "faux pas" 204 (*passo*)
a fifth wheel 251 (*ruota*)
a fight to the death 144 (*lotta*)
a fish out of water 211 (*pesce*)
a flash in the pan 113 (*fuoco*)
a fly in the ointment 173 (*neo*)
a gleam in one's father's eye 168
    (*mondo*)
a glimmer of hope 279 (*spriaglio*)
a good catch 202 (*partito*)
a good-for-nothing 16 (*arte*), 41
    (*buono*)
a hard nut to crack 190 (*osso*)
a hard row to hoe 190 (*osso*)
a jack of all trades 162 (*mestiere*)
a leading man 309 (*uomo*)
a lump in one's throat 127
    (*groppo*), 176 (*nodo*)
a madhouse 115 (*gabbia*)
a man of no account 308 (*uomo*)
a nobody 97 (*fame*)
a piece of cake 121 (*gioco*)

a pig in a poke 117 (*gatta*)
a pipe dream 116 (*gamba*)
a pretty penny 105 (*fiore*)
a quantum leap 254 (*salto*)
a second-class citizen 102 (*figlio*)
a shrimp 53 (*cartuccia*)
a slap in the face 88 (*doccia*)
a snake in the grass 266 (*serpe*)
a soul 46 (*cane*)
a square peg in a round hole 211
    (*pesce*)
a stab in the back 266 (*pugnalata*)
a streak of madness 235 (*ramo*)
a stuffed shirt 193 (*pallone*)
a tempest in a teapot 294
    (*tempesta*)
a thorn in the flesh 279 (*spina*)
a time bomb 164 (*mina*)
a tough customer 190 (*osso*)
a way out 314 (*via*)
the acid test 21 (*banco*)
to add fuel to the fire 113 (*fuori*)
To add insult to injury. 79 (*danno*)
all ears 188 (*orecchio*)
All hell broke loose 135 (*ira*)
all of a sudden 65 (*colpo*), 228
    (*punto*), 304 (*tratto*)
all sewed up 227 (*pugno*)
All that glitters is not gold. 189
    (*oro*)
all the more reason 234 (*ragione*)
all the more so 291 (*tanto*)
all the rage 166 (*moda*)
an ace up one's sleeve (in the
    hole) 17 (*asso*)
an all-out fight 144 (*lotta*)

an April Fool trick 211 (*pesce*)
an eyesore 227 (*pugno*)
an old flame 101 (*fiamma*)
an old rattletrap 42 (*caffettiera*)
and change 250 (*rotto*)
and co. 67 (*compagnia*)
and so on 314 (*via*)
another string to one's bow 110 (*freccia*)
to answer in kind 244 (*rima*)
any old way (any old how) 27 (*bello*), 312 (*venire*)
anything and everything 306 (*tutto*)
any which way 54 (*casaccio*)
the apple of one's eyes 229 (*pupilla*)
around the corner 11 (*angolo*)
as a matter of fact 91 (*effetto*)
as far as the eye can see 180 (*occhio*)
as fast as one can 32 (*birra*)
as good as gold 41 (*buono*)
as good as to call 79 (*dare*)
as old as the hills 311 (*vecchio*)
as quiet as a mouse 322 (*zitto*)
as stubborn as a mule 300 (*testardo*)
as the crow flies 142 (*linea*)
as the saying goes 85 (*dire*)
as ugly as sin 97 (*fame*)
as usual 271 (*solito*)
at a good clip 203 (*passo*)
at breakneck speed 249 (*rotta*)
at heart 107 (*fondo*)
at large 214 (*piede*)
at odds with 250 (*rotta*)
at one's expense 278 (*spesa*)
at one's fingertips 88 (*dito*)

at the turn of the century 57 (*cavallo*)

B

to back away (out) 132 (*indietro*)
to back down (out) 157 (*marcia*)
to back out 160 (*meno*)
badly off 162 (*messo*)
to be a dead loss 259 (*scarpa*)
to be a laughing stock 242 (*ridere*)
to be a launching pad 303 (*trampolino*)
to be a self-made man 271 (*solo*)
to be a wallflower 292 (*tappezzeria*)
to be a yes man 17 (*asino*)
to be about to 283 (*stare*)
to be afraid of one's shadow 205 (*paura*)
to be after someone 84 (*dietro*)
to be all at sea 157 (*mare*)
to be all ears 188 (*orecchio*)
to be all of a kind 246 (*risma*)
to be an item 71 (*coppia*)
to be as alike as two peas in a pod 123 (*goccia*)
to be as . . . as hell 35 (*boia*)
To be as blind as a bat. 60 (*cieco*)
to be as good as one's word 199 (*parola*)
To be as hard as nails. 90 (*duro*)
to be as pale as death 31 (*bianco*)
to be as quick as lightning 237 (*razzo*)
To be as strong as an ox. 109 (*forte*)
To be as thin as a rail. 148 (*magro*)
To be as ugly as sin. 39 (*brutto*)
to be at a loss 210 (*pesce*)

Common English Idioms

to be at loggerheads 100 (*ferro*)

to be at one's wits end 299 (*testa*)

to be at stake 10 (*andare*), 21 (*ballo*), 120 (*gioco*)

to be at the helm 300 (*timone*)

to be beside oneself 283 (*stare*)

To be born with a silver spoon in one's mouth. 44 (*camicia*)

to be broke 143 (*lira*)

to be burned out 261 (*scoppiato*)

to be cast in the same mold 204 (*pasta*)

to be caught in one's own trap 241 (*rete*)

to be conspicuous by one's absence 17 (*assenza*)

to be cut out for 289 (*tagliare*)

to be dogged by someone 76 (*costola*)

to be done for 111 (*fritto*)

to be down 296 (*terra*)

to be down and out 138 (*lastrico*)

to be dumbfounded 253 (*sale*)

to be dying to 318 (*voglia*)

to be as easy as falling off a log 31 (*bicchiere*)

to be fed up with 60 (*capello*), 260 (*scatola*), 292 (*tasca*)

to be foaming at the mouth 26 (*bava*)

to be Greek 13 (*arabo*)

to be harebrained 59 (*cervello*)

to be heading for 132 (*incontro*)

to be in a bad way 16 (*arnese*), 202 (*partito*)

to be in a fix 2 (*acqua*)

to be in a tight spot 287 (*stretta*)

to be in cahoots 98 (*fare*)

to be in control 98 (*fare*)

to be in for it 111 (*fresco*)

to be in good hands 153 (*mano*)

to be in Heaven 61 (*cielo*)

to be in luck 54 (*cascare*)

to be in shape 93 (*esercizio*)

to be in the dark 189 (*oscuro*)

to be in the right 234 (*ragione*)

to be in the swim 122 (*giro*)

to be in the way 305 (*troppo*)

to be in with someone 150 (*manica*)

to be left empty-handed 156 (*mano*), 227 (*pugno*)

to be left high and dry 16 (*asciutto*)

to be light-fingered 152 (*mano*)

to be like a cat on hot bricks 14 (*argento*)

to be like a rat in a hole 71 (*corda*)

to be like cat and dog 83 (*diavolo*)

to be long-armed 152 (*mano*)

to be new to 179 (*nuovo*)

to be no good 41 (*buono*)

to be on one's high horse 265 (*sentenza*)

to be on one's last legs 11 (*anima*)

to be on tenterhooks 50 (*carbone*)

to be on the dot 165 (*minuto*)

to be on the horns of a dilemma 32 (*bivio*)

to be on the lookout 11 (*andare*)

to be out of luck 54 (*cascare*)

to be out of one's senses (take leave of one's senses) 320 (*volta*)

to be out of shape 93 (*esercizio*)

to be out of sorts 99 (*fase*)

to be out to get one 310 (*varco*)

to blow up 15 (*aria*), 254 (*saltare*)

to blue-pencil 107 (*forbici*)

the bone of contention 221 (*pomo*)

to borrow trouble 126 (*grattacapo*)

bosom friend 9 (*amico*)

to brace oneself 109 (*forte*)

brand new 321 (*zecca*)

to break even 197 (*pari*)

to break the ice 119 (*ghiaccio*)

to breathe down one's neck 4 (*addosso*)

to breathe more easily 102 (*fiato*)

breeding ground 39 (*brodo*)

to bring grist to one's mill 4 (*acqua*)

to bring home the bacon 195 (*pane*)

to bring into the open 292 (*tappeto*)

to bring up 288 (*su*)

to bring up something 21 (*ballo*)

to brush up on 280 (*spolveratina*)

to build castles in the air 56 (*castello*)

to build on sand 252 (*sabbia*)

to bump off 164 (*mezzo*), 206 (*pelle*)

to burn one's bridges 110 (*fosso*), 221 (*ponte*)

to burn the midnight oil 177 (*nottata*)

to bury one's hand in the sand 287 (*struzzo*)

butterfingers 154 (*mano*)

to butter up 207 (*pelo*)

by a hair's breadth 208 (*pelo*), 270 (*soffio*)

by and by 220 (*poco*)

by dint of 109 (*forza*), 114 (*furia*)

by far 146 (*lungo*)

by fits and starts 269 (*singhiozzo*)

by hearsay 265 (*sentire*)

by hook or by crook 9 (*amore*), 41 (*buono*), 243 (*riffa*)

by no means 76 (*costo*), 270 (*sogno*)

by the skin of one's teeth 208 (*pelo*), 250 (*rotto*)

by the way 8 (*altro*), 197 (*parentesi*), 225 (*proposito*)

by trial and error 226 (*provare*)

C

to call into question 86 (*discussione*)

to carry coals to Newcastle 3 (*acqua*), 310 (*vaso*)

Cat got your tongue? 142 (*lingua*)

to catch forty winks 272 (*sonnellino*)

to catch off guard 281 (*sprovvista*)

to catch on 216 (*piede*)

to catch someone in the act 56 (*castagna*), 97 (*fallo*), 106 (*flagrante*)

to catch someone redhanded 99 (*fatto*), 155 (*mano*)

to catch someone unawares 71 (*contropiede*)

to catch up 198 (*pari*)

to cause a stir 90 (*eco*), 251 (*rumore*)

to champ at the bit 110 (*freno*)

to change hands 152 (*mano*)

to change one's tune 171 (*musica*), 301 (*tono*)

to chase after skirts 274 (*sottana*)
Cheer up! 12 (*animo*), 288 (*su*)
to cherish the hope 278 (*speranza*)
to chicken out 36 (*braca*)
to clean out 213 (*piazza*)
to clean someone out 227 (*pulito*)
to clench one's teeth 81 (*dente*)
to clip someone's wings 6 (*ala*)
to close ranks 230 (*quadrato*)
to clutch at straws 277 (*specchio*)
to come a long way 286 (*strada*)
to come across 152 (*mano*)
to come down a peg or two 268 (*sgonfiare*)
to come down hard on 10 (*andare*)
come hell or high water 75 (*costare*)
to come in handy 290 (*taglio*)
to come into play 120 (*gioco*)
Come off it! 11 (*andare*)
to come out in the open 25 (*batteria*)
to come out of it 114 (*fuori*)
to come to 263 (*sè*)
to come to blows 47 (*capello*), 157 (*mano*)
to come to light 144 (*luce*)
to come up against a brick wall 73 (*corno*)
Come what may. 1 (*accadere*)
to come within a hair's breadth 207 (*pelo*)
to cook the books 52 (*carta*)
to corner someone 72 (*corda*)
to cost a fortune 181 (*occhio*)
to cost a mint 280 (*sproposito*)
to count for nothing 89 (*due*)
to count on 68 (*contare*)

to count on one's fingers 87 (*dito*)
to crack down 317 (*vite*)
to crack up 246 (*risata*)
to crane one's neck 63 (*collo*)
to cream 38 (*briciola*)
to cross one's fingers 100 (*ferro*)
to cross one's mind 12 (*anticamera*), 161 (*mente*)
crow's feet 321 (*zampa*)
the crux of the matter 175 (*nocciolo*), 288 (*succo*)
to cut a fine figure 103 (*figura*)
to cut the ground from under 116 (*gamba*)
to cut both ways 290 (*taglio*)
to cut it out 104 (*finire*), 290 (*taglio*)
to cut out 72 (*corda*)

D

day in and day out 121 (*giorno*)
to daydream 183 (*occhio*)
dead and buried 169 (*morto*)
dead end 229 (*punto*)
deaf as a post (doorknob) 273 (*sordo*)
to deal out a shower of blows 36 (*botta*)
to deal with 19 (*avere*)
deep down 274 (*sotto*)
to defend tooth and nail 307 (*unghia*)
to devour someone with one's eyes 182 (*occhio*)
to die a dog's death 46 (*cane*)
to die laughing 169 (*morire*)
to die (wither) on the vine 169 (*morire*)
to dig one's heels 216 (*piede*)

351

to discover the wheel 3 (*acqua*), 9
  (*America*)
to do an about face 84 (*dietro*)
to do away with oneself 104
  (*finire*)
to do damage control 96 (*falla*)
to do honor to 21 (*bandiera*)
to do justice to 186 (*onore*)
to do one's best 159 (*meglio*), 163
  (*mettere*)
to do one's bit 201 (*parte*)
to do someone in 113 (*fuori*)
to do things in style 126 (*grande*)
to do time 208 (*pena*)
to do without 160 (*meno*)
to dodge the draft 239 (*renitente*)
to dog one's steps 43 (*colcagna*)
Don't bite off more than you can
  chew. 204 (*passo*)
Don't count your chickens before
  they're hatched. 206 (*pelle*)
Don't cross your bridges before
  you come to them. 299 (*testa*)
Don't put the cart before the
  horse. 52 (*carro*)
Don't wash your dirty linen in
  public. 195 (*panno*)
done in 66 (*combattimento*)
to dot one's i's and cross one's t's
  228 (*puntino*)
to double-cross 259 (*scarpa*)
to double up (from laughter) 89
  (*due*)
down at the heels 162 (*messo*)
down to earth 296 (*terra*)
to drag on 146 (*lungo*)
to draw in one's horns 239 (*remo*)
the dregs of society 243 (*rifiuto*)
to dress up 119 (*ghingheri*)

dressed up 144 (*lucido*)
to drink like a fish 281 (*spugna*)
to drive at 197 (*parare*)
to drive someone mad 12 (*anima*)
to drop a line 243 (*riga*)
to drown someone out 318 (*voce*)
to duck out 281 (*squagliarsela*)

E

eagle-eyed 183 (*occhio*)
easier said than done 82 (*detto*)
to eat crow 249 (*rospo*)
to eat like a horse 116 (*ganascia*)
to eat one's heart out 312 (*veleno*)
to eat one's word 200 (*parola*)
to eat up the road 285 (*strada*)
elbow grease 184 (*olio*)
to elbow one's way 137 (*largo*)
the end of nowhere 49 (*capo*)
every now and then 291 (*tanto*)
every other 308 (*uno*)
every so often 231 (*quando*)
Every man for himself! 255
  (*salvare*)
to eyeball 180 (*occhio*)

F

to face up to things 96 (*faccia*)
to fall all over someone 4
  (*addosso*)
to fall flat 320 (*vuoto*)
to fall head over heels in love with
  somebody 76 (*cotto*), 258
  (*sbandata*)
to fall short 216 (*piede*)
to fan the flames 139 (*legna*)
far-fetched 48 (*capello*)
to feather one's nest 32 (*bilancio*)
to feel at ease 6 (*agio*)

to feel sick 149 (*male*)
to feel up to 265 (*sentire*)
to find oneself 286 (*strada*)
first-class 187 (*ordine*)
first-hand 153 (*mano*)
first-rate 187 (*ordine*)
to fish for compliments 67
   (*complimento*)
to fish in troubled waters 302
   (*torbido*)
fit as a fiddle 256 (*sano*)
fit for a king 237 (*re*)
to fix someone 5 (*aggiustare*), 23
   (*barba*), 269 (*sistemare*)
flat out 10 (*andare*)
to flog a dead horse 222 (*porta*)
to floor it 117 (*gas*), 293 (*tavoletta*)
to fly into a rage 114 (*furia*)
to fly off the handle 145 (*lume*),
   159 (*matto*), 282 (*staffa*)
to follow in someone's footsteps
   188 (*orma*)
for a song 35 (*boccone*)
for ages 263 (*secolo*)
for all intents and purposes 18
   (*atto*)
for all one is worth 10 (*andare*),
   218 (*più*)
for fun 280 (sport)
for good 264 (*sempre*)
for love 183 (*occhio*)
for money to burn a hole in one's
   pockets 151 (*mano*)
for the fat to be in the fire 28
   (*bello*), 35 (*bomba*)
for the heart to skip a beat 305
   (*tuffo*)
for what it's worth 29 (*beneficio*)
to fork over 125 (*grana*)

the four corners of the earth 11
   (*angolo*)
fresh from 111 (*fresco*)
to fret and fume 255 (*sangue*)
from cover to cover 62 (*cima*)
from far and wide 200 (*parte*)
from head to toe 48 (*capo*), 298
   (*testa*)
from time immemorial 167
   (*mondo*)
from top to bottom 61 (*cima*)
full of oneself 217 (*pieno*)

G

to get a swelled head 298 (*testa*)
to get along 2 (*accordo*)
to get away with it 110 (*franco*),
   143 (*liscio*)
to get blood out of a stone 255
   (*sangue*)
to get burned 262 (*scottatura*)
to get by 19 (*avanti*)
to get caught up in the grind 133
   (*ingranaggio*)
to get down to brass tacks 270
   (*sodo*)
to get hold of 301 (*tiro*)
to get in step with the times 204
   (*passo*)
to get into line 243 (*riga*)
to get into one's head 161 (*mente*)
to get it 16 (*arrivare*)
to get it into one's head 298 (*testa*)
to get it off one's chest 211 (*peso*)
to get it over with 81 (*dente*)
Get lost! 111 (*friggere*), 235
   (*ramengo*)
to get nowhere 31 (*bianco*), 235
   (*ragno*)

to get off 58 (*cavare*)

to get off the hook 131 (*impiccio*)

to get on one's nerves 174 (*nervo*)

to get one's wings clipped 208 (*penna*)

to get oneself into a fix 120 (*ginepraio*)

Get out of my hair! 215 (*piede*)

to get out of hand 155 (*mano*)

to get out of the way 164 (*mezzo*), 201 (*parte*)

to get rid of someone 86 (*disfare*), 302 (*torno*)

to get someone out of a fix 131 (*imbarazzo*)

to get the better of 23 (*barba*), 159 (*meglio*), 234 (*ragione*)

to get the bounce 259 (*scaricare*)

to get the idea across 130 (*idea*)

to get the lion's share 139 (*leone*)

to get the message 13 (*antifona*)

to get the better of 315 (*vinto*)

to get the upper hand 273 (*sopravvento*)

to get to the bottom of something 49 (*capo*), 107 (*fondo*)

to get up on the wrong side of the bed 215 (*piede*)

to get upset 169 (*mosca*)

to get wise 106 (*foglia*)

to give a beating 234 (*ragione*)

to give a damn 102 (*fico*)

to give a hand 153 (*mano*)

to give a piece of one's mind 231 (*quattro*)

to give a ring 65 (*colpo*)

to give a run for one's money 103 (*filo*)

to give a wide berth to 137 (*largo*)

to give birth to 144 (*luce*)

to give (free) rein to 72 (*corda*)

Give him an inch and he'll take a mile. 87 (*dito*)

to give in 299 (*testa*)

to give one's right arm 184 (*occhio*)

to give one's shirt off one's back 195 (*pane*)

to give rise to 146 (*luogo*)

to give someone a free hand 52 (*carta*)

to give someone a piece of one's mind 99 (*fatto*)

to give someone a ride 202 (*passaggio*)

to give someone free rein 38 (*briglia*)

to give someone gray hair 47 (*capello*)

to give someone rope 275 (*spago*)

to give the cold shoulder 276 (*spalla*)

to give the creeps 38 (*brivido*)

to give the go-ahead 314 (*via*)

to give the show away 7 (*altarini*)

to give tit for tat 195 (*pane*)

to give up 311 (*vela*), 315 (*vinto*)

to give up the ghost 11 (*anima*)

to give vent to 267 (*sfogo*)

to gloss over 94 (*evidenza*), 272 (*sopra*)

to go all out for 306 (*tutto*)

to go along with 203 (*passo*)

to go at full tilt 311 (*vela*)

to go belly up 115 (*gamba*)

to go by 156 (*mano*)

to go by the board 168 (*monte*)

to go down the drain 189 (*ortica*)

to go down the wrong pipe 304 (*traverso*)

to go downhill 249 (*rotolo*)

to go Dutch 248 (*romano*)

to go far 143 (*lontano*), 285 (*strada*)

to go 50-50 163 (*metà*)

to go for broke 306 (*tutto*)

to go full tilt 136 (*lancia*)

to go haywire 113 (*fuori*)

to go in one ear and out the other 187 (*orecchio*)

to go into a frenzy 269 (*smania*)

to go mad 178 (*numero*)

to go nuts 113 (*fuori*)

to go off like a shot 252 (*saetta*)

to go off on a tangent 264 (*seminato*)

to go off the deep end 299 (*testa*)

to go on a diet 238 (*regime*)

to go on and on 146 (*lungo*)

to go on the air 185 (*onda*)

to go out of one's way 306 (*tutto*)

to go over something with a fine-toothed comb 266 (*setaccio*), 309 (*vaglio*)

to go places 320 (*volo*)

to go through hell and high water 203 (*passare*)

to go through the roof 113 (*fuoco*)

to go to any lengths 52 (*carta*)

to go to bat for 136 (*lancia*)

Go to hell! 29 (*benedire*), 235 (*ramengo*)

to go to one's head 298 (*testa*)

to go to rack and ruin 250 (*rovina*)

to go to ruin 149 (*malora*)

to go to the dogs 148 (male), 235 (*ramengo*)

to go too far 72 (*corda*), 166 (*misura*)

to go unheard 140 (*lettera*)

to go up in a cloud of smoke 178 (*nulla*)

to go up in smoke 112 (*fumo*)

to go without saying 10 (*andare*)

good eye 183 (*occhio*)

good for a laugh 242 (*ridere*)

good for nothing 178 (*nulla*)

goose flesh 206 (*pelle*)

to grease palms 251 (*ruota*)

H

hand-in-glove 197 (*pappa*)

to hand over 68 (*consegna*)

hand-to-hand 73 (*corpo*)

to handle with kid gloves 167 (*molla*), 218 (*pinza*)

to hang back 241 (*retroguardia*)

to hang in there 90 (*duro*)

to hang on someone's every word 135 (*labbra*)

happy as a lark 69 (*contento*)

to harp on 60 (*chiodo*), 293 (*tasto*)

to hate someone's guts 169 (*morte*)

to have a bone to pick with someone 71 (*conto*)

to have a bug in one's brain 60 (*chiodo*), 130 (*idea*)

to have a close shave 28 (*bello*)

to have a falling out 309 (*urto*)

to have a finger in the pie 151 (*mano*)

to have a good head on one's shoulders 298 (*testa*)

to have a good mind to 134 (*intenzione*)

to have a hand in 321 (*zampino*)

to have a hard nut to crack 117 (*gatta*)

to have a lot of nerve (gall) 95 (*faccia*)

to have a nose for business 106 (*fiuto*)

to have a ready tongue 198 (*parola*)

to have a say in the matter 317 (*voce*)

to have a screw loose 249 (*rotella*)

to have a smattering 133 (*infarinatura*)

to have a stroke of luck 64 (*colpo*)

to have a tough hide 262 (*scorza*)

to have a word with 198 (*parola*)

to have an eye for 181 (*occhio*)

to have bats in the belfry 214 (*picchiato*)

to have broad shoulders 276 (*spalla*)

to have designs on someone 165 (*mira*)

to have guts 99 (*fegato*), 285 (*stomaco*)

to have had it 223 (*potere*)

to have it easy 316 (*vita*)

to have it in for someone 19 (*avere*), 165 (*mira*)

to have no flies on 175 (*niente*)

to have no guts 255 (*sangue*)

to have no qualms 272 (*sonno*)

to have nothing to do with 92 (*entrare*)

to have nothing to lose 11 (*andare*)

to have one foot in the grave 215 (*piede*)

to have one's back to the wall 276 (*spalla*)

to have one's cake and eat it too 50 (*capra*)

to have one's days numbered 121 (*giorno*)

to have one's eyes on 182 (*occhio*)

to have one's hair stand on end 47 (*capello*)

to have one's hand tied 152 (*mano*)

to have one's head in the clouds 168 (*mondo*), 297 (*testa*)

to have one's head screwed on the right way 59 (*cervello*)

to have other fish to fry 117 (*gatta*)

to have pull 16 (*ascendente*)

to have seen all kinds, shapes, and sizes 64 (*colore*)

to have seen one's day 294 (*tempo*)

to have smooth sailing 312 (*vento*)

to have some cheek 95 (*faccia*)

to have someone by the throat 124 (*gola*)

to have the cheek 95 (*faccia*)

to have the scales fall from one's eyes 28 (*benda*)

to have the shoe on the other foot 23 (*barricata*)

to have the stuff 284 (*stoffa*)

to have the upper hand 66 (*coltello*)

to have the whip-hand over someone 196 (*pappa*)

to have what it takes 178 (*numero*)

to know the score 172 (*naso*)
to know what's what 146 (*lungo*)

L

to land on one's feet 215 (*piede*)
to laugh up one's sleeve 20 (*baffo*)
to lay bare 177 (*nudo*)
to lay down the law 295 (*tempo*)
to lay it on thick 88 (*dose*)
to lay hands on 151, 155 (*mano*)
the lay of the land 75 (*cosa*)
to lay one's hands on 155 (*mano*)
to lay oneself open 101 (*financo*)
to lead a dog's life 316 (*vita*)
to lead around by the nose 172 (*naso*)
to lead the way 285 (*strada*)
to learn at one's mother's knee 138 (*latte*)
least of all 291 (*tanto*)
to leave in the dust 32 (*birra*)
to leave no stone unturned 61 (*cielo*)
to leave off 244 (*rimanere*)
to leave one's mark 131 (*impronta*)
to leave someone in the lurch 17 (*asso*), 211 (*pesta*), 263 (*secca*)
to lend a hand 156 (*mano*)
let alone 291 (*tanto*)
to let another have his/her own way 315 (*vinto*)
Let bygones be bygones. 217 (*pietra*)
to let loose 121 (*gioia*)
to let oneself go 137 (*lasciare*)
to let someone stew in one's own juice 39 (*brodo*)

to let the cat out of the bag 7 (*altarini*)
Let the chips fall where they may. 1 (*accadere*)
to let things go 74 (*correre*)
to lick one's chops 20 (*baffo*)
to lick someone's boots 215 (*piede*)
to lift a finger 87 (*dito*)
light-fingered 154 (*mano*)
like a shot 112 (*fulmine*), 237 (*razzo*)
like anything 158 (*matto*)
like clockwork 189 (*orologio*)
like Grand Central Station 222 (*porto*)
like it or not 319 (*volente*)
like mad 10 (*andare*), 158 (*matto*)
like wildfire 21 (*baleno*)
the lion's share 201 (*parte*)
to listen to one's heart 78 (*cuore*)
little by little 154 (*mano*)
to live by one's wits 93 (*expediente*)
to live from hand to mouth 121 (*giornata*)
to live in the boondocks 53 (*casa*)
to live it up 316 (*vita*)
to live like a king 196 (*papa*)
to live on air 14 (*aria*)
to live up to 7 (*altezza*)
lock, stock, and barrel 15 (*arma*)
to look as though butter wouldn't melt in one's mouth 256 (*santerellina*)
to look daggers at someone 43 (*cagnesco*)
to look down one's nose 7 (*alto*)

to make way 137 (*largo*)

to mark time 204 (*passo*), 295 (*tempo*)

to mean business 265 (*serio*)

to mean well 28 (*bene*)

to measure up to 7 (*altezza*)

to meet head-on 212 (*petto*)

to meet one's match 195 (*pane*)

to meet someone halfway 132 (*incontro*)

to mend one's ways 238 (*regolata*)

to mess up 168 (*monte*)

miles apart 164 (*miglio*)

milk and water 2 (*acqua*)

to milk dry 141 (*limone*)

to mince words 199 (*parola*)

to mind one's own business 99 (*fatto*)

Mind your own business! 5 (*affare*)

to mop the floor with 220 (*polpetta*)

the more the merrier 219 (*più*)

to move heaven and earth 157 (*mare*)

Mum's the word! 2 (*acqua*)

N

neither fish nor fowl 51 (*carne*)

neither rhyme nor reason 49 (*capo*)

to nip something in the bud 171 (*nascere*)

No ifs, ands, or buts. 147 (*ma*)

no kidding! 175 (*niente*)

no matter what 167 (*mondo*)

no sooner said than done 82 (*detto*)

no way 313 (*verso*)

to nose around 172 (*naso*)

not a grain of 38 (*briciola*)

not for all the tea in China 189 (*oro*)

not for love nor money 189 (*oro*)

Not on your life! 130 (*idea*)

not to bat an eye(lid) 61 (*ciglio*)

not to be all there 312 (*venerdì*)

not to be worth a damn 60 (*cicca*)

not to be worth one's keep 195 (*pane*)

not to budge an inch 194 (*palmo*)

not to buy it 30 (*bere*)

not to give someone the time of day 268 (*sguardo*)

no to go through with it 178 (*nulla*)

not to have a grain of sense 59 (*cervello*)

not to have the faintest idea 130 (*idea*)

not to hold water 216 (*piede*)

not to know beans about 178 (*nulla*)

not to know whether one is coming or going 303 (*tramontana*)

not to know which way to turn 227 (*pulcino*), 256 (*santo*)

not to mince words 207 (*pelo*)

not to see beyond the end of one's nose 172 (*naso*)

not to sleep a wink 182 (*occhio*)

not to stand up to 237 (*reggere*)

not to touch a hair 47 (*capello*)

Nothing succeeds like success. 21 (*bagnato*), 218 (*piovere*)

now and then 291 (*tanto*)

O

to occupy center stage 21 (*banco*)

the odd man out 297 (*terzo*)

oddly enough 55 (*caso*)

of means 163 (*mezzo*)

of the old school 282 (*stampo*)

off and on 280 (*sprazzo*)

off the record 314 (*via*)

offshore 136 (*largo*)

old hat 111 (*fritto*), 165 (*minestra*)

on all fours 116 (*gamba*)

on foot 214 (*piede*)

on one's fingers 88 (*dito*)

on one's high horse 56 (*cattedra*)

on one's last legs 145 (*lumicino*)

on one's own 70 (*conto*)

on pins and needles 279 (*spina*)

on that score 244 (*riguardo*)

on the dot 229 (*punto*)

on the lookout 92 (*erta*)

on the loose 307 (*uccello*)

on the mend 314 (*via*)

on the off chance 278 (*speranza*)

on the one hand . . . on the other 200 (*parte*)

on the other hand 47 (*canto*), 200 (*parte*), 240 (*resto*)

on the sly 21 (*banco*), 172 (*nascosto*), 272 (*soppiatto*), 286 (*straforo*)

on the spot 36 (*botta*)

on the spur of the moment 141 (*lì*)

on the tip of one's tongue 142 (*lingua*)

on the whole 67 (*complesso*)

on the wrong track 285 (*strada*)

on time 186 (*orario*)

on tiptoe 215 (*piede*)

on top of that 123 (*giunta*)

once and for all 320 (*volta*)

once in a blue moon 169 (*morte*)

one for the road 282 (*staffa*)

one might as well 291 (*tanto*), 310 (*valere*)

One swallow doesn't make a summer. 248 (*rondine*)

one's better half 163 (*metà*)

one's ears are burning 187 (*orecchio*)

one's forte 109 (*forte*)

the other side of the coin 96 (*faccia*)

out-and-out 27 (*bello*)

out of fashion 166 (*moda*)

out of kilter 266 (*sesto*)

out of place 146 (*luogo*), 222 (*posto*)

out of the blue 112 (*fulmine*), 178 (*nulla*)

out of the corner of one's eye 63 (*coda*)

out of the frying pan and into the fire 191 (*padella*)

out-of-the-way 154 (*mano*)

out of the way 286 (*strada*)

out of this world 104 (*fine*)

over someone's dead body 74 (*corpo*)

to overshadow someone 185 (*ombra*)

to own up 252 (*sacco*)

P

to pack up and get out 96 (*fagotto*)

packed in like sardines 257
(*sardina*)

to pass oneself off as 202 (*passare*)

to pass the buck 205 (*patata*), 259
(*scaricabarili*)

to pave the way 286 (*strada*)

to pay a king's ransom for 188
(*oro*)

to pay attention 17 (*attento,
attenzione*)

period 229 (*punto*)

to pick a quarrel 38 (*briga*), 143
(*lite*)

to pine away 46 (*candela*)

to piss in one's pants 4 (*addosso*)

pitch black 174 (*nero*)

pitch dark 40 (*buio*)

to pitch in 81 (*dentro*)

to play along 121 (*gioco*)

to play both ends against the
middle 120 (*gioco*)

to play dirty 280 (*sporco*)

to play dumb 123 (*gnorri*), 302
(*tonto*)

to play hard to get 82 (*desiderare*),
225 (*prezioso*)

to play hookey 108 (*forca*), 263
(*scuola*)

to play it right 73 (*corda*)

to play one's last card 53
(*cartuccia*)

to play the odd man out 131
(*incomodo*)

to play up to 117 (*gatta*)

to play with fire 113 (*fuoco*)

to plunk oneself down 295 (*tenda*)

point-blank 39 (*bruciapelo*)

to poke one's nose into 26 (*becco*)

poor as a churchmouse 223
(*povero*)

to pop over 254 (*salto*)

to pop up 114 (*fuori*)

to pour oil on troubled waters 3
(*acqua*)

the powers that be 267 (*sfera*)

to praise someone to the skies 61
(*cielo*), 283 (*stella*)

presence of mind 225 (*presenza*)

to prey on one's mind 12 (*anima*)

to prick up one's ears 187
(*orecchio*)

pride and joy 144 (*luce*)

to proceed with caution 215
(*piede*)

to promise the moon and the stars
157 (*mare*)

to pull a long face 95 (*faccia*)

to pull back 247 (*ritirata*)

to pull someone's chestnuts out of
the fire 56 (*castagna*)

to pull someone's leg 122 (*giro*)

to pull the rug out from under 296
(*terreno*)

to pull wool over someone's eyes
220 (*polvere*)

to put a spoke in someone's wheel
213 (*piazza*)

to put all one's eggs in one basket
53 (*carta*)

to put in an appearance 18 (*atto*)

to put in black and white 174
(*nero*)

to put into one's head 298 (*testa*)

to put it mildly 219 (*poco*)

to put it on 67 (*commedia*)

to put (lay) the cards on the table
52 (*carta*)

to scare the daylights out of 65
(*colpo*)

scared stiff 102 (*fifa*)

to score 264 (*sengo*)

to scrape by 45 (*campare*)

to scrape the bottom of the barrel
107 (*fondo*)

to scratch the surface 127 (*gratte*)

to screw up 128 (*grosso*)

to screw up one's courage 71
(*coraggio*)

to scrimp and save 190 (*osso*)

second-hand 153 (*mano*), 180
(*occasione*)

to see eye-to-eye 167 (*modo*)

to see neither hide nor hair of 185
(*ombra*)

See overleaf. 241 (*retro*)

to see red 249 (*rosso*)

to see the lay of the land 220
(*polso*)

to see the light 68 (*consiglio*)

to see through rose-colored
glasses 248 (*rosa*)

to sell like hotcakes 250 (*ruba*)

to send someone packing 215
(*piede*), 277 (*spasso*)

to send someone to hell 192
(*paese*)

to send to the devil 52 (*carta*)

to serve one right 29 (*bene*)

to set foot 215 (*piede*)

to set one's mind at rest 78
(*cuore*)

to set store by 211 (*peso*)

to set the ball rolling 318 (*volano*)

to set the pace 11 (*andatura*)

to set the tone 135 (*la*)

to set things straight 223 (*posto*)

to settle down 54 (casa), 59
(*cervello*), 298 (*testa*)

to settle with someone 70 (*conto*)

settling of old scores 238
(*regolata*)

to shake hands 153 (*mano*)

to shake someone off 264
(*seminare*)

shank's mare 57 (*cavallo*)

Shape up or ship out. 269
(*smosso*)

to shell out 125 (*grana*)

to shift one's ground 52 (*carta*)

to shoot from the hip 322 (*zero*)

to shoot off one's mouth 85 (*dire*)

to shout from the rooftops 313
(*vento*)

to show off 170 (*mostra*), 251
(*ruota*), 313 (*vetrina*), 316 (*vista*)

to show one's claws 308 (*unghia*)

to show one's face 96 (*faccia*)

to show one's hand 120 (*gioco*)

to show up 317 (*vivo*)

to shut the barn door after the
horse had bolted 282 (*stalla*)

to side with 201 (*parte*)

sight unseen 260 (*scatola*)

to sink low 24 (*basso*)

to sink or swim 30 (*bere*)

skin and bones 206 (*pelle*)

sky high 283 (*stella*)

to slam the door in someone's
face 222 (*porta*)

slap-up 105 (*fiocco*)

to sleep like a log 119 (*ghiro*), 128
(*grosso*)

to slip through one's finger 87
(*ditto*), 156 (*mano*)

to slip up 196 (*papera*)

slow on the draw 90 (*duro*)

to smack one's lips 87 (*dito*)

small fry 210 (*pesce*)

to smell a rat 229 (*puzzo*)

to smoke like a chimney 306 (*turco*)

so to speak 166 (*modo*)

so-and-so 290 (*tale*)

Sold out, 92 (*esaurito*)

someone's pride and joy 105 (*fiore*)

something's brewing 209 (*pentola*)

to sound someone out 296 (*terreno*)

to sow discord 322 (*zizzania*)

to sow one's wild oats 57 (*cavallina*), 76 (*cotto*)

to speak like a book 141 (*libro*)

to speak one's mind 46 (*chiaro*), 85 (dire)

to speak to a brick wall 170 (*muro*)

to speak volumes 146 (*lungo*)

to spin one's wheels 3 (*acqua*)

the spitting image 173 (*nato*)

to split hairs 47 (*capello*)

to split one's sides with laughter 194 (*pancia*), 246 (*riso*)

to sponge off 276 (*spalla*)

to square the circle 230 (*quadratura*)

to stamp one's feet 216 (*piede*)

to stand head and shoulders above 196 (*pappa*)

to stand in someone's way 286 (*strada*)

to stand on ceremony 67 (*complimento*)

to stand one's ground 100 (*fermo*)

to stand someone up 31 (*bidone*)

to stand the test 226 (*prova*)

stark naked 149 (*mamma*), 313 (*verme*)

to start out 157 (*marcia*)

to stay in the background 185 (*ombra*)

to stay until the wee hours 186 (*ora*)

to steal the show 158 (*mattatore*)

to step aside 201 (*parte*)

to stick out a mile 183 (*occhio*)

to stick to like a shadow 185 (*ombra*)

to stick to one's guns 90 (*duro*)

to sting to the quick 317 (*vivo*)

to stop by 254 (*salto*)

straight and narrow path 314 (*via*)

straight off 119 (*getto*), 255 (*sangue*)

straight out 59 (*chiaro*), 295 (*termine*)

to strike a false note 176 (*nota*)

to strike a sour note 177 (*nota*)

to strike it rich 5 (*affare*)

to strike while the iron is hot 100 (*ferro*)

to string someone along 145 (*luna*)

to strut around 115 (*galletto*)

to sugarcoat the pill 217 (*pillola*)

to swear like a trooper 95 (*facchino*)

to sweat blood 44 (*camicia*)

to swell the crowd 179, (*numero*)

to swim against the tide 71 (*controcorrente*)

to swim with the tide 313 (*vento*)

T

to take a bad turn 148 (*male*)

to take a beating 24 (*batosta*)

to take a liking to 129 (*gusto*)

to take a nap 218 (*pisolino*)

to take a walk 203 (*passo*)

to take a weight off one's mind 88 (*dosso*)

to take ages 94 (*eternità*)

to take charge of 155 (*mano*)

to take for Gospel truth 189 (*oro*)

to take for granted 261 (*scontato*)

to take forever 146 (*lungo*), 316 (*vita*)

to take French leave 133 (*inglese*)

to take (go to) the trouble to 38 (*briga*)

to take heart 12 (*animo*), 71 (*coraggio*)

to take hold 216 (*piede*)

to take into account 70 (*conto*)

to take into one's head 300 (*ticchio*)

to take it easy 44 (*calma*)

Take it or leave it. 164 (*minestra*), 224 (*prendere*)

to take justice into one's own hands 234 (*ragione*)

to take off 72 (*corda*), 137 (*largo*)

to take off like a bat 231 (*quarta*)

to take off the edge 11 (*angolo*)

to take offense 49 (*cappello*)

to take one's hat off to 49 (*cappello*)

to take one's sweet time 67 (*comodo*)

to take out of circulation 62 (*circolazione*)

to take shape 74 (*corpo*)

to take sides 202 (*partito*)

to take someone at his word 199 (*parola*)

to take someone down a peg 77 (*cresta*)

to take someone for a ride 106 (*fondello*)

to take someone in 108 (*forca*)

to take someone to task 187 (*ordine*)

to take someone under one's wing 6 (*ala*)

to take someone's breath away 101 (*fiato*)

to take the bait 9 (*amo*)

to take the bull by the horns 302 (*toro*)

to take the credit for 27 (*bello*)

to take the floor 199 (*parola*)

to take the hint 13 (*antifona*), 134 (*inteso*)

to take the plunge 110 (*fosso*)

to take the rough with the smooth 41 (*buono*)

to take the story with a grain of salt 292 (*tara*)

to take things with a grain of salt 253 (*sale*)

to take to heart 43 (*caldo*), 78 (*cuore*)

to take to one's heels 116 (*gamba*), 289 (*tacco*)

to take up the gauntlet 129 (*guanto*)

the talk of the town 34 (*bocca*),

to talk the hind leg off a donkey 170 (*mulino*)

to talk someone's ear off 188 (*orecchio*)

to talk through one's hat 310
(*vanvera*)

to talk to oneself 271 (*solo*)

to talk until one is blue in the face
198 (*parlare*)

tall tales 21 (*balla*)

to tear someone down 227 (*pulce*)

to tell someone off 188 (*orecchio*)

to tell someone to go to blazes 149
(*malora*)

to tell someone where to get off
291 (*tanto*)

to tell tall stories 128 (*grosso*)

to thank one's lucky stars 59
(*cero*)

to treat like dirt 210 (*pesce*)

that is to say 310 (*valere*)

that's that 231 (*quanto*)

There's more to this than meets
the eye. 118 (*gatta*)

There's something fishy going on.
118 (*gatta*)

There's the rub! 17 (*asino*)

They killed the goose that laid the
golden eggs. 115 (*gallina*)

This is a fine kettle of fish! 48
(*capitare*)

This is the straw that breaks the
camel's back. 124 (*goccia*)

to throw a wrench in the works 24
(*bastone*)

to throw in the sponge 281
(*spugna*)

to throw up one's hands 155
(*mano*)

to tie the knot 204 (*passo*)

tied to one's mother's apron
strings 125 (*gonnella*), 274
(*sottana*)

to tighten one's belt 62 (*cinghia*)

to tighten the purse strings 73
(*cordone*)

to tighten the reins 110 (*freno*)

to tilt at windmills 170 (*mulino*)

to tip one's hand 53 (*carta*)

to tip the scales 32 (*bilancia*)

to a turn 228 (*puntino*)

to one's best 222 (*possibile*)

to the bitter end 107 (*fondo*)

to the bone 164 (*midollo*)

to the death 255 (*sangue*)

to toe the line 89 (*dritto*)

Tom, Dick, and Harry 301 (*tizio*)

too many irons in the fire 51
(*carne*)

to toss off 135 (là), 123 (*giù*)

to touch wood 73 (*corna*)

to touch on a sore point 87 (*dito*)

to touch on a sore subject 293
(*tasto*)

to toy with an idea 130 (*idea*)

to tread on someone's toes 44
(*callo*), 216 (*piede*)

to treat someone with kid gloves
129 (*guanto*)

tug-of-war 37 (*braccio*)

to turn a blind eye 181 (*occhio*)

to turn a deaf ear 132 (*indiano*),
138 (*lato*), 187 (*orecchio*)

to turn into a pillar of salt 118
(*gesso*)

to turn one's stomach 284
(*stomaco*)

to turn out 114 (*fuori*)

to turn out well 29 (*bene*)

to turn over a new leaf 192
(*pagina*), 316 (*vita*)

to turn someone down 213
(*picche*)

to turn something inside out 14
(*aria*)

to turn something upside down
275 (*sottosopra*)

to turn up one's nose 172 (*naso*)

to turn upside down 273
(*soqquadro*)

to twiddle one's thumbs 156
(*mano*), 194 (*pancia*)

U

under cover of darkness 99
(*favore*)

under way 75 (*corso*)

up a blind alley 32 (*binario*)

up in the air 15 (*aria*)

up to date 74 (*corrente*)

up to one's ears (neck, chin), 63
(*collo*)

the upper crust 76 (*crema*)

to upset the applecart 14 (*aria*),
309 (*uovo*)

to use a carrot and a stick 24
(*bastone*)

to use up 10 (*andare*), 107 (*fondo*)

V

to vanish in thin air 178 (*nulla*)

to vent one's spleen 312 (*veleno*)

W

to walk all over someone 216
(*piede*)

to walk off with 26 (*beccare*)

to walk on a razor's edge 236
(*rasoio*)

to walk on air 179 (*nuvoletta*)

to walk on all fours 321 (*zampa*)

to walk on eggshells 309 (*uovo*)

to walk one's feet off 116 (*gamba*)

To want to have one's cake and
eat it too. 36 (*botte*)

to wash one's hands of 154
(*mano*)

Watch out! 17 (*attento*)

water under the bridge 2 (*acqua*)

to wear oneself out 285 (*straccio*)

to wear the pants 196 (*pantaloni*)

to wear thin 72 (*corda*)

well along 228 (*punto*)

What are you getting at? 16
(*arrivare*)

What the hell are you doing? 58
(*cavolo*), 83 (*diavolo*)

what's more 218 (*più*)

when hell freezes over 17 (*asino*)

when the dust clears (settles) 3
(*acqua*)

where the devil 83 (*diavolo*)

Where there's smoke there's fire.
112 (*fumo*)

where we come from 200 (*parte*)

wide-eyed 181 (*occhio*)

the widow's purse 223 (*pozzo*)

to win hands down 157 (*mano*)

to win someone over 37 (*breccia*)

to wipe the floor with someone 50
(*cappotto*)

with a flourish 27 (*bellezza*)

with bated breath 101 (*fiato*)

with clenched teeth 80 (*dente*)

with it 116 (*gamba*)

with one hand tied behind one's
back 181 (*occhio*)

with one's tail between one's legs
63 (*coda*)

Index